KB112069

조선의
국왕과
의례

정재훈 지음

조선의 국왕과 의례

초판 1쇄 발행   2010. 4. 7
초판 2쇄 발행   2011. 6. 3

지은이   정 재 훈
펴낸이   김 경 희

경 영   강 숙 자
편 집   장 수 영, 주 세 진
디자인   이 영 규
영 업   문 영 준
관 리   강 신 규
경 리   김 양 헌
펴낸곳   ㈜지식산업사
         본사 · 경기도 파주시 교하읍 문발리 520-12
            전화 (031)955-4226~7 팩스 (031)955-4228
         서울사무소 · 서울시 종로구 통의동 35-18
            전화 (02)734-1978   팩스 (02)720-7900
         한글문패   지식산업사
         영문문패   www.jisik.co.kr
         전자우편   jsp@jisik.co.kr
         등록번호   1-363
         등록날짜   1969. 5. 8.

책값은 뒤표지에 있습니다.

ⓒ 정재훈, 2010
ISBN   978 - 89 - 423 - 1133 - 0   (93910)

이 책을 읽고 지은이에게 문의하고자 하는 이는
지식산업사 전자우편으로 연락 바랍니다.

이 책은 2011년 문화체육관광부 우수학술도서로 선정되었습니다.

머리말

　조선시대 하면 일반적으로 가장 먼저 떠오르는 대상 가운데 하나는 조선의 국왕들이다. 세종, 영조, 정조 등과 같이 정치를 잘하고, 훌륭한 시대를 만드는 데 기여하였던 임금들이 먼저 생각나는 것은 자연스럽다. 여기에 연산군이나 광해군과 같이 임금 노릇을 끝까지 하지 못했던 국왕이나 선조나 인조, 효종 같이 외침(外侵)에서 자유롭지 못했던 국왕, 그리고 망국의 통한을 삼켜야 했던 고종과 순종과 같은 국왕들도 자주 거론이 된다.

　이러한 조선시대의 국왕들에 대해서 요즘 많은 관심이 모이고 있다. 다만 많이 거론되는 국왕만이 아니라 불운 속에서 살다간 국왕까지 포함하여 여러 왕들이 관심의 대상이 되는 점은 매우 반가운 현상이다. 자기 나라의 역사에 관한 이야기라면 매우 기꺼워하고 싫증내지 않는 중국 사람들까지는 미치지 못하더라도 이런 관심은 매우 고무적이다.

　왜냐하면 가장 대중적인 관심을 끌 수 있는 조선시대의 국왕에 대해 우리의 시선은 적지 않은 편향을 가졌었기 때문이다. 그 이유로 한국사 연구, 특히 조선시대사의 상부구조에 대한 연구, 그 가운데서도 정치나 사상에 대한 연구는 매우 취약한 부분이었던 점이 우선 지적될 수 있다. 하지만 1980년 이래 조선시대사에 대한 연구에서 이러한 부분의 연구가 적지 않게 보완된 것이 사실이다.

특히 1990년대 이후로는 문화사나 생활사 연구가 하나의 흐름이 되고, 유행이 될 만큼 저변이 넓어짐에 따라 조선의 국왕이나 의례에 관한 연구가 그야말로 봇물이 터지듯 많아진 것도 부정할 수 없는 현상이다. 그럼에도 조선의 국왕 또는 국왕의 활동과 관련된 의례들이 충분히 연구되었다고 보기에는 어렵다.

우선 대중적인 관심에 따라 사실을 설명하는 글이나 연구와 비슷한 결과물들이 출판되어 손쉽게 접할 수 있게 되었다. 이러한 저작들은 조선시대에 어떤 일이 있었는지, 조선의 국왕이 어떻게 살았는지를 이해하는 데에는 많은 도움이 될 수 있을 것이다. 그러나 역사학의 본령이 옛것을 좋아하는 호고(好古)에 그친다면 문제가 없겠지만, 옛것을 통해 오늘의 우리를 살펴본다는 점을 전제한다면 부족한 점이 적지 않다고 할 수 있다.

이와는 달리 조선시대에 대한 전문적인 연구의 관점에서 이루어진 결과물들의 경우에는 단순한 고증이나 통계에 그쳐서 그 의미를 파악하는 데에 한계가 있는 경우가 적지 않다. 매우 단순하고 평범한 질문 같지만, 조선시대의 국왕이 다른 시대의 국왕과는 어떤 점이 다른지 묻고 있는 것을 한 번도 보지 못했다. 조선시대의 국왕이 고려시대와, 혹은 삼국시대와 같았단 말인가! 물론 왕조시대였으므로 지니는 공통점이 있을 것이지만, 만일 그렇게 생각한다면 1950년대의 대통령제와 현재의 대통령제가 같기 때문에 굳이 설명할 필요가 없다는 말과 크게 다르지 않을 것이다.

　한 가지만 설명한다면, 고려의 국왕과 조선의 국왕이 다른 점 가운데 하나는 스승이 다르다는 것이다. 고려 때 국왕의 스승인 왕사(王師)는 승려였던 데 견주어 조선의 왕사는 경연관(經筵官), 즉 유학자가 스승이 된다는 점에서 뚜렷한 차이가 있다. 이것은 단지 지배적인 사상이나 종교의 문제만이 아니었다. 어떠한 인간상을 이상적인 인간으로 여기는가의 문제, 곧 개인과 사회의 지향이 담겨 있는 문제인 것이다.

　역사학에서는 개인을 순수한 의미의 개인으로만 파악하지 않는다. 오히려 개인이 자유롭게 택하였다고 여기는 판단이나 결정의 영역에 사실은 '보이지 않는 손'이 절대적으로 작용한다고 보아야 할 것이다. 이러한 손이 때로는 제도화해 가시적으로 드러나기도 하지만, 때로는 관습이나 풍속처럼 내면화해 깨닫지 못하는 사이에 영향을 미치기도 한다.

　우리가 조선시대를 이해하기 위해서는 바로 이런 '보이지 않는 손'에 해당하는 부분을 파악하는 것이 중요하다고 생각한다. 종래 흥미의 대상으로 파악되던 조선의 최고지배자인 국왕을 이런 관점에서 이해해야 할 면이 적지 않다고 할 수 있다. 조선의 국왕이 살았던 궁궐이 사적인 공간만이 아니라 나라를 지배하던 공적인 공간이었던 것과 마찬가지로, 공적으로 국가를 운영하던 체제와 구조의 정점에 있던 국왕에 대한 철저한 분석과 이해가 필요하다고 하겠다.

　종래의 연구에서는 국왕의 자율성이 없었던 것이 아닌가, 또는 반대로 국왕의 영향력이 적었던 것이 아닌가 하는 관점에서 충분하게 국왕에 대해 살펴보지 못하였다. 그러나 역시 국왕에 대한 연구는 국가운영의 관점에서 시작되어야 한다. 조선이라는 나라를 어떻게 운영하려고 하였는가? 바로 이 점이 연구의 출발이 될 수 있다. 지금의 대통령이 그러하듯이 조선시대 국왕의 고민은 선왕으로부터 물려받은 종사(宗社), 즉 국가를 어떻게 안정적으로 잘 유지하고 백성들을 편안하게 살게 하는가의 문제였다.

그러기 위해서 어떻게 미래의 국왕을 기르고 그를 국왕의 자리에 앉혔는지, 국왕이 되어서도 재교육 체계를 어떻게 유지하였는지, 그리고 국왕을 어떻게 긴장하게 만들고, 국왕의 사후에까지 평가하는 체계를 갖추려고 노력하였는지 깊이 분석할 필요가 있다. 비록 이러한 제도나 구조가 전근대적이고 낙후되어 현재와 맞지 않는다 하더라도, 우리는 이러한 고찰에서 하나의 국가가 온전하게 유지되려면 종합적으로 어떠한 구조와 체계가 만들어져야 하는가에 대한 통찰을 얻을 수 있을 것이다. 이것이 과거의 사실을 통해 현재에도 발언할 수 있는 역사학이 갖는 강점이라고 생각한다.

한편 이런 관점이 혹 조선시대의 지배논리를 지나치게 합리화하는 것이 아닌지 하는 의문을 가질 수도 있겠다. 그렇게 조선시대를 합리적으로 이해하는 것이 결국 지배의 논리를 뒷받침하는 것이 아닌가 하는 생각 말이다. 필자 또한 이러한 질문에서 자유롭지 못하다. 그러나 잘못된 사실과 해석보다는 우선 조선을 운영하던 논리와 실제를 정확하게 설명하는 것이 우선이라고 본다. 그러한 설명에 찬찬히 귀를 기울이는 가운데 필자는 조선과 사회와 개인에 대해 우리가 상상하고 전망할 수 있는 영역이 풍부해지리라고 생각한다.

이러한 논의와 의도에도 불구하고 이 책에서 다루고 있는 영역을 생각하면 부끄럽기 짝이 없다. 국왕과 의례라는 거창한 제목을 달았음에도 사실 이 책에서 다루고 있는 영역은 매우 제한적임을 고백하지 않을 수 없다. 크게 두 부분으로 나뉘어져 있는데, 제1부에서는 국왕을 국가운영이라는 관점에서 이해하여 보았다. 제1부의 서론 격에 해당하는 첫 번째 글에서 그러한 점을 설명하였다. 어떻게 국왕을 만들었는지, 왕위를 이어받았는지, 어떻게 국가를 운영하였고, 반성하는 체계는 어떻게 갖추었는지 개관하였다. 이어서 이 가운데서도 국왕을 만드는 구조와 관련해서 조선 전기의 왕자 교육과 조선 중기의 경연(經筵)에 대해 구체적으로 살펴봄으로써 각론을 대신하였다. 이어 국정을 반성하는 자료로 활용되었던 《국조보감(國朝寶鑑)》을 살펴보아 《조선왕조실록》과는 달리 현실에서 늘 참고되며 반성의 대상이 되었던 점을 서술하도록 했다.

제2부에서는 국왕의 의례를 역시 국정운영과 연결하여 고찰하였다. 또한 제2부의 서론 격에 해당하는 첫 번째 글에서 조선의 국왕과 의례가 어떻게 전체적으로 변화하였는지에 대해 개관하여 서술하였다. 국가의례의 정점에 있던 국왕과 관련된 전례(典禮)인 오례(五禮)와 사대부의 의례인《주자가례(朱子家禮)》와의 관계를 통해 조선에서 끊임없이 예를 변화시켰던 점을 확인하였다. 이 가운데 국가운영과 국왕의 위상이 반영되었다.

그 구체적인 사례는 군례(軍禮) 가운데 하나인 강무(講武)와 왕실 기신제(忌晨祭)를 살핌으로써 자세하게 논하였다. 이 두 가지의 사례에서 조선시대 국왕의 위상과 활동영역을 다시 생각해 볼 수 있을 것이다. 그밖에도 국왕에 대한 구체적인 이해를 돕기 위해 태조와 태종, 선조, 그리고 정조의 학문과 관련하여 《사부수권(四部手圈)》에 관한 글을 부록으로 실어 보충하였다. 이외에 국왕과 관련된 자료가 가장 풍부한 곳인 규장각의 자료 가운데 왕실관련 자료를 정리하고 현대적으로 활용하는 것을 모색한 글도 덧붙였다.

필자가 이러한 결과를 낼 수 있었던 데에는 그 사이 조선시대 자료의 보고라고 할 수 있는 규장각에서 했던 연구경험이 큰 도움이 되었다. 박사학위를 마치고 나서 서울대학교 규장각에서 수행한 조선시대 왕실자료를 정리한 경험과, 이어 《조선시대 국가전례사전》과 《도해사전》을 편찬하는 데 참여한 경험은 무엇으로도 바꿀 수 없는 소중한 기회였다. 이 덕분에 규장각에 소장된 자료를 꼼꼼히 살피면서 조선의 국왕과 의례를 마음껏 상상할 수 있었다. 또 이곳에서 만난 여러 선생님들 그리고 동학들과 나눈 교감은 이 책의 밑거름이 되었다. 더불어 인문학연구원에서 여러 선생님들과 문명의 관점으로 새롭게 조선을 이해하고 토론하였던 점 역시 필자에게 많은 자극이 되었다.

그럼에도 이 책이 안고 있는 많은 문제점은 부족한 필자의 역량을 탓하지 않을 수 없다. 다만 원고정리에 도움을 준 석사과정의 양선비, 이현욱과 심재우 선생, 박현순 선생에게 특별히 감사를 표한다. 또 격려를 아끼지 않으신 지식산업사의 김경희 사장님과 꼼꼼하게 원고를 정리하여 주신 장수영 선생께도 깊은 감사의 말씀을 드린다. 늘 함께 있으면서도 여전히 만남이 부족한 가족 역시 이 책의 또 다른 저자임에 분명하다. 눈밝은 독자의 질정을 바라마지 않는다.

2010. 3.

멀리 베이징대학이 보이는 연구실에서

정 재 훈

차 례

2부 국가운영과 의례

1부
국왕과 국가운영의 실상

1장 조선의 국왕과 국가운영

　조선은 518년 동안 이어진, 세계에서 유래가 없이 오래 지속된 왕조 가운데 하나이다. 근세에 들어 이와 같이 오랫동안 생명력을 이어 온 왕조는 흔치 않았다. 가까운 중국의 경우, 중원을 장악하였던 이름난 왕조의 평균 수명이 2백 년 안팎이었던 점을 고려한다면 매우 오래 지속되었음을 알 수 있다.

　이처럼 오랫동안 유지된 조선에 대해, 오히려 오래 지속된 사실이 정체의 증거라는 주장도 있었다. 그러나 하나의 왕조가 일정 기간 이상 지속하려면, 그 왕조가 포함된 사회에서 제기되는 각종 문제에 능동적으로 대처하여 어느 정도 효용성 있는 대책, 정책을 제시해야만 할 필요가 있다. 그러한 정책을 때에 맞추어 제시하지 못할 경우 전통시대에 흔하였던 농민반란 등으로 멸망에 직면할 수밖에 없다.

　그런 점에서 조선왕조는 500여 년 이어지는 동안 사회 내부에서 발생하는 수많은 사회 갈등과 그에 따른 문제를 나름대로 적절하게 해결해 왔다고 볼 수 있다. 장기 지속이 침체나 정체의 결과가 아니라, 역사에서 제기되는 수많은 '도전'에 대한 성실한 '응전'의 결과라고 설명하는 것이 더 합리적이라고 할 수 있다.

예나 지금이나 마찬가지이지만, 역사에서 한 개인이 성취할 수 있는 영역은 생각보다 많지 않다. 과거 한때 영웅사관이 유행한 적도 있고, 역사에서 탁월한 개인의 기여나 성취가 의미가 없는 것은 아니지만, 더 많은 사람을 오랫동안 움직이게 하는 것은 개인보다는 사회 또는 제도인 경우가 많다. 살아가는 동안 부딪치게 되는 수많은 문제에 대해, 개인의 차원에서 볼 때는 각각의 개인이 선택을 하는 경우가 많은 것처럼 보인다. 하지만 그러한 개인의 선택은 전통에 따른 무의식적인 선택이거나 학습의 결과, 혹은 피치 못해서 선택할 수밖에 없는 구조적인 결정의 산물일 수 있다.

그런 점에서 역사에서 개인의 선택이라고 하는 요소가 의미가 없는 것은 아니지만 제도 또는 사회의 구조에 대해 먼저 이해하는 것이 더욱 중요한 일이라고 할 수 있다. 조선시대를 이해할 때에도 제도를 제도 그 자체의 구조로만 볼 것이 아니라 왜 그러한 제도가 생겼을까? 왜 그러한 제도가 유지되었고 변화하였을까? 그러한 제도가 시행된 결과 어떤 사회가 나타났을까 하는 생각을 하면서 지켜본다면, 우리는 조선시대에 새로운 접근을 할 수 있을 것이다.

구체적 역사의 조건이 지금과 매우 다른 조선시대이지만, 인간을 구조화하고 제도적으로 엮어서 궁극적으로 성취하려고 하는 복적이 지금과 크게 다르다고 할 수는 없다. 오히려 현대와 조선시대 사이에는 현상적인 차이가 많음에도 불구하고, 어쩌면 공통점이 훨씬 더 많을지도 모른다. 조선시대를 제도라는 관점에서 이해하려고 하는 목적은 바로 이러한 차이점과 공통점을 살펴서 우리가 궁극적으로 만들려는 제도는 어떠한 모습일까를 상상해 보고 싶어서이다.

왕과 대통령, 육조(六曹)와 현재 행정부의 각 부서, 관직체계와 공무원체계, 비판제도의 차이, 그리고 지금은 존재하지 않지만 과거 왕위계승 과정의 역동성 등은 수많은 차이에도 조선사회와 현대사회에서 추구하는 바가 다르지 않음을 입증하는 예가 된다고 할 수 있다. 이 책에서 우리는 조선시대의 제도, 그 이상과 실제를 살피면서 현재 우리의 제도가 갖고 있는 장단점과 또 추구해야 할 이상에 대해서 생각해 보는 기회를 마련하도록 하겠다.

1. 어떻게 국왕(國王)을 만들었는가

현대의 대통령은 선거를 통해 당선되어 대통령이 된다. 그러나 조선의 국왕은 그 승계 대상자가 누구인지 이미 예측가능하다는 점에서 지금의 대통령 제도와 근본적으로 다른 점이 있다. 왕의 후손으로 태어나면 일정한 절차, 즉 원자-(원손-)세자로 이어져 국왕이 되는 정해진 길이 있었다. 따라서 누가 당선될지 전혀 알 수 없는 지금의 대통령 제도에 견주면 매우 폐쇄적이라고 할 수 있다. 또 국왕이 된 뒤 많은 문제를 일으킬 가능성에 대해서도 대비할 수 있는 요소가 매우 적다.

하지만 조선에서는 국왕의 세습으로 말미암아 발생하는 문제점, 특히 자질이 부족한 국왕이 등장할 가능성이나 국왕이 되어서 국정을 마음대로 할 가능성에 대해 그 나름의 대비책을 마련해 두고 있었다. 그것은 조기 교육을 통해 국왕의 후보자인 원자-세자를 최고의 후보자로 만드는 일이었다.

1) 세자 교육: 서연(書筵)

왕세자가 되면 본격적으로 국왕이 되는 교육을 받았는데, 대표적인 제도가 바로 서연(書筵)이었다. 그러나 왕세자가 되기 이전에 맏아들인 원자(元子) 때부터 이미 교육을 받게 되어 있었다. 원자의 교육을 담당하는 보양청(輔養廳)과 강학청(講學廳)이라는 관청이 있을 정도였다. 이는 숙종 때에 제도적으로 완비되었는데, 4세 이전에는 보양청에서 담당하였고, 4세가 되면 강학청으로 이름을 바꾸어 나이에 걸맞은 공부를 시켰다.

원자의 부친인 국왕이 종종 교사 노릇을 하기도 하였는데, 예를 들면 중종(中宗)이 원자에게 주었던 훈계의 글은 지금 보아도 참고가 되는 점이 있다.

- 일찍 일어나고 밤이 되면 잠을 자되, 학문에 힘쓰기를 게을리 하지 말라.
- 스승을 존대하고 도(道)를 즐기며, 선(善)을 좋아하고 인(仁)에 힘쓰라.
- 듣기 좋은 음악과 여색(女色)을 가까이 하지 말고 재물을 늘리려 하지 말라.
- 예(禮)가 아닌 것은 보지 말고, 듣지도 말며, 예가 아닌 말을 하지 말고, 예가 아닌 행동을 하지 말라.
- 소인의 무리와 가깝게 지내지 말고, 난잡한 놀이를 좋아하지 말라.
- 뜻을 고상하고 원대하게 세우되 금석(金石)처럼 굳게 하라.
- 임금에게 충성하고 어버이에게 효도하며 형제간에 우애하되, 날마다 문안하고 수시로 음식을 보살피라.

- 사악하고 궁벽한 행동을 버리기에 힘쓰고, 이단(異端)을 숭상하지 말라.
- 사사로운 욕심에 가리지 말고 착하고 공정한 마음을 보존하라.
- 환관(宦官)들의 말을 듣지 말고 행동의 처음과 끝을 조심하라.

원자에서 왕세자가 되면 본격적으로 차기 국왕이 갖춰야 할 학문과 소양을 닦는 공부를 하게 된다. 서연이라는 제도는 태종 때에 정비되어 세종 때에 본격화했는데, 세종 때에는 집현전 관원이 담당하기도 하였다. 서연관(書筵官)은 학문이 뛰어나고 단정한 사람을 주로 선택했으며, 비록 서연관이 되었다고 하더라도 적임자가 아니라고 판단될 경우에는 과감하게 교체되기도 하였다. 그러나 서연관은 세자 교육이라는 중요한 업무를 담당하였기 때문에 특별한 대우를 받는 경우가 많았다. 조선후기에는 세자시강관에 산림(山林)이라고 하는 재야의 명망 있는 학자를 초빙하여 더욱 특별한 대우를 하기도 하였다.

《서연비람》

제도적인 면에서 보자면, 이미 검증된 사람을 뽑는 선거제도가 분명 폐쇄적인 세습제도보다 우위에 있다는 점을 누구도 부정할 수는 없다. 그러나 제도적으로 앞선 제도를 만들었다고 해서 반드시 그대로만 시행되었던 것은 아니다. 제도적으로는 폐쇄적이고 문제점이 있는 것이었지만, 이미 선택된 국왕의 후보를 끊임없이 재교육하여 최선의 후보로 만들려는 노력은 의미가 있었다. 그리고 이러한 노력은 그 후보자가 국왕이 된 뒤에도 멈추지 않았다. 그 가운데 하나가 바로 경연(經筵)이었다.

2) 국왕 교육: 경연(經筵)

국왕이 되어서도 끊임없이 재교육을 강화했음이 경연제도에서 분명하게 드러난다. 국왕을 위한 '성인(聖人) 만들기' 프로젝트였던 경연은, 임금에게 유학의 경서(經書)를 강론함으로써 국왕에게 경사(經史)를 가르쳐 유교의 이상 정치를 실현하려는 것이 겉으로 내세운 목적이었다. 그러나 실제로는 국왕이 마음대로 왕권을 행사하는 것을 규제하는 기능도 자연스럽게 수행하게 되었다.

원래 경연이라는 제도는 중국의 송나라에서 제도적으로 정비되었고, 이후 원, 명, 청나라를 거치며 지속되었다. 그러나 중국에서는 원나라 이후 경연이 형식화했고, 이에 견주어 황제의 권력은 지나치게 비대해짐에 따라 현실에서 별다른 효용을 갖지 못했다. 우리나라에서도, 고려 때 들여온 경연제도가 처음에는 그리 활발하지 못했다가 조선에 들어와서 적극적으로 시행되었다.

세종은 즉위한 뒤 약 20년 동안 매일 경연에 참여하였으며, 집현전의 관원에게 경연을 전담하게 하였다. 성종은 한 걸음 더 나아가 매일 세 번씩 경연에 참여하여 중요한 정치 현안을 논의하였다.

경연이 국정 운영의 중심이 되었던 것이다. 물론 유교 정치를 싫어
하였던 세조나 연산군 때에는 경연이 폐지되기도 하였다. 또 국왕
이 왕위에 오른 초기에는 열심히 경연에 참여하다가 시간이 지날
수록 참여의 횟수나 적극성이 떨어지는 경우도 많았다.

하지만 조선왕조 내내 경연은 제도화해 국왕이 마땅히 매일 해
야 하는 중요한 일과가 되었다. 이것을 부정하는 것은 극단적인 경
우를 제외하고는 있을 수 없었고, 더위나 추위, 혹은 국장(國葬) 등
의 이유로 일시적 중단은 있을 수 있었으나 명분 없이 피할 수는
없었다. 국왕에게는 일종의 '족쇄'와 같은 것이라고도 할 수 있다.

국왕은 경연에서 읽는 사서(四書)와 오경(五經), 《심경(心經)》과
《근사록(近思錄)》같은 경서에서 원칙을 끊임없이 확인했다. 또 《자
치통감(資治通鑑)》이나 《자치통감강목(資治通鑑綱目)》, 《국조보감(國
朝寶鑑)》과 같은 역사서에서는 원칙을 현실에서 어떻게 구현하는가
를 배워야 했다.

또한 이러한 책을 강독하는 틈틈이, 경연관(經筵官)으로 참여한
대신(大臣)과 대간(臺諫)들과 더불어 현재 문제가 되고 있는 정국의
중요한 현안에 대해 논의하는 경우도 적지 않았다. 국왕은 원칙과
현실, 그리고 그것이 결합된 현재의 문제와 매일매일 씨름하면서,
현실을 외면하지 않으면서도 왕도정치를 실현하려는 원칙을 지키
려는 중도(中道)의 갈등을 끊임없이 할 수밖에 없었다. 이것이 조선
시대 경연제도의 가장 본질적인 기능이었다.

오늘날에는 경연제도와 같은 대통령 재교육 프로그램이 없다.
과연 '준비된 대통령'에겐 그런 것이 필요 없기 때문인지 따져 볼
필요가 있다.

2. 어떻게 왕위(王位)를 이어받았는가

1) 왕위 계승과정

조선시대에 새로운 국왕이 왕위를 계승할 때에는 그 나름대로 정해진 절차를 밟아야만 했다. 그러한 절차와 제도에는 새로운 인물의 등장에 따른 '변화'와 함께 앞 시대의 유산을 잇는 '계승'을 내포한 것이었다. 전왕(前王)의 국장이 치러지는 가운데 이러한 왕위 계승과정이 진행된 것은 유교사회의 특징을 보여 준다. 또 즉위 과정이라고 할 수 있는 '사위(嗣位)'가 있었고, 선왕의 시대를 역사적으로 정리하는 과정이라고 할 수 있는 실록(實錄)의 편찬이 있었으며, 최종적으로 선왕에 대한 역사적 평가라고 할 수 있는 '묘호(廟號)'를 올리는 의식도 있었다. 이러한 일련의 과정은 이전 시대를 정리하고 계승하는 동시에, 새로운 변화라는 의미를 품고 있는 것이었다.

2) 국장(國葬)

조선시대 국왕의 죽음은 승하(昇遐)라고 표현하였다. 국왕이 승하하면 고명(顧命)과 복(復)으로 사망사실을 확인하였다. 왕이 죽음을 맞이하는 임종 장소에는 휘장을 치고 붉은 도끼 무늬를 수놓은 병풍을 쳐 두었다. 국왕의 임종이 임박하면 국왕은 왕세자와 대신들을 불러 놓고 왕세자에게 국왕의 자리를 물려준다는 유언을 하였다. 이것이 고명(顧命)으로써, 고명을 받은 자리에 입회한 신하를 '고명대신' 또는 '고명지신(顧命之臣)'이라 하여 존중하였다. 고명은 구두로 전하기도 하고 유조(遺詔)나 유교(遺敎)와 같이 문서화하기

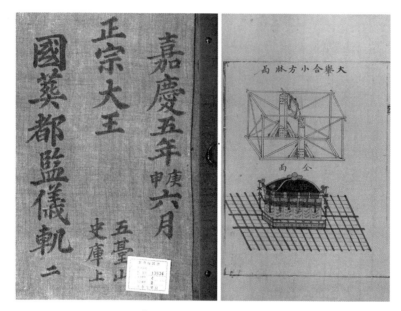

《정조대왕 국장도감의궤》

도 하였다.

국왕이 숨을 거두면 왕의 입과 코 사이에 솜을 놓아 두어 움직이는지 여부를 보았다. 이를 촉광례(觸纊禮)라고 하는데, 솜이 움직이지 않으면 임종이 확인되는 것이었다. 이때부터 주위의 사람들은 곡을 시작하였다. 이후 국왕의 혼이 완전히 나가기 전에 불러들이는 의식인 초혼(招魂)을 거행하였다. 이것이 복(復)이었다. 내시가 국왕이 입던 윗옷을 들고 지붕 위로 올라가 "상위 복(上位復)"이라고 외쳤다. 그렇게 국왕의 혼이 돌아오기를 5일 동안 기다리다가 이 기간이 지나도 국왕이 살아나지 않으면 입관을 하고 세자의 즉위식을 치렀다.

국왕이 사망한 뒤 시신을 목욕시키고 옷과 이불로 감싼 다음 임

금의 관인 재궁(梓宮)에 모셔 빈전을 마련하였는데, 이를 성빈(成殯)
이라 하였다. 빈전을 마련한 뒤에 왕세자를 비롯한 왕실의 구성원
과 신하들은 상복을 입는데, 이것이 성복(成服)이었다. 이후 왕세자
는 새로운 국왕으로 즉위하였다. 즉 국왕의 즉위식은 이전 국왕의
장례를 치르는 과정에서 진행되었다. 한시도 국왕의 자리를 비울
수 없기 때문에 장례의 한 가운데서 새로운 국왕이 탄생한 것이다.
이렇게 국왕의 죽음을 확인한 후 이루어지는 장례 절차는, 국장도
감(國葬都監)을 설치하고 장례를 담당할 관리를 뽑아 진행되었다.

　새로운 국왕의 즉위식을 치른 이후에도 전왕의 국장은 계속 진
행되어 5개월이 지나면 국장을 치렀다. 이 기간 동안 새로 즉위한
왕은 국왕의 관을 모신 빈전 옆의 여막에 거처하며 수시로 찾아 곡
을 함으로써 자식의 도리를 다하였다. 빈전에 모신 국왕의 관은 대
여(大輿)에 실려 장지인 산릉으로 이동하는 발인(發靷) 과정을 거쳐
서 국왕의 능인 산릉에 안치된다. 국왕의 관을 왕릉에 모시고 나
면, 신주를 모시고 와서 혼전(魂殿)에 두는 반우(返虞)를 행한 뒤 국
장도감은 해체되었다.

3) 사위(嗣位)

　조선시대 국왕의 즉위식은 개벽을 알리는 의식이었다. 즉위식이
거행되어야 전왕의 죽음과 함께 멈추었던 시간이 다시 흐르기 때
문이다. 유교의 시간 개념은 왕조 및 각 왕의 운명과 직결되어 있
다. 조선의 경우 왕이 죽고 없는 상황에서 새로운 왕을 임명하는
권한은 형식적으로 대비(大妃)에게 귀속된다. 대비는 사적으로는
세자의 어머니이며 전왕의 부인이다. 남편은 죽고 없지만 대비는
국모의 권한과 함께 왕실의 최고 어른이라는 지위를 갖는다.

웃어른인 왕대비나 대왕대비가 생존해 있으면 후계왕의 임명권은 당연히 왕대비나 대왕대비가 갖는다. 실제로 조선시대에 왕이 갑자기 죽었을 경우 대비나 왕대비가 후계 국왕을 지명했다. 왕이 돌아가시면 옥새(玉璽)는 대비가 보관한다. 세자가 국왕으로 즉위할 때 대비는 옥새를 전해 주고, 세자를 국왕으로 임명한다는 명령서를 내린다. 후계 국왕의 지명권과 임명권을 행사하는 것이다.

즉위식은 세자가 옥새를 받고 용상에 올라가 앉을 때까지의 의식 절차이다. 다만 옥새는 전왕의 시신을 모신 빈전(殯殿)에서 받는다. 만약 전왕의 유언장이 있을 경우 세자는 이를 받아 영의정에게 전해 주고 옥새는 좌의정에게 전해 준다. 정전에서 행하는 즉위식에서 용상(龍床)으로 올라갈 때는 오른쪽 계단을 이용한다. 따라서 즉위(卽位)란 왕이 앉는 장소인 용상으로 올라간다는 의미가 있다. 또한 즉위 때에 오른쪽 계단을 이용하기 때문에 즉조(卽祚)라고도 한다. 즉위와 즉조는 같은 말로써, 오른쪽 계단을 이용해 용상으로 올라가 앉는다는 뜻이다.

엄격한 의식 절차에 따라 세자가 용상에 정좌하는 순간이 새로운 왕이 탄생하는 시점이다. 이 순간에 즉위식장을 가득 메우고 있던 대·소신하들은 천세(千歲)를 외친다. 천세는 왕조의 운명이 천년만년 영원하라는 의미다. 천자의 나라는 만세를 외쳤지만, 제후국을 자처한 조선에서는 천세를 외쳤던 것이다. 그러나 고종이 황제에 오른 대한제국 이후로는 우리나라에서도 만세를 외쳤다. 즉위식을 마치면 왕이 가져야 할 자격 요건이 완비되었다고 할 수 있다. 그러나 제후국을 자처한 조선에서는 국왕이 죽고 새로운 국왕이 즉위하는 등의 국가대사는 형식적으로나마 중국에 보고하고 승인을 받았다.

4) 실록(實錄)

실록은 제왕(帝王) 한 사람씩의 재위 기간 동안의 역사를 날짜 순서에 따라 기록한 책이다. 처음에는 사마천(司馬遷)의 《사기(史記)》를 '사실을 있는 그대로 기록한 역사'란 뜻으로 해석해 실록이라고 평(評)하기도 했으나, 실제로 '실록'이라는 이름을 붙이지는 않았다. 중국에서는 주흥사(周興嗣)의 《양황제실록(梁皇帝實錄)》이 처음이며, 당나라 이후 실록이 편찬되었다.

우리나라에서는 고려시대부터 실록이 편찬되었고, 본격적인 편찬은 조선에 들어서이다. 조선시대에도 고려시대의 예에 따라서 왕이 즉위하면 앞선 왕의 실록을 편찬하였다. 시정(時政)을 기록하는 관청인 춘추관(春秋館)에 별도로 실록청(實錄廳) 또는 일기청을 열고 총재관(總裁官)·도청당상(都廳堂上)·도청낭청(都廳郎廳)·각방당상(各房堂上)·각방낭청(各房郎廳) 등을 임명하였다. 실록의 편찬 작업에서 사초(史草)라 부르는 사관(史官)들의 기록이 가장 기본 자료로 쓰였고, 여러 관청의 기록물도 참고하였다. 사초는 춘추관에서 매일 기록한 시정기(時政記)와 춘추관 소속의 관리들이 개인적으로 기록한 문서를 스스로 보관했다가 실록을 편찬할 시기에 제출하는 기일이 정해졌다.

모든 자료들을 모아 1차로 작성된 원고를 초초(初草)라고 하며, 이를 다시 수정·보완해 두 번째 원고인 중초(中草)를 만들고, 다시 한 번 수정하고 문체를 다듬어 정초(正草)라 불리는 완성된 원고를 만들었다. 정초는 교서관(校書館)에서 세 벌을 활자로 인쇄해 춘추관과 지방의 외사고(外史庫)에 보관되었다. 보관된 실록은 엄격한 보관·관리가 이루어져 왕도 볼 수 없었고, 꼭 보아야 할 때는 관

《세종실록》

리를 보내 필요한 부분만 등서(謄書)해 볼 수 있을 뿐이었다. 이는 사관의 직필(直筆)을 보장하기 위한 조처였다.

이러한 실록은 후세에 기록을 남겨서 참고자료로 활용하기 위해 편찬하였다. 그래서 국가에서 추진하는 중요한 일에 과거의 사례를 알고자 실록을 보관하고 있는 사고(史庫)에 사람을 보내서 실록을 베껴오도록 하였다. 한편 실록은 그 자체가 하나의 역사로서, 이전 국왕이 어떻게 국가를 운영하였는지를 평가하는 기초자료의 구실을 하였다. 따라서 국왕들은 사관의 기록에 관심을 가지지 않을 수 없었다. 실록을 국왕조차도 함부로 볼 수 없게 만든 까닭이었다. 물론 국왕이 강제로 실록의 기록을 열람한 경우도 있다. 연산군은 만들어지고 있던 실록의 사초를 열람하여 사화(士禍)를 일으키기도 하였다. 그러나 국왕이 실록을 열람하는 것은 국왕의 지위를 포기하기 전에는 쉽지 않은 일이었다.

그런데 실록 편찬은 후대에 참고가 되기 위한 것이기도 하였지만, 1차적인 목적은 선왕의 업적을 총정리하는 데에 있었다. 이러한 총정리의 목적은 무엇이었을까? 바로 당대에 무엇을 할 것인지를 확인하는 것이었다. 다시 말해 선왕대에 이루지 못하였던 과제를 확인하고 이것을 이어받는 절차였다. 막연하게 이전시대를 총체적으로 부정하면서 반대 방향으로 가는 것을 선으로 여기는 것이 아니었다. 계승할 대상과 부정할 대상에 관해 총체적인 백서를 마련하는 작업이 곧 실록의 편찬이었다.

5) 묘호(廟號)

묘호란 국왕이 사망한 뒤 종묘에 그 신위를 모실 때 드리는 존호(尊號)이다. 묘호로는 '종(宗)'과 '조(祖)'의 두 가지를 썼다. 신라시대는 무열왕(武烈王)만이 태종이란 묘호를 가졌고, 고려시대는 태조만이 조자(祖字)의 묘호를 가졌으며, 그 밖의 모든 왕은 종자(宗字)의 묘호를 가졌다. 조선조에는 태조 외에도 세조·선조·인조·영조·정조·순조 등 조자 묘호를 가진 국왕이 많다.

조나 종을 쓰는 데에 꼭 일정한 원칙이 있었던 것은 아니다. 원래 조는 공(功)이 있는 임금에게, 종은 덕(德)이 있는 임금에게 붙이는 것이 관례였다. 그러나 현실에서는 대체로 조는 나라를 처음 일으킨 왕이나 국통(國統), 즉 나라의 정통이 중단되었던 것을 다시 일으킨 왕에게 쓰고, 종은 왕위를 정통으로 계승한 왕에게 붙였다.

조선조 때 반정(反正)으로 왕위에 오른 경우이거나 또는 재위 시에 큰 국난을 치렀던 임금은 대체로 조의 묘호를 가지게 되었다. 반정으로 왕위에 오른 인조, 임진왜란을 치른 선조 등이 모두 그 예이고, 비록 반정은 아니라 하더라도 단종을 몰아내고 왕위에 오른 세조도 같은 범주에 들어간다고 할 수 있다. 반정을 통해 왕위에 오른 중종의 묘호도 인종 초에 왕이 교서를 내려 "선왕이 난정(亂政)을 바로잡아 반정을 하여 중흥의 공이 있으므로 조로 칭하고자 한다"고 했으나, 예관(禮官)이 "선왕이 비록 중흥의 공이 있기는 하나 성종의 직계로 왕위를 계승했으므로 조로 함이 마땅하지

종묘 정전

앉다"고 하여 중종으로 하게 되었다.

조자 묘호의 우월성을 인정하여 본래 종의 묘호이던 것을 조로
바꾼 예도 많다. 선조도 본래 선종(宣宗)이었으나 광해군 8년 선조
로 바꾼 것이다. 이때 윤근수(尹根壽)는 "업의 임금을 조라 칭하고
정체(正體)를 계승한 임금을 종이라 하는 것이 정도(正道)이다"라
고 하여 선조로 개호(改號)하는 것을 반대하였다. 또한 인조 1년,
정경세(鄭經世)는 "조는 공(功)으로써 일컫는 것으로 하등 좋고 나
쁜 차이가 없는 것이니, 이는 본래대로 선종으로 복귀시킴이 옳
다"고 주장하기도 하였다. 영조·정조·순조도 본래는 영종·정
종·순종이었던 것을 후세에 모두 조로 고친 것이다. 영조와 정조
는 고종 때 고쳤고, 순조는 철종 때 이를 개정하였다.

그러나 국왕의 묘호에서 조나 종처럼 뒤에 붙이는 호칭만 문제
가 된 것은 아니었다. 보다 중요한 것은 이전 임금의 행적을 종합
하여 평가한 뒤 이를 반영하여 이름으로 삼았다는 점이다. 이는 곧

실록의 편찬과 궤를 같이 하는 것이었다. '성종(成宗)'이라는 이름
에 조선왕조에 필요한 제도와 문물을 완성시킨 국왕이라는 역사적
평가가 동시에 들어가 있다는 사실은 이를 상징적으로 보여 준다.

3. 어떻게 국가를 운영하였는가

조선시대에 국가를 어떻게 운영하였는지를 살펴보면 조선왕조
가 왜 장기간에 걸쳐 존속할 수 있었는지 알 수 있다. 조선왕조는
흔히 알려진 것처럼 임금이 모든 결정을 하고 신하들은 단지 이를
수행하기만 하는 그런 나라는 아니었다. 중앙정치에서도 의정부(議
政府)를 중심으로 정치가 이루어졌던 시기도 있었고, 육조가 국정
운영의 중심이 되어 국왕의 명령을 직접 수행한 시기도 있었다. 또
형식적인 관료제도가 있는데도 정국운영의 중심이 재야의 학자였
던 산림(山林)에게 돌아간 적도 있었다. 조선의 역사가 길었던 만큼
세밀하게 보면 정치운영에서 다양한 형태가 나타났던 것이다.
또한 조선의 관료제도는 근대 이후의 관료제와 같이 전문 관료
제를 추구하였다. 현대 한국의 관료제 가운데는 조선시대의 관료
제에서 참고한 것도 있다. 이런 점은 조선의 관료제가 갖는 장점이
기도 하다. 물론 조선시대에도 관료제의 문제점이 끊임없이 나타
나 이를 개선하고자 하는 시도가 지속적으로 이루어졌다. 또 조선
시대의 정치제도 가운데 비판하는 것을 주된 업무로 하는 기관을
공식제도로 끌어들이고 이를 발전시킨 점은 특징이다. 삼사(三司)
로 일컬어지는 사헌부(司憲府), 사간원(司諫院), 홍문관(弘文館)이 그
것으로, 이 또한 조선 정치제도의 특징을 보여 주며 권력을 어떻게

견제하려고 하였는가를 잘 보여 주는 사례라고 할 수 있다.

1) 중앙정치제도: 의정부와 육조

조선왕조는 건국 이후 국가운영 체계를 만들어가는 과정에서 의정부-육조로 이루어진 중앙행정제도를 정비하였다. 이 제도는 영의정, 좌의정, 우의정으로 이루어진 의정부가 결정하고 이조(吏曹), 호조(戶曹), 예조(禮曹), 병조(兵曹), 형조(刑曹), 공조(工曹)로 이루어진 육조가 실행하는 것을 목표로 만들어졌다. 얼핏 보아서 매우 일반적인 중앙정치제도로 다른 나라에서도 시행됐을 것처럼 보인다.

하지만 이러한 구조는 이 제도의 원형인 중국에서조차 같은 시기에 시행되지 않았다. 전형적인 의정부-육조 중심의 제도는 중국에서 고전적인 시대, 즉 하(夏)·은(殷)·주(周) 삼대(三代)의 시기 가운데 주나라에서 만들어진 것이었는데, 명나라나 청나라에서는 그대로 시행되지 않았다. 명나라의 경우 명나라 초기였던 영락제(永樂帝) 때 재상제도를 아예 폐지하였다. 그 뒤 황제가 권력을 독점하는 황제독재체제가 이어졌고, 이러한 정치형태는 청나라도 마찬가지였다.

이와 달리 조선은 건국 초기부터 의정부제도를 완비하였고, 이에 더하여 육조가 국정운영의 실행기관의 역할을 하였다. 물론 여기에는 약간의 변화도 있었다. 예를 들어 태종 때에는 의정부가 있음에도 육조직계제(六曹直啓制)를 시행하여 국왕이 직접 육조를 통해 국정을 수행하고자 하였다. 이러한 제도는 국왕을 중심으로 한 강력한 국정의 수행에 유리했기 때문에 태종은 이러한 정치 운영을 통해 왕조 초기에 필요한 제도적 정비와 개혁을 이루어 낼 수 있었다. 사실 세종대에 이루어진 성공적인 통치 기반은 태종 때에 이미 시작된 것이었다고 할 수 있다. 세종 또한 태종의 육조직계제를 계승하여 줄곧 시행하다가 어느 정도 통치의 안정성이 확보된 뒤 의정부를 중심으로 정치를 운영하는 의정부서사제(議政府署事制)로 바꾸었다.

의정부서사제 아래에서는 의정부가 국정운영의 중심이 되어 인사나 국방과 같이 국왕에게 보고해야 하는 중요한 일을 제외하고는 대체로 의정부에서 결정하여 시행하였다. 따라서 꼭 같지는 않지만 현재의 정치제도 가운데 의원 내각제 요소와 비슷한 점이 있다고 하겠다. 이에 견주어 육조직계제는 육조가 국왕에게 직접 모든 사안을 보고함으로써 국왕의 친정(親政)적인 성격이 강하였으므로 현재의 대통령중심제와 비슷하다고 할 수 있다. 따라서 조선시대에 국왕이 최고 권력자임에는 변함이 없지만 구체적인 정치형태에서는 대통령중심제와 의원내각제적인 요소 사이에서 끊임없이 선택을 반복하였음을 알 수 있다. 이는 세종 이후 세조 때에 육조직계제를, 다시 의정부서사제를 선택한 예에서 짐작할 수 있다.

또한 조선중기 이후 사림이 중심이 된 붕당정치가 시작되면서 나중에는 재야학자를 초빙하여 국정의 중심적인 위치에 두는 산림정치가 시행되기도 하였다. 이는 정치와 학문을 일체화하려는 것으로서, 정치를 행하는 데에 원칙(학문 또는 사상)을 좀 더 고려한다는 특성이 있었다.

2) 관료제도: 전문 관료제

조선의 관료제도는 기본적으로 중국에서 온 것이다. 중국 당나라 때 정비된 관료제는 이후 발전을 거듭하였고, 조선 또한 소수 귀족에 의한 정치운영보다는 전문관료를 중심으로 하는 정치운영을 지향하였다. 서양의 이론에 따른다면 근대국가의 탄생은 관료와 군대가 정비되고, 이를 뒷받침하는 수세(收稅)체계가 있을 때 가능하다. 이런 관점에서 볼 때 조선은 안정된 수세체계가 뒷받침을 해주는 가운데 전문적인 중앙관료제와 중앙집중적인 군대체계를 보유한 점에서 근대국가에까지 비견될 수 있다.

특히 조선의 관료체계는 지금의 관료체계와 비교해 보아도 유사한 점이 적지 않다. 조선은 정1품에서 종9품까지 18등급으로 관계(官階)를 나누어 관직(官職)과 관계를 분리하였는데, 이를 통해 계급과 직급의 상호 분리와 연결성을 고려한 것이다. 이 점은 현대의 관직체계에도 그대로 적용된다. 오늘날 한국의 관료제도에서도 1~9급으로 나눈 공무원 계급제도와 직급제도의 분리는 마찬가지이다. 더구나 조선에서 1~9품으로 나눈 것은 현재의 1~9급까지 나눈 것과 정확하게 일치한다. 과거에는 정(正)-종(從)의 구분이 있어서 지금의 공무원 제도와는 다르다고 지적할 수도 있겠지만 현대의 공무원 제도가 마련된 초기에는 1~9급에 더해 각 급마다 갑(甲)-을(乙)이 있어서 정-종과 마찬가지였다.

또한 조선시대에도 관료의 짧은 재임 기간이 문제가 되었다. 한 분야나 직급에 짧게 재직하고 떠나는 경우에는 관료제의 전문성이나 안정성을 기대하기 힘들다. 그럼에도 잦은 관료의 교체는 예나 지금이나 마찬가지의 문제였다. 조선시대에는 이러한 문제를 해결하기 위해 관료의 구임제가 자주 건의되었고, 실제 시행되었다.

구임제(久任制)란 한성부(漢城府)·봉상시(奉常寺)·군자감(軍資監) 등 30여 관부에서 일정한 수의 관리들을 전문인력화하여 장기근무 시키던 제도로, 그 관리들을 구임관 또는 구임원이라 하였다. 양반 경관직(京官職), 그 가운데서도 문반직(文班職)이 관직후보자들의 수에 비해 매우 적었으므로 관리들이 자주 교체되었다. 이 때문에 관리들이 해당 업무에 숙달하기 어렵고 행정 능률도 떨어지는 등의 문제가 생기자, 특수한 기술이나 경험을 요구하는 직임에는 약간의 장기근무자를 확보하도록 규정하였다.

구임원은 그 관부의 책임자와 해당 조(曹)의 당상관이 합의·결정하여 이조로 통보하면 왕에게 보고하고 장부에 기록하여 따로 관리하였다. 구임법은 1425년(세종 7)에 재정(財政: 錢穀) 담당부서(3년)와 지방수령(6년)을 대상으로 처음 시행되었다. 구임원은 1437년 종묘서(宗廟署)를 비롯한 많은 관서에 배정되었으며, 1460년(세조 6)에는 30개 부서 60여 인에 이르렀다가, 《경국대전(經國大典)》에 25개 부서 49인으로 확정되었다. 해당되는 곳은 주로 제사·의례·외교·소송·군수(軍需)·회계·창고인 및 궁중 사무를 관장하던 부서였다. 그 가운데서도 봉상시(6인)·내자시(4인)·내섬시(4인)·군자감(8인)·제용감(4인)의 주부(主簿) 이상은 전원이 구임관이었다. 그들은 다른 관원들과 달리 3년의 임기 안에는 교체되지 않았고, 심지어 임기가 지났더라도 왕의 허가 없이는 이동시키지 못하였다. 다만, 사헌부와 사간원에 결원이 생겨서 충원할 때는 예외로 했다.

3) 언론기관: 삼사(三司)

조선시대의 제도를 지금의 제도와 비교했을 때 다른 점 가운데 하나는 비판을 공식적인 제도로 수용하였다는 사실이다. 물론 현재의 제도 가운데에도 감찰 기능을 수행하는 감사원과 같은 기구가 없는 것은 아니다. 그러나 조선시대와 같이 비리를 전문적으로 파헤치는 업무만을 전담하는 기관과, 간쟁을 전담하였던 기관이 있었던 것은 흔하지 않다. 이 제도 또한 중국의 제도를 받아들였다. 하지만 우리가 알고 있는 삼사(三司)에 홍문관이 포함된 것은 조선만의 특징이라고 할 수 있다.

　본래 삼사(三司)는 조선시대에 언론을 담당한 사헌부·사간원·홍문관을 합하여 부른 말이다. 이를 언론삼사(言論三司)라고도 하였다. 사헌부는 백관에 대한 감찰·탄핵과 정치에 대한 언론을 담당하고, 사간원은 국왕에 대한 간쟁(諫諍)과 정치 일반에 대한 언론을 담당하는 언관(言官)으로서, 일찍이 이 두 기관의 관원을 대간(臺諫)이라 불렀고, 양사(兩司) 또는 언론양사라고 하였다.

　이 두 기관은 조선초부터 언론기관으로 중요한 역할을 수행하였다. 이와 달리 홍문관은 궁중의 서적과 문한(文翰)을 관장하였고, 홍문관의 관원은 경연관(經筵官)이 되어 왕의 학문적·정치적 자문에 응하는 학술적인 직무를 맡았으며, 세조대에 집현전이 없어진 뒤 그 기능을 계승한 기관이었다. 1438년(세종 20) 이후 세종의 신병에 따른 세자의 섭정(攝政)이 시행된 것이 계기가 되어 집현전은 언관의 구실도 하게 되었다. 따라서 집현전의 기능을 계승한 홍문관도 언관의 기능을 맡게 되었다. 그리하여 홍문관을 언론양사인 사헌부·사간원과 함께 언론삼사로 일컫게 되었던 것이다.

　이들 기관은 독자적으로도 언론 활동을 하지만 중요한 문제는 양사가 합의하여 양사합계(兩司合啓)를 하기도 하고, 때로는 홍문관도 합세한 삼사합계로 국왕의 허락을 받을 때까지 끈질기게 언론활동을 하기도 하였다. 그래도 그들의 언론이 관철되지 않을 경우 삼사의 관원들이 일제히 대궐 문 앞에 엎드려 국왕의 허락을 강청하는 합사복합(合司伏閤)을 하기도 하였다. 이러한 언론이 제대로 기능할 때는 왕권이나 신권의 전제를 막을 수 있었으나, 특정 세력에 이용될 때는 오히려 혼란을 가져오는 경우도 있었다.

현대의 감찰제도는 직무감찰에 국한되는 경우가 많다. 하지만 조선시대에는 직무에서의 비리뿐만이 아니라 정책적 판단도 문제가 되었다. 또 확실한 증거가 없이 떠도는 소문에 따른 풍문탄핵(風聞彈劾)이 가능했던 것도 특징이다. 오늘날의 관점에서는 지나치게 가혹할 수도 있으나, 이러한 제도들이 있었기에 부정과 부패를 어느 정도 예방할 수 있었다.

4. 어떻게 반성하였는가

조선시대의 왕위 계승이 혈연에 따른 상속이라는 점에서 현대에 비해 폐쇄적이었다는 사실은 부정할 수 없다. 그러나 그렇다고 하여 왕위계승에 따른 변화가 없었던 것은 아니다. 특히 이전 국왕이 다스렸던 시대에 대해서 항상 전범(典範)을 제시하고 이를 반성할 수 있는 다양한 방법을 강구하였다. 앞에서도 살펴보았듯이 실록의 편찬은 선왕의 시대를 총체적으로 정리하면서 동시에 반성의 계기를 마련하는 작업이었다. 또한 앞선 국왕들의 사례에서 배우고 반성할 수 있는 자료로서 《국조보감》과 《갱장록(羹墻錄)》 같은 책들도 만들어졌다.

1) 실록의 편찬

우리가 알고 있는 조선왕조실록은 정식 이름이 아니다. 《태조대왕실록》에서부터 《철종대왕실록》까지 각 왕대별로 만들어진 실록을 총체적으로 부르는 말이다. 즉 각각의 국왕마다 만들어졌다는 점에서 선왕의 한 시대를 정리하고 넘어갔다는 것을 뜻한다. 이와 견주어 우리는 대통령제를 통해 대통령 임기가 끝날 때마다 새로운 대통령을 맞고 있다. 하지만 현대의 대통령은 취임할 때마다 늘 자신이 새로운 공화국을 만들 만큼 새롭다는 점을 더러 강조하였다. 물론 새로운 변화를 시도하려는 뜻에서 기존의 업적이나 전임자들을 낮춰 보거나 비판할 수는 있다. 하지만 출발 때마다 이전과는 전혀 다른 업적을 낸다고 하는 것은 현실적으로 무책임한 말일 수 있다. 차라리 선왕이 했던 일들을 실록을 편찬하면서 하나하나 재정리하고 이를 바탕으로 새로이 출발하였던 조선의 전통보다도 못한 것이 지금의 현실인지도 모르겠다. 제도적으로 과거보다 열려 있고 진보되었다는 사실이 항상 좋은 결과를 가져오지는 않는다는 점을 기억해 둘 필요가 있다.

2) 《국조보감》

실록이 그 기록의 치밀함과 보존의 엄정성 때문에 쉽게 참고하지 못했던 것과 달리 국왕들에게 항상 따라야 할 전범과 반성의 재료로써 제공되었던 것 가운데 하나가 《국조보감(國朝寶鑑)》이다. 《국조보감》은 실록과는 달리 항상 쉽게 볼 수 있었다.

《국조보감》은 조선시대 역대 왕의 업적 가운데 선정(善政)만을 모아 편찬한 편년체의 사서이다. 모두 90권 28책으로, 《국조보감》의 편찬을 최초로 구상한 것은 세종 때이다. 세종은 정치에 모범이 될 만한 일들을 모아 후세의 귀감으로 삼고자 권제(權踶)와 정인지(鄭麟趾) 등에게 태조·태종보감을 편찬하도록 명했으나 완성하지 못하였다. 그 뒤 세조가 이를 계승해 1457년(세조 3)에 수찬청(修纂廳)을 두고 신숙주(申叔舟)와 권람(權擥) 등에게 명해 태조·태종·세종·문종 4조의 보감을 처음으로 완성하였다. 여기에는 신숙주의 전(箋) · 서(序)와 수찬자 8인의 명단이 수록되었다.

그 뒤 숙종은 이단하(李端夏)에게 명해 1684년(숙종 10)에 선조 1대의 사적을 엮은 《선묘보감(宣廟寶鑑)》 10권을 완성하였다. 또 1730년(영조 6)에는 찬집청(纂輯廳)을 설치하고 이덕수(李德壽) 등에게 명해 숙종 1대의 사적을 엮고, 《숙묘보감(肅廟寶鑑)》 15권을 완성하였다. 이어서 1782년(정조 6)에는 정종 · 단종 · 세조 · 예종 · 성종 · 중종 · 인종 · 명종 · 인조 · 효종 · 현종 · 경종 · 영조 등 13조의 보감을 조경(趙璥) 등에게 명해 찬수하게 하였다. 이를 앞의 세 보감과 합해 《국조보감》 68권 19책을 완성하였다.

여기에는 정조의 어제서(御製序)와 서명응(徐命膺)의 진전(進箋), 교정 · 편집 · 고교(考校) · 어제교열(御製校閱) · 감인(監印) 등을 맡았던 인물의 명단, 총서(總序) · 범례 및 목록이 수록되어 있다. 또 1847년(헌종 13)에는 찬집청을 두고 조인영(趙寅永) 등에게 명해 정조 · 순조 · 익종 때의 보감을 찬수하여 이듬해에 이전의 보감과 합해 82권 24책이 이루어졌다. 1908년(융희 2)에는 이용원(李容元) 등에게 헌종 · 철종 2조의 보감을 찬수하게 하여 1909년에 전의 것과 합하고 순종의 어제서와 이용원의 진전을 첨부하여 《국조보감》 90권 28책을 완성하였다.

《국조보감》의 내용은 주로 실록초(實錄草)에서 발췌하였다. 그러나 헌종 때에는 조인영의 의견에 따라 《일성록(日省錄)》 · 《승정원일기(承政院日記)》 및 각 사(司)의 장고(掌故) 등의 기사에서도 뽑아 수록하였다. 위의 보감과는 별도로 10권 3책으로 구성된 《국조보감별편(國朝寶鑑別編)》에는 인조 · 효종 · 현종 · 숙종 · 영조 · 정조 · 순조 · 익종의 존양(尊攘)에 관한 사실을 뽑아 기록하였다. 이는 훈모(訓謨)와 공적을 기록해 후대 왕들에게 교훈을 주고자 편찬한 것이다.

3) 《갱장록》

《국조보감》과 함께 정조 때에 선왕의 교훈을 찾아볼 수 있게 만든 책이《갱장록(羹墻錄)》이다. 이 책은 1786년(정조 10)에 규장각 관원 이복원(李福源) 등 10인이 왕명을 받아 열성조(列聖朝) 19대의 업적을 서술한 것이다. 모두 8권 4책으로 구성된 이 책은《열조갱장록(列朝羹墻錄)》·《어정갱장록(御定羹墻錄)》이라고도 하는데, 이는 왕이 열성의 교훈을 아침저녁으로 살펴 그 의리(義理)를 발견한다는 뜻이다.

영조 때 이미 이세근(李世瑾)이 편찬하여《성조갱장록(聖朝羹墻錄)》이라 했는데, 1785년에 정조가 이복원 등에게 다시 명하여 20부(部)로 편찬하게 하였다. 범례에는 편집 요령이 설명되어 있다. 기본 자료로써《열성어제(列聖御製)》·《열성지장(列聖誌狀)》·《국조보감》 등을 참고하여 그 체재를 정하고,《용비어천가(龍飛御

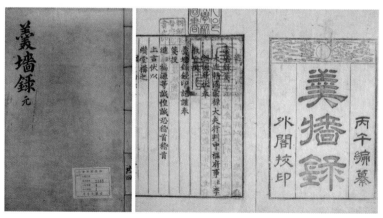

《갱장록》

天歌)》·《경국대전》·《국조오례의(國朝五禮儀)》·《문헌비고(文獻備考)》 등에서 관계 사실을 채록하였다.

조현명(趙顯命)이 찬한 《조감(祖鑑)》·《성조갱장록》과 정항령(鄭恒齡)이 찬한 《상훈집편(常訓輯編)》 등을 참고했으며, 매 단 아래에 인용서를 기록하였다. 사류(事類)와 문목(門目)은 당나라 말의 《회요(會要)》·《성정록(聖政錄)》 등을 따르고 있으며, 편서법(編書法)은 《전요총편(典要總編)》을 중시하였다. 목차와 내용 가운데 제1권에서는 왕조 개국의 경과를 서술하고, 유교사상의 기본이 되는 경천사상(敬天思想)의 발현으로서 천문기기(天文機器)와 지지(地誌)에 대해 언급하고 있다. 제2권은 제가(齊家)에 관한 것으로 왕의 선조(先祖)·후손·가족·친척에 관한 사항이 실려 있다. 제3권에는 치국의 기초인 학문과 언로(言路)에 관한 사항이 수록되어 있다. 제4권에는 인재 등용과 백성을 위한 생업 권장 등이, 제5권에는 각종 제사와 제도 정비, 제6권에는 문치주의의 실현과 불교를 비롯한 이단의 배척, 사병(私兵)의 제약과 외치(外治)에 관한 사항이 실려 있고, 제7권에는 풍속 순화와 군국(君國)에 대한 공(功)의 권장이 실려 있으며, 제8권에는 구휼책(救恤策)·형정(刑政)·경제정책과 왕이 신민을 접할 때의 법도 등에 관한 사항들이 수록되어 있다.

이러한 종류의 책을 끊임없이 만들어낸 것은 조선왕조의 특징이다. 이러한 책들이 만들어질 수 있었던 배경에는 바로 '이전 시대를 어떻게 계승하고 또 새롭게 변화시킬 것인가'라는 조선왕조의 고민이 들어 있다. 변화라고 하여 완전히 다른 변화가 아니라 앞시대의 잘된 점을 계승하고 배움과 함께 지금의 잘못을 개선하려고 노력을 하였던 조선왕조의 고민을 읽을 수 있다.

2장 왕자 교육: 조선초기 세종대의 서연

1. 왕자 교육의 기틀 마련

세종은 조선왕조의 기틀을 잡는 데 크게 이바지한 왕이다. 조선왕조가 세워진 지 27년 만에 왕위에 오른 세종에게는 새로운 왕조의 기반을 마련해야 하는 책무가 있었다. 세종은 태종의 셋째아들로서, 맏형인 양녕대군이 이미 세자로 있었기에 왕위계승의 가능성은 거의 없었다. 그러나 그는 태종 18년 6월 3일 세자로 책봉되어 8월 11일에 국왕으로 즉위하였으니, 세자로 있었던 기간은 겨우 두 달이었다. 따라서 세자로서 왕위를 준비하는 데 필요한 만큼의 충분한 시간을 갖지 못하였다.

충녕대군의 급작스런 세자 임명과 국왕 즉위 과정은 조선초 급격했던 정치변동의 과정을 보여 주는 사례이기도 하다. 태종으로서는 장자였던 양녕대군을 폐하고 셋째아들을 다시 세자로 삼는 정치적 부담을 빨리 덜어내야 했을지도 모른다.[1] 그래서 세종의 왕위 등극은 매우 빠른 시간 안에 이루어졌을 것이다. 따라서 세자

로 있었던 기간이 짧았던 세종은 본격적인 왕세자 교육을 받지 못
하였다.

이 글에서 살펴볼 세종의 성장과 교육에 대해서는 사실 관련되
는 사료가 아주 적다. 따라서 조선초에 이루어진 왕자 교육의 전반
적인 모습을 살펴봄으로써, 세종의 성장과 교육을 간접적으로 추
정하고자 한다.[2] 세종은 왕위에 있으면서 왕세자 교육의 틀을 어
느 정도 갖추어 놓았다. 조선초기에 이루어진 제도의 경우 대체로
태종 때에 제도적인 기틀이 마련되고 세종 때에 웬만큼 정비가 되
며, 성종 때에는 수선과 보완이 이루어졌다. 마찬가지로 왕세자 교
육도 세종 때에는 제도적인 정비가 이루어지는데, 이 글에서는 세
종이 왕세자 교육에 어떻게 기여했는가를 살피고자 한다.

왕세자 교육은 다음 세대에 나라를 이끌 예비 국왕을 가르치는
교육이었으므로 최고의 교수진과 최선의 교재를 선택하였음은 두
말할 나위가 없다. 따라서 이 당시 왕세자 교육을 담당하였던 인물
들과 교재를 검토함으로써 이 시기 조선이 사상적으로 지향했던
바를 가늠할 수 있다.

불교를 기반으로 하였던 고려왕조에 견주어 조선왕조는 성리학
(性理學)을 사상의 기반으로 삼고, 이에 바탕을 두고 국가를 이끌어
가려던 경향이 강했다. 이런 사실은 왕자 교육에도 그대로 적용되
어, 조선에서는 성리학이 왕자 교육의 주된 내용으로 자리 잡았다.

---

1) 태종 말에 양녕을 폐세자시키고 충녕을 세자로 삼은 전말에 대해서는 다음의 논
   문을 참조. 崔承熙, 〈太宗末 世子廢位事件의 政治史的 意義〉, 《李載龒博士還曆紀
   念論叢》, 1990(《朝鮮初期政治史硏究》, 지식산업사, 2002 재수록).
2) 조선초의 왕세자 교육에 대해서는 서연(書筵)을 중심으로 한 다음의 연구를 참
   조. 李碩圭, 〈朝鮮初期 書筵硏究〉, 《歷史學報》 110, 歷史學會, 1986.

2. 왕세자 교육제도의 정비

1) 세종 이전

세종이 왕위에 오르기 전에 만들어진 왕세자 교육을 전담하는 제도는 태조가 즉위한 후에 문무백관의 관제를 정한 데에 포함되어 있다. 세자 관속(官屬)은 모두 강학(講學)과 시위(侍衛) 등의 일을 함께 관장하였다. 그 구성원은 좌·우사(左·右師) 각 1명(정2품), 좌·우빈객(賓客) 각 1명(종2품), 좌·우보덕(輔德) 각 1명(종3품), 좌·우필선(弼善) 각 1명(정4품), 좌·우문학(文學) 각 1명(정5품), 좌·우사경(司經) 각 1명(정6품), 좌·우정자(正字) 각 1명(정7품), 좌·우시직(侍直) 각 1명(정8품), 서리(書吏) 4명이었다.3) 이 가운데 세자의 시위를 담당하였던 좌·우시직과 서리를 뺀 좌·우사에서 좌·우정자까지의 관리들이 세자 교육을 담당하였다. 이 제도는 고려 공양왕 때 왕세자 교육을 위해 설치한 서연 관직과 좌·우정자를 빼고는 거의 같아서, 고려의 관제를 그대로 이었음을 알 수 있다.

그러나 조선초에는 고려의 관제를 계승하였음에도 실제로 세자 교육을 운용하는 데서는 고려와 조금 차이가 있었다. 태조 4년에 정도전(鄭道傳)이 세자의 이사(貳師)였던 사실,4) 같은 해에 종2품의 좌·우빈객뿐만 아니라 좌·우부빈객을 두어 한상경(韓尙敬)과 유경(劉敬)을 임명한 사실5) 등은 차이를 드러내는 부분이다.

---

3)《태조실록》권1, 태조 원년 7월 정미.
4)《태조실록》권7, 태조 4년 3월 병오. 엄밀하게 세자 이사(貳師)는 조선왕조에 들어서 설치한 것이 아니고 고려 충렬왕 때의 기록에 나타나는 것으로 보아 고려 때 설치된 것이 분명하다.《고려사》권29, 세가29 충렬왕6년 12월.

이후 태종이 즉위함에 따라 왕자 교육에 새로운 전기가 마련되었다. 우선 태종은 자신의 집권과정에서 겪었던 문제점을 염두에 두었던 듯 어린 원자를 위해 원자부(元子府)인 경승부(敬承府)를 설치하고, 남달리 왕자 교육에 힘을 기울였다.6) 세자로 책봉되기 전에 국왕의 장자였던 원자를 위한 교육을 일찍부터 시작하였던 것이다. 원자의 나이 8세가 되자 태종은 원자를 승려에게 보내 수학(受學)하게 하려고 하였다. 이에 지신사(知申事) 박석명(朴錫命)은 건의를 올려 산승(山僧)에게 배우는 것은 고려말 학교제도가 무너져서 불가피했던 상황임을 지적하며, 앞으로는 성균관에서의 강론과 덕성의 함양을 권하였다. 태종은 이를 받아들여 성균관에 원자를 위한 학당 터를 마련하도록 명을 내렸다.7) 그 뒤로 양녕대군을 위한 학궁(學宮)이 태종 2년 5월에 완성되었고,8) 태종 3년 4월에 성균관에 원자로서 입학하였다.9) 이에 따라 세자였던 양녕대군은 궁궐에서 일정하게 떨어진 곳에서 수학을 하게 되었는데, 경승부는 태종 8년에 세자시강원(世子侍講院)이 설립되기 전까지 세자 교육을 담당하였다.10)

고려말에 문과에 급제하였던 태종이 왕세자 교육을 위한 교수자로서 승려를 고려했다는 점은 시사하는 바가 적지 않다. 비록 고려말 공교육제도가 무너졌다는 표면적인 이유가 있었다고 하더라도, 아직 이 시기까지 불교에 의탁하였던 관습을 쉽게 버리지 못했다

5)《태조실록》권7, 태조 4년 5월 계묘.
6)《태종실록》권3, 태종 2년 4월 경진.
7)《태종실록》권2, 태종 원년 8월 무인.
8)《태종실록》권3, 태종 2년 5월 무자.
9)《태종실록》권5, 태종 3년 4월 갑인.
10)《태종실록》권16, 태종 8년 10월 기해.

는 사실을 짐작할 수 있다. 또 태종이 왕세자 교육을 위해 성균관
에서의 수학을 받아들인 점은 앞으로 조선왕조에서 왕세자 교육의
기준점을 마련했다는 점에서 의미가 있다.

사실 왕세자의 교육을 위해 반드시 성균관에서 수학할 필요는
없었다. 따로 서연과 같이 왕세자의 교육을 전담할 기관을 두어 교
육을 해도 무방하였다. 그럼에도 굳이 성균관에 원자를 입학시켜
교육시키려 했던 것은 의미가 있었다.

세자의 교육을 위해 국학에 입학시킨 예는 이미 고려 때에도 있
었다. 충렬왕 12년에 세자가 국학에 입학하여 육경(六經)을 강하였
다는《고려사》의 기사는 고려 때에도 성균관에서 왕세자 교육이
이루어졌음을 알게 해 준다.11) 그러나 고려시대에는 충렬왕 때의
기록 말고는 성균관에서 왕세자 교육이 꾸준히 이루어졌는지 보여
주는 기록이 없다. 이에 견주어 조선에서는 태종 이후 왕세자가 성
균관에 입학하는 것이 관례화되었다.12) 세종 이후로는 왕세자뿐만
아니라 대군을 포함한 종친도 성균관에 입학하고 입학의(入學儀)도
마련되었다.13) 원자는 성균관에서 입학례를 치렀지만 성균관에서
지속적으로 교육을 받지는 않았다. 원자의 학궁이 성균관의 동북
쪽 모퉁이에 지어졌으나, 여기에서 얼마나 꾸준히 교육을 받았는
지는 확인되지 않는다.14)

세자와 대군을 포함한 종친이 상징적으로나마 성균관에 입학하

---

11)《고려사》권30, 세가30 충렬왕 12년 7월 임진.
12) 李成茂, 〈鮮初의 成均館研究〉,《歷史學報》35·36합집, 歷史學會, 1967, 257쪽,
    [표 7] 王世子入學現況 참조.
13)《세종실록》권47, 세종 12년 정월 정축조의 종친입학의 ; 권48, 세종 12년 5월
    병진.
14)《태종실록》권3, 태종 2년 4월 병자.

였다는 사실은 왕자 교육의 중심이 성리학의 틀 안에서 이루어진다는 사실을 의미하였다. 성균관이 곧 유학의 종사(宗師), 공자를 모신 문묘(文廟)가 자리한 곳이기 때문이다.

　태종은 서연제도를 정비하여 세자에게 강학하는 방법도 정하였다. 우선 서연관들이 태조가 세자 관속을 정한 이후 모두 겸관(兼官)으로 임명되어 겸직제로 운영되자 실제로 세자 교육에 전념할 이들이 적어지는 문제가 생겼다. 태종은 이를 해결하기 위해 사간원의 건의를 받아들여 보덕 이하의 서연관들은 본사(本司)에 나가지 말고 서연의 임무에만 전념할 수 있도록 조치를 취하였다.[15] 그러나 이러한 조치도 실효를 거두지 못했던 것으로 보이는데, 약 2년 뒤에 사간원에서 다시 이 문제를 거론한 것은 겸직제의 문제가 해결되지 않았음을 보여 준다.[16] 여기에 사간원에서는 보덕 이하 정자까지 다시 본사의 직무를 면제하고 시강에만 전념하게 해야 함과, 대간 한 명을 입시(入侍)하게 할 것을 상소하였다. 다음 해인 태종 7년, 예조의 건의를 받아들여 서연에서 대간이 입시함에 따라 예를 행하는 절차를 정비하기도 한 것으로 보아 시강관의 겸직 금지도 어느 정도 실천되었던 것으로 보인다.[17]

　태종 8년에는 사간원과 권근(權近)의 진언을 받아들여 세자로 하여금 매일 서연에 나가 경서를 습독하게 하고, 또 뜻을 한 차례씩 강론하게 하였다.[18] 태종 13년에는 아예 서연관에서 세자에게 강학할 사목을 바치게 하여 세자가 강학하는 방법을 규례화하였다. 세자의 강학사목(講學事目)은 다음과 같다.[19]

---

15)《태종실록》권9, 태종 5년 6월 계사.
16) 李碩圭, 위의 글, 7~8쪽.
17)《태종실록》권13, 태종 7년 4월 병오.
18)《태종실록》권16, 태종 8년 12월 갑술.

1. 매일 해가 뜰 때에 세자가 좌당(坐堂)하면 이사(貳師) 이하가 차례로 돌아가며 진강하는데, 경사(經史)를 3장씩 혹은 2장씩 강하여 10차례에 이르고, 또 오후에도 10차례 혹은 5차례 하고, 또 배운 것을 신시(申時)까지 익히다가 이에 파합니다.

1. 매일 세자가 거동하면 입번(入番)한 우두머리 되는 내관(內官)과 사약(司鑰)이 서연과 경승부에 고하는데, 고하지 않으면 대간에서 죄를 청합니다.

1. 경승부에서 상직(上直)하는 1원(員)과 궁문 안에 들어와 숙직하는 사약이 반드시 나아가서 고한 뒤에야 문을 열고 닫습니다.

1. 숙위하는 법은 마땅히 전후좌우가 있는데, 반드시 경승부와 숙위사로 하여금 각각 1원씩 서북쪽 담장 밖에 나아가서 날을 바꾸어 가며 숙위하게 합니다.

1. 궁의 담장이 낮고 짧으므로 마땅히 높고 두텁게 개축하여 첨시(瞻視)를 (못하게) 엄하게 하소서.

강학사목에는 강학에 관련된 사항만이 아니라 세자를 숙위하는 방법까지 제시되었다. 곧 태종 13년까지 세자에 관련되어 강학과 시위가 분리되어 있지 않았음을 알 수 있다. 세자 관속에서 강학과 시위의 기능이 분리되는 것은 태종 18년의 일이었다. 태종은 익위사(翊衛司)를 두어 기존의 세자 좌사위(左司衛)와 세자 우사위(右司衛)를 좌익위(左翊衛)·우익위(右翊衛)로, 그리고 좌익위·우익위를 좌익찬(左翊贊)·우익찬(右翊贊)으로 바꾸었다.[20] 익위사는 이후 세종대에도 그대로 이어져 왕세자의 시종과 시위하는 역할

---

19) 《태종실록》 권26, 태종 13년 9월 을유.
20) 《태종실록》 권35, 태종 18년 6월 병술.

을 전담하였다.21)

2) 세종의 정비

세종은 즉위하고 얼마 지나지 않아 8세인 원자를 세자(문종)에 책봉하였다.22) 세자 책봉 전인 정월, 세자의 나이 8세가 되었을 때 집현전 직제학 신장(申檣)과 김자(金鎡)를 시켜 원자에게《소학》을 가르치게 하였다.23) 세종 3년 10월에 세자를 책봉한 뒤 바로 다음달 11월에 서연을 열고 세자 교육을 시작하였다.24) 12월에는 세자를 성균관에 입학시켰다.25) 이후 세종은 세자의 교육을 위해 사부(師傅)·빈객(賓客)과 상견하는 의식, 서연에 진강하는 의식 등을 정비하였고, 태종 때부터 문제가 된 서연관의 겸직제 문제를 해결하려 하였고, 종친들의 교육을 위해 종학(宗學)을 개설하기도 하였다.

세자 교육을 위한 관련 의식의 정비는 서연관과 빈객에게 다른 일이 있는 경우 대처하는 방법이라든지,26) 사·부와 이사의 회강(會講) 일시에 관한 것이라든지,27) 서연에 대관이 참여하는 문제라든지28) 등의 서연과 관련된 적지 않은 일에 대해 구체적인 정비를 하였다. 또 사부·빈객과 상견하는 의식, 서연에 진강하는 의식을 정비29)하여 나중에 오례 가운데 하나인 가례로서 서연진강의(書筵

---

21)《세종실록》권19, 세종 5년 3월 임진.
22)《세종실록》권13, 세종 3년 10월 을묘.
23)《세종실록》권11, 세종 3년 정월 을해.
24) 세자 책봉 바로 전에 집현전 관원 4명에게 좌보덕·우보덕·좌문학·좌사경 등의 서연 관직을 내렸다.《세종실록》권13, 세종 3년 10월 을묘.
25)《세종실록》권14, 세종 3년 12월 갑인.
26)《세종실록》권18, 세종 4년 12월 을사.
27)《세종실록》권38, 세종 9년 10월 무진.
28)《세종실록》권39, 세종 10년 1월 기해.

進講儀)로 정리되었다.

겸직제의 문제는 전임인 서연관이 녹봉을 받는 실직으로 배치되지 않았기 때문에 겸직을 금한다는 명령만으로는 해결되지 않아서 지속적으로 제기되었다. 겸직을 맡은 서연관이 본직에 나아가 업무를 보자 서연이 지연되거나 세자 교육의 일관성에 문제가 생기게 되었다. 따라서 세종은 이 문제를 해결하기 위해 세종 13년에 의정부의 의논을 거쳐 서연 낭청인 보덕·필선·문학·사경·정자 각 2명을 겸관이 아닌 녹관으로 임명하였다. 그러나 4년 뒤인 세종 17년에 녹관인 서연관을 혁파하여 다시 겸직으로 바꾸었다. 이는 집현전의 관원들에게 서연을 겸하게 하면서 취해진 조치였다. 세종 18년에 의정부의 요청으로 집현전 외에 각사의 관리도 서연관을 겸임할 수 있도록 하였으나 결국에는 집현전 관원 10명만으로 서연을 전담하게 하였다.

이렇게 형식적으로 겸직제의 문제가 해결되어 전임(專任) 녹관의 형태로 서연관이 바뀌다가 다시 집현전 관원이 겸직하는 형태로 바뀌었다. 하지만 전임관에서 집현전 관원의 겸직제로 서연관의 직제가 바뀐 것은 단순히 후퇴는 아니었고, 집현전 관원들의 학문적인 전문성이 담보되었기에 서연제도로 보아서는 내용면에서 강화된 측면도 있었다.[30] 타관이 아닌 집현전 관원만이 서연을 겸무한 것이 문종 때의 서연에서도 그대로 유지되다가, 세조 2년 집현

29) 《세종실록》 권52, 세종 13년 6월 병신.
30) 李碩圭, 앞의 글, 9~11쪽 참조. 세종 17년 7월에 집현전의 원수(員數)가 32명이었는데, 그 가운데 22명이 경연을 겸하고 10명이 서연을 겸하였던 것에 비해, 세종 20년 이후 집현전의 정원이 20명으로 고정되면서 경연은 22명에서 10명으로 대폭 줄어든 반면 서연에 참여하는 인원은 10명으로 고정된 것은 서연의 기능이 약화된 것이 아님을 반영한다(崔承熙, 〈集賢殿硏究(上)〉, 《歷史學報》 32, 歷史學會, 1966, 21~22쪽).

전이 혁파된 이후 서연은 녹관 6명, 겸관 4명으로 되었다.[31]

　서연관은 세종 후반에 첨사원(詹事院)이 설치되면서 위상이 높아
졌다. 널리 알려졌듯이 세종은 신하들의 반대를 무릅쓰고 건강을
이유로 세종 24년에 첨사원을 설치하고 세자에게 서무(庶務)를 재
결하게 하였다.

　이에 따라 실록의 기사에는 전에 없이 서연에서 정무를 논의하
는 내용이 자주 등장한다. 경기 향시(鄕試)에 감찰을 보내어 고시
(考試)를 규찰하는 문제에 대한 논의,[32] 군기감(軍器監) 피혁의 저
축과 이의 운반 문제에 대한 논의,[33] 평안도의 축성을 중지하는
여부에 대한 논의,[34] 왜적을 막을 전선(戰船)을 축조하기 위해 소
나무의 벌목을 막는 문제에 대한 논의,[35] 종묘의 악공을 당상과
당하로 미리 나누어 시행할 것과 전품(田品)의 분간을 잠시 정지하
는 문제에 대한 논의,[36] 모람(冒濫)하다는 이유 때문에 진사시와
생원시를 파하는 것이 부당하다는 논의,[37] 의주 백성들이 유이(流
移)하지 않게 할 방법과 토관(土官)을 더 설치하여 의주를 부성(阜
盛)시키는 것에 대한 논의,[38] 행대(行臺)와 경차관(敬差官)을 보내
백성을 진휼하는 것에 대한 논의,[39] 고신(拷訊)의 법을 세밀하게
정하는 것에 대한 논의,[40] 하삼도(下三道)의 민폐와 시정책에 대한

31) 《세조실록》 권4, 세조 2년 7월 기묘.
32) 《세종실록》 권103, 세종 26년 정월 을묘.
33) 《세종실록》 권103, 세종 26년 정월 경신.
34) 《세종실록》 권103, 세종 26년 정월 계유.
35) 《세종실록》 권103, 세종 26년 정월 병자.
36) 《세종실록》 권103, 세종 26년 정월 정축.
37) 《세종실록》 권103, 세종 26년 정월 기묘.
38) 《세종실록》 권103, 세종 26년 2월 계미.
39) 《세종실록》 권104, 세종 26년 5월 갑자.
40) 《세종실록》 권104, 세종 26년 6월 계미.

논의,[41] 총통 제작을 위한 감련관(監鍊官)의 파견을 정지시킬 것에 대한 논의,[42] 윤대(輪對) 폐지의 부당함에 대한 논의[43] 등 국정에 관련된 중요한 논의가 진행되었다.

종친을 위한 교육기관이었던 종학은 세종에 의해 처음으로 설치되었다. 세종 9년, 예조에서 당·송의 제도를 따라 건춘문 밖에 따로 학사(學舍)를 건립하여, 종친 자제로서 8세가 되면 입학시켜 공부를 시키자는 건의를 올려서 세종 10년 7월에 세워졌다.[44] 서울의 성균관이나 각 부(部)와 외방으로는 주·부·군·현에 모두 학교가 있는데도 정작 종친의 자제를 교육할 기관이 없으니 학사를 세우고 교관을 두어 8세 이상의 종친 자제의 교육을 맡기자는 것이었다.

종학의 교관은 종3품·종4품·종5품·종6품 각 한 명으로 정하였다.[45] 이후 입학하는 종친의 수가 늘어나자 점차 교관도 증원되었다. 종학의 설립 초기에는 학관(學官)은 학사(學士)라고 하였고, 성균관원이 겸하였다.[46] 그러다가 세종 15년 6월에 성균직강(成均直講) 김말(金末)과 집현전 부수찬(副修撰) 남수문(南秀文)을 시켜 여러 대군들에게 글을 가르치게 하면서 집현전 관원도 종학 교육에 참여하게 되었다.[47] 그 뒤 취학하는 종친이 늘어나자 종학박사 두 명을 두었다.[48] 집현전 관원이 참여함에 따라 종학 교육의 수준이

---

41) 《세종실록》 권110, 세종 27년 11월 을해.
42) 《세종실록》 권110, 세종 27년 11월 기묘.
43) 《세종실록》 권110, 세종 27년 11월 계사.
44) 《세종실록》 권37, 세종 9년 9월 기축 ; 권41, 세종 10년 7월 임술.
45) 《세종실록》 권43, 세종 11년 2월 기묘.
46) 《세종실록》 권47, 세종 12년 3월 병오.
47) 《세종실록》 권60, 세종 15년 6월 경인.
48) 《세종실록》 권61, 세종 15년 8월 갑진.

한 단계 높아졌음을 짐작할 수 있다. 그러나 집현전의 직무가 지나치게 늘어나면서 집현전 관원의 참여는 점차 줄어들었던 것으로 추정된다.[49]

기구의 정비와 함께 세종의 종학에 대한 관심은 꾸준하여, 종친들을 종학으로 적극 끌어들이고, 이를 어길 경우 벌을 받게까지 하였다. 세종 12년에 예조에서 올린 종학 의식에는 종학에서의 교육과정에 대해 강학시간에서부터 수업방식, 평가방식, 불참시의 처벌 등을 매우 상세하게 규정해 놓았다.[50] 또 종부시(宗簿寺)에 내린 전지를 통해 종학에서 반드시 익혀야 할 책으로《소학》과 사서(四書)를 들어 최소한의 성리학에 관한 소양을 갖추어야 함을 강조하였다.[51]

이렇게 보면 왕세자 교육과 관련하여 서연관으로 집현전의 관원이 참여한 것이 특징임을 알 수 있다. 세종은 왕자 교육을 정비하면서 이전까지 학문적 성취가 있었던 개별 관원에게 그 본래의 직무와 상관없이 겸무하였던 구조에서, 학문적 중추기구였던 집현전을 중심으로 교육제도를 정비하였다는 점이 특징이라고 하겠다.

3. 세종의 왕자 수업과 교육 내용

1) 왕자 수업

세종은 태종의 셋째 아들로 태어나 그의 나이 12세 때인 태종

---

49) 崔承熙, 앞의 글, 26~27쪽.
50)《세종실록》권47, 세종 12년 3월 정미.
51)《세종실록》권100, 세종 25년 6월 경자.

8년 2월 충녕군으로 책봉되었다. 또 16세 때인 태종 12년 5월에 충녕대군으로 진봉되었다. 그가 세자가 된 것은 양녕대군의 폐세자 사건을 겪은 태종 18년 6월, 충녕대군이 22세 때의 일이다. 왕위에 오른 것은 그해 8월이므로 실제 세자로 지낸 기간은 고작 두 달밖에 되지 않았다. 따라서 세종이 왕위에 오르기 전의 기록은 그가 세자로 책봉되기 전까지는 매우 제한적일 수밖에 없었다. 단편적이나마 실록의 기록을 참조하여 세종이 왕자로 받았던 수업과 세자로 받았던 수업을 간략하게 살펴보겠다.

우선 충녕군과 충녕대군 시절의 세종은 정규적인 학교에서 교육을 받지는 못하였다. 아직 종친을 교육하는 종학과 같은 제도가 마련되어 있지 않았기 때문에 스승을 초빙하여 교육을 받았다. 태종은 충녕군을 충녕대군으로 봉한 3개월 뒤에 효령대군과 충녕대군을 가르칠 스승을 구하였다. 이에 성균 대사성이 생원 이수(李隨)가 경사(經史)에 능통하다 하여 추천하였다.[52] 이수는 이미 태조 5년 생원시에서 장원을 한 바가 있었고,[53] 태종 7년에는 경연의 시독관(試讀官)으로 추천될 정도로 학문적 성과를 인정받은 사람이었다.[54] 다만 생원시에서 장원급제를 한 이후 성균관에서 수학을 하였으나 아직 문과(文科)에는 급제하지 못한 상황이었다.

그럼에도 이수를 세자에 버금가는 대군의 스승으로 초빙한 사실에서 이수의 학행에 대한 평가가 이루어졌음을 알 수 있다. 졸기(卒記)에 나타난 이수에 대한 인물평은 이런 점을 잘 보여 준다. 이수가 '모친상을 당하여 상례에 불교식을 쓰지 않고, 성품이 후중하

52) 《태종실록》 권24, 태종 12년 8월 갑자.
53) 《태조실록》 권9, 태조 5년 6월 정해.
54) 《태종실록》 권14, 태종 7년 7월 기묘.

여 겉치레를 좋아하지 않았으며, 치산(治産)을 일삼지 않았다'55)는 지적은, 당시 불교보다는 성리학의 상례에 충실하면서도 평생 치산을 추구하지 않고 검박하게 살려고 하였던 지향을 보여 주었다는 점에서 대군의 스승이 될 만한 자질을 갖추었다고 하겠다. 충녕대군이 세자로 책봉되자 이수는 따라서 서연관이 되었다. 이후 세종은 이수를 각별하게 예우하였다.

16세에 대군이 되기 전 세종의 호학하는 성품에 대해서 알려주는 기록은 거의 없다. 다만 세종 자신이《자치통감강목》을 수십 번 읽은 경험을 경연관에게 말한 기사에 대한 사신(史臣)의 평에 다음과 같이 기록되었다. 세종은 잠저(潛邸)에 있을 때부터 학문을 좋아하였고 게을리 하지 않아서, 가벼운 병이 들었을 때에도 책읽기를 그만두지 않아 태종이 환관을 시켜 서책을 감추었는데도 남아 있던《구소수간(歐蘇手簡)》을 몇 번이고 반복하여 읽었다고 하였다. 또 식사 때에도 책읽기를 멈추지 않았고, 스스로 "내가 궁중에 있으면서 손을 거두고 한가롭게 앉아 있을 때는 없다"고 할 정도로 공부하여 경적(經籍)에 널리 통하였고, 본국 역대의 사대문적(事大文籍)까지 보지 않은 책이 없었다고 한다. 그리고 명나라 사신과 만날 때를 염두에 두고 한어(漢語)의 역서까지 학습하였다고 한다.56)

대군 시절 세종의 수학(受學)과 관련된 기록은 몇 가지 찾아볼 수 있다. 서연관이 병풍을 만들기 위해《효행록(孝行錄)》에서 뽑아 그림을 그리고, 이제현(李齊賢)의 찬문(贊文)과 권근의 주석을 그 위에 썼는데, 세자가 충녕대군에게 해석하게 하였다. 이에 17세인

---

55)《세종실록》권48, 세종 12년 4월 정해.
56)《세종실록》권22, 세종 5년 12월 경오.

충녕대군은 바로 그 뜻을 자세하게 풀이하였다.[57] 또 태종이 "집
에 있는 사람이 비를 만나면 반드시 길 떠난 사람의 노고를 생각할
것이다"라고 하니 20세의 충녕대군은 "《시경(詩經)》에 이르길, '황
새가 언덕에서 우니, 부인이 집에서 탄식한다'고 하였습니다"라고
하여 태종을 기쁘게 하였다.[58] 같은 해에 상왕을 모시고 경복궁의
경회루에서 술자리가 있었는데, 여러 신하들이 다투어 연구(聯句)
를 바쳤다. 그 가운데 말이 노성(老成)한 사람을 버릴 수 없다는 데
에 이르자, 충녕대군은 "《서경(書經)》에 이르길, '기수준(耆壽俊, 나
이와 경험이 많은 사람)이 궐복(厥服)에 있다[文侯之命 第三十]'고 하였
습니다"라고 답하여 또 태종을 감탄시켰다.[59]

위와 같은 사례들은 충녕대군의 학문 연마가 충분히 이루어졌음
을 반증하는 예들이다. 그래서 충녕대군의 학문 수준은 태종뿐만
이 아니라 서연관에게까지 시샘을 받아, 서연관들이 충녕대군을
칭찬함으로써 세자로 하여금 분발의 계기로 삼게 할 정도였다.[60]

게다가 그의 지식은 학문으로만 그친 것이 아니라 아우인 성녕
대군의 병이 위독할 때에는 실천하는 지식으로까지 활용되었다.
성녕대군의 병이 위독해지자 《주역(周易)》으로 점을 치게 했는데,
그 점괘를 충녕대군이 분명하게 풀이하여 세자를 비롯한 좌우의
신하들을 감복시켰다.[61] 그리고 끝내 사망한 성녕대군을 위해 종
사(宗嗣)를 세워 제사를 받드는 것이 문제가 되자 충녕대군은 조말
생(趙末生)과 함께 여러 고전을 상고하여 비슷한 사례를 찾으려고

57) 《태종실록》 권26, 태종 13년 12월 을해.
58) 《태종실록》 권31, 태종 16년 2월 임신.
59) 《태종실록》 권32, 태종 16년 7월 정미.
60) 《태종실록》 권32, 태종 16년 9월 을미.
61) 《태종실록》 권35, 태종 18년 정월 정축.

애썼다.62) 이러한 사례들은 충녕대군의 학문 수양뿐만이 아니라 인품까지 보여 주는 예라고 할 수 있다.

대군 시절 세종의 인품을 드러내는 사례는 이것 말고도 몇 가지를 더 들 수 있다. 태종은 애초부터 세자를 도와 큰일을 결단할 수 있는 사람으로 충녕을 꼽았고,63) 세자 양녕대군 또한 충녕이 보통이 아닌 사람임을 일찍부터 인정하였다.64) 이미 궁중에서는 태종의 자제 가운데 충녕대군과 셋째 딸인 경안궁주(慶安宮主)를 가장 어진 사람으로 평가하고 있었다.65)

충녕대군의 어짊과 인정은 궁궐 안에서만 머물지 않고 이미 궁궐 밖에까지 소문이 났다. 이에 걸식하는 사람 가운데 미처 진휼을 받지 못하여 충녕대군에게 부탁하는 사람까지 있었다. 태종으로서는 이미 그 일을 주관하고 있는 유사(有司)가 있는 마당에 여간 곤란한 일이 아닐 수 없었다. 그래서 형식적으로는 진휼을 제대로 챙기지 않은 해당 부령(部令)을 조사하게 할 것을 명하였지만, 충녕대군이 백성을 긍휼하게 여기는 실정을 확인하는 계기가 되었음은 물론이다.66)

이와 같이 충녕대군이 학문적으로나 덕성으로나 모든 면에서 발군의 모습을 드러내자 애초에는 충녕대군을 인정하였던 세자나 태종으로서도 크게 부담을 느끼지 않을 수 없었다. 세자가 의복을 갖추어 입고 주위를 돌아보며, 자신의 성장(盛粧) 여부를 묻자 충녕대군은 '먼저 마음을 바로 잡은 다음에 용모를 다듬으라'는 충고를

---

62) 《태종실록》 권35, 태종 18년 3월 경신.
63) 《태종실록》 권26, 태종 13년 12월 을해.
64) 《태종실록》 권28, 태종 14년 10월 병신.
65) 《태종실록》 권29, 태종 15년 4월 기축.
66) 《태종실록》 권30, 태종 15년 11월 기해.

하기도 하였는데, 이때 태종의 마음이 편치 않았다.[67] 또 세자가 태종 앞에서 문무를 논하다가 '충녕은 용맹하지 못하다'고 지적한 것은 세자가 충녕대군에게 가졌던 부담감을 확인하게 해 준다.[68] 실제로 세자는 상왕이 베푼 술자리에서 부마인 청평군(淸平君) 이백강(李伯剛)이 일찍이 축첩한 기생 칠점생(七點生)을 데리고 돌아오려 하니 충녕대군이 만류하며, "친척 사이인데 먼저 이와 같이 행동하는 것이 어찌 옳겠습니까?"라고 하였다. 이에 세자는 속으로는 화가 났으나 충녕대군의 옳은 충고를 따를 수밖에 없었고, 그 뒤로는 도가 맞지 않아 마음속으로 매우 꺼려하게 되었다.[69]

　세자에 대한 충녕대군의 충고는 이후에도 지속되었다. 세자가 흥덕사에 가서 신의왕후(神懿王后)의 기신(忌晨)에 소향한 후에 두세 사람을 불러 바둑을 두었는데, 충녕대군은 바둑 두는 것도 문제이지만 더구나 기신하는 날에 바둑 두는 것을 지적하였다. 세자는 충녕대군에게 '관음전에 가서 잠이나 자라'고 대응하였는데, 이제는 세자가 극도로 충녕대군을 꺼려하였음을 알 수 있다.[70] 그래서 세자가 우연히 길에서 충녕대군을 만났을 때도 전 중추 곽선(郭璇)의 첩인 어리(於里)와 파생된 문제를 충녕대군이 고자질하였다고 따질 정도로 관계가 나빠졌다.[71] 그러나 세자의 거듭된 실행(失行)과 그에 견주어 반듯한 행동을 하는 충녕대군의 행실은 비교가 될 수밖에 없었고, 결국은 세자 교체라는 중대한 사건을 맞게 된 것이다.

　태종 18년에 단행된 세자 교체에서 충녕대군이 세자로 결정되

---

67) 《태종실록》 권31, 태종 16년 정월 임인.
68) 《태종실록》 권31, 태종 16년 2월 임신.
69) 《태종실록》 권31, 태종 16년 3월 임자.
70) 《태종실록》 권32, 태종 16년 9월 정미.
71) 《태종실록》 권35, 태종 18년 5월 경신.

었는데, 이 과정은 매우 정치적인 결정일 수밖에 없었다. 아무리 실행을 거듭한 세자라고 할지라도 한 번 결정된 세자를 폐위시키는 문제는 정치적으로 매우 많은 문제를 불러일으킬 수밖에 없는 대단히 민감한 문제였다. 명나라에 세자를 폐위하고 새 세자를 세우는 이유를 밝혀야 했고, 무엇보다도 이제 새로 수립된 왕조의 기틀을 다져야 하는 왕조의 초기에, 또다시 왕자의 난과 같은 정치적인 격변이 없으리라는 보장이 없었다. 따라서 태종으로서는 매우 위험하고도 중대한 결정을 내리는 데에 더없이 신중할 수밖에 없었다.

태종이 세자를 바꾸는 과정은 이미 자세하게 밝혀진 바가 있지만, 그 과정에서 신하들은 새로운 세자를 결정하는 방법으로 세자 제(禔)의 아들이나 택현(擇賢), 복정(卜定) 등 세 가지 의견을 제시하였다.72) 태종은 이 세 가지 방법을 차례로 하나씩 선택하며 혼란스러운 모습을 보여 주지만, 결국 '택현'을 새로운 세자 선정의 기준으로 삼았다. 태종의 최종적인 선정기준을 보여 주는 언급은 다음과 같다.

충녕대군은 천성이 총명하며 민첩하고 자못 학문을 좋아하여, 비록 몹시 추운 때나 몹시 더운 때에도 밤이 새도록 글을 읽으므로, 나는 그가 병이 날까 봐 두려워하여 항상 밤에 글 읽는 것을 금지하였다. 그러나 내가 가지고 있는 거질의 책은 모두 청하여 가져갔다. 또 치체(治體)를 알아서 매번 큰일이 있을 때마다 헌의(獻議)하는 것이 진실로 합당하고, 또 보통의 의견을 넘어서는 것이 있었다. 중국

---

72) 崔承熙, 앞의 글 참조.

의 사신을 접대할 때에는 신채(身彩)와 언어, 동정(動靜)과 주선하는 모두가 두루 예에 부합하였다. 술을 마시는 것이 비록 무익하지만 중국의 사신을 대하여 주인으로서 한 모금도 능히 마실 수 없다면 어찌 손님에게 권하여서 그 마음을 즐겁게 할 수 있겠는가? 충녕은 비록 술을 잘 마시지 못하나 적당히 마시고 그친다. 또 그 아들 가운데 특별히 장성한 자식도 있다. 효령대군은 한 모금도 마시지 못하니, 이것 또한 불가한 점이다. 충녕대군이 대위를 맡을 만하니, 나는 충녕으로서 세자를 정하겠다.[73]

위와 같은 태종의 언급에서 중요한 대목은, 세종이 어느 누구보다도 왕자로서의 수업을 충실히 받아 누구도 따라올 수 없는 독보적인 경지에 이른 것을 지적한 점이다. 호학과 경세에 대한 능력은 국왕으로서 필수적이었다. 세종은 왕자로서 이 점을 가장 훌륭하게 수양하여 '택현설'의 근거를 가질 수 있었다.

2) 진강 과목으로 본 교육 내용

세종은 세자로서 지낸 기간이 두 달밖에 되지 않으므로 실제 서연에서 공부한 과목이나 내용이 많을 수는 없었다. 다만 서연을 시작하면서 서연관들이 요청한 진강과목은 사서(四書)였으며, 태종은 이를 허락하였다.[74] 따라서 약 두 달 동안의 서연에서는 주로 사서가 진강되었음을 알 수 있다. 사서는 성리학에서 가장 기초가 되며 근본이 되는 경전이다. 하지만 두 달 동안의 서연에서 사서를 강론하는 것은 한계가 있는 일이었다. 그렇다면 세종 시대를 전후

---

73) 《태종실록》 권35, 태종 18년 6월 임오.
74) 《태종실록》 권35, 태종 18년 6월 기축.

로 하여 서연에서 읽힌 진강 과목을 두루 살펴서 세종이 왕자로서 받았을 교육 내용에 대해 살펴보도록 하겠다.

우선 태조대에는 세자 이사 정도전이 서연에서 《맹자(孟子)》를 강하였다고 하였다.75) 또 정종 때 맹사성(孟思誠)의 상언에서 정종이 세자로 있으면서 서연을 열어 《대학연의(大學衍義)》를 강론하였다고 전하고 있다.76) 이러한 사실로 보면 태조대에는 《맹자》와 《대학연의》를 서연에서 진강 과목으로 삼고 있었음을 알 수 있다.

정종대에는 서연에서 진강한 과목과 관련된 기록이 거의 없다. 다만 태종 때에 사간원에서 올린 시무에 관련된 조목에서 태종이 세자로 있던 정종 때에 《대학연의》를 읽어 격물(格物)에서 평천하(平天下)까지의 학문을 강구한 바가 지극하였다고 한다.77) 서연에서 《대학연의》를 읽은 사실은 태종대에도 반복되었다. 태종은 세자인 양녕대군에게 활쏘기를 익히기 전에 지금 읽고 있는 교재를 강하겠다고 하였다. 그러나 태종의 뜻과는 달리 세자는 대답을 충실하게 하지 못하였는데, 이때 사용된 교재가 《대학연의》였다.78)

또 태종은 세자가 《대학연의》를 배울 때에 권수가 많아 보기가 쉽지 않으므로 모범을 삼고 경계가 될 만한 내용을 추려서 간략하게 편찬하게 하기도 하였다.79) 태종 때에는 특별히 서연의 교재로서 《대학연의》가 주목된 것으로 추측되는데, 태종 13년 10월에 세자가 《대학연의》의 강독을 마쳤다고 하면서, 강독을 마치는 데 6년이나 걸렸다고 하였다.80) 이러한 사실로 미루어 볼 때 태종대

---

75) 《태조실록》 권7, 태조 4년 3월 병오.
76) 《정종실록》 권6, 정종 2년 11월 계유.
77) 《태종실록》 권3, 태종 2년 6월 경오.
78) 《태종실록》 권17, 태종 9년 3월 무진.
79) 《태종실록》 권18, 태종 9년 9월 계유.

의 서연에서《대학연의》의 비중이 매우 컸음을 알 수 있다.《대학
연의》외에도 태종대에 서연과 관련해서는《효경(孝經)》의 강습을
주장하거나81) 서연관들이 병풍을 만들면서《효행록》에서 뽑았다
는 기록이 있다.82)

　세종대의 서연에서는 매우 다양한 진강 과목이 등장하였다. 이
는 세자였던 문종이 세자로 지낸 기간이 매우 길고(30년, 세종 3년
에 세자로 책봉됨), 또 세종이 애초부터 세자 교육을 철저히 시켰기
때문이다. 세종 20년의 기록에 따르면 세자는 이미 사서와 오경의
강독을 마쳤으며,《자치통감강목》까지 마친 상태였다고 한다.83)
다만 중국어의 발음을 알게 하기 위해서《직해소학(直解小學)》과
《충의직언(忠義直言)》을 가르치게 하였다.

　그밖에 세종대 서연에서 진강한 교재로 주목되는 것은《사륜요
집(絲綸要集)》이다.84) 이 책은 세종이 집현전에 명하여 진·한에서
부터 명나라까지의 모든 제고(制誥)·조칙(詔勅)을 편찬하게 하여
《사륜전집(絲綸全集)》을 만들었는데, 이어 예문 대제학 정인지에게
명하여 이 책의 주요 내용을 간추린 것이다.85) 따라서《사륜요
집》은 국정을 수행하는 데 직접 도움을 받을 수 있는 면이 있었다.
또 세종대에는 태종대를 이어 여전히《대학연의》가 주목되었는
데, 문종이 된 세자는 서연관에게 명하여 한글로《대학연의》에 어
조사를 써서 종실 중에서 문리(文理)가 통하지 않은 사람을 가르치

---

80)《태종실록》권26, 태종 13년 10월 계축.
81)《태종실록》권3, 태종 2년 6월 경오.
82)《태종실록》권26, 태종 13년 12월 을해.
83)《세종실록》권80, 세종 20년 3월 계묘.
84)《세종실록》권114, 세종 28년 10월 기해.
85)《세종실록》권97, 세종 24년 9월 정해.

려고도 하였다.[86]

위와 같이 살펴보면 태조대에서 세종대까지 왕세자 교육의 현장인 서연에서 활용된 교재는 대체로 《효경》, 《소학》, 사서(四書), 오경(五經), 《자치통감강목》, 《대학연의》, 《사륜요집》 등을 들 수 있다. 이들 진강 과목들은 사실 국왕을 대상으로 열린 경연에서도 동등하게 존중되었던 것들이다.[87] 다만 왕세자의 어린 나이를 고려하여 선택된 《효경》이나 《소학》 등의 차이가 있을 따름이다.

사서와 같은 기본경전을 제외하고 주목되는 진강 과목은 《대학연의》와 《사륜요집》이었다. 이 가운데 《대학연의》는 고려말 원나라로부터 성리학이 도입되면서 함께 들여온 대표적인 제왕학의 교과서였다. 이 책은 이전까지 고려에서 주목받은 《정관정요(貞觀政要)》를 대체하여 '이제삼왕(二帝三王)'의 성리학적 제왕상을 구현하는 데 중요하게 참조되었다. 성리학에서는 본래 국왕의 교육에 대해 내면적 수양을 통해 성군을 지향하는 '내성외왕(內聖外王)'의 구도 아래 철저하게 국왕의 학문적 수련을 강조하였다. 이는 경연이라는 제도를 통해 뒷받침되었고, 결국 국왕은 구체적인 정치사안에 직접 관여하기보다는 덕성을 기른 뒤에 훌륭한 신하에게 위임하여 통치하는 형태의 국정 운영체제가 지향되었다.

《대학연의》는 성리학적 제왕상에 대한 시대적 요구에 따르는 측면이 있었다. 주희의 재전제자(再傳弟子)인 진덕수(眞德秀)는 남송에서 주희의 사후 성리학의 보급을 위해 경학과 사학을 합쳐서 현실에서 필요한 제왕학의 지침을 완성하였다. 그러나 성리학은 원

---

86) 《문종실록》 권5, 문종 즉위년 12월 정해.
87) 南智大, 〈朝鮮初期의 經筵制度—世宗~文宗年間을 中心으로〉, 《韓國史論》 6, 서울대학교 국사학과, 1980 ; 權延雄, 〈세종조의 經筵과 儒學〉, 《세종조문화연구》, 박영사, 1982.

나라와 명나라를 거치면서 제도화되고 관학화되어 체제교학이 되어버렸다. 이에 따라 국정운영에서 국왕의 위상은 한층 높아졌으며, 그 가운데 《대학연의》가 지속적으로 읽힐 수 있었던 이면에는 현실적인 제왕으로서 '존군(尊君)'적인 요소도 잃지 않았다는 장점이 있었기에 가능했다.[88]

세종대에 편찬된 저술 가운데 특별히 주목되는 《치평요람(治平要覽)》이나 《자치통감강목훈의(資治通鑑綱目訓義)》도 모두 《대학연의》와의 연관관계 속에서 찬술된 것이었다.[89] 곧 《치평요람》은 송대의 《자경편(自警編)》을 범본으로 하여 《대학연의》에서 소홀히 한 치국평천하의 영역을 보완한 책이었다. 《자경편》이 사대부의 입장에서 치도를 논하였던 것과 달리, 《치평요람》은 제왕의 입장에 서서 왕권이 추구해야 할 기준을 제시한 점에서 차이가 있다. 《자치통감강목훈의》의 경우에도 정치운영에서 사적인 영역을 최소한으로 축소하고 인주(人主)에게 일정한 기준을 제시하는 등 제왕학의 관점에서 활용되었다.

《대학연의》가 이와 같이 성리학적인 제왕상을 염두에 두면서도 현실에서 필요한 군주의 '정치기술'을 가르치는 데 부족함이 없었다면, 세종대 서연에서 《사륜요집》이 읽히는 분위기는 형성되어 있었다고 하겠다.

---

88) 정재훈, 《조선전기 유교정치사상연구》, 태학사, 2005, 95~150쪽.
89) 정재훈, 〈세종대 학풍과 정치사상〉, 《애산학보》 29, 애산학회, 2003 참조.

4. 조선초 왕자 교육의 의미

세종은 태종의 셋째아들로서 이미 맏형이 세자로 있는 상황에서
왕위계승의 가능성이 별로 보이지 않았기 때문에, 세자로서 왕위
를 준비하기 위한 충분한 시간을 갖지 못하였다. 그럼에도 타고난
호학으로 말미암아 오히려 왕위계승에 얽매이지 않고 성리학이라
는 신학문의 탐구를 통해 자유롭게 학문을 닦을 수 있었다. 짧은
두 달여의 세자 기간 동안 본격적인 왕세자 수업을 받지는 못했으
나, 이미 16세 때 대군이 되면서 성리학을 착실히 익힌 이수(李隨)
를 맞이하여 훌륭한 학자로서의 소양을 기를 수 있었다.

이를 기반으로 해서 세종은 자신이 왕위에 있으면서 왕세자 교
육의 틀을 갖추었다. 조선초기에 이루어진 제도가 대체로 태종 때
에 그 기틀이 마련되기 시작하여, 세종 때에 어느 정도 정비가 되
며, 이후 성종 때까지 수선과 보완이 이루어지는 것과 같이 세종
때에는 왕세자 교육에서도 집현전을 중심으로 교육하는 등 제도적
인 정비가 이루어진다.

왕세자 교육을 위해 마련된 서연에서도 고려 때의 지배원리를
대체하여 등장한 성리학과 관련된 서적들이 주로 교재로 채택되었
다. 국왕의 교육을 위해 마련된 경연에서도 비슷하게 나타나는 현
상이지만, 왕세자 교육에서도 성리학의 중심 경전인 사서(四書)와
이에 앞서 공부하는 《효경》이나 《소학》 등이 주목되었다. 한편
조선초기에는 강력한 왕권을 중심으로 국가를 운영하려는 목적에
서 제왕학을 위해 저술되었던 《대학연의》와 진·한에서부터 명나
라 때에 이르기까지의 모든 제고·조칙을 편찬하여 요약한 《사륜

요집》 등을 강론하기도 하였다. 이러한 왕자 교육의 틀은 세종대
에 크게 정비되어 이후 세자 시강원으로 이어지는 기틀을 마련한
것이었다.

3장 국왕 교육: 조선중기 경연제도의 실상

1. 국왕 교육의 강화

근래 조선시대의 연구에서 조선중기는 '붕당정치기' 또는 '사림정치기'로 규정된다. 정치의 주체로서는 '사림(士林)'이 주체가 되었으므로 사림정치로 규정될 수 있고, 사림들의 정치운영이 '붕당(朋黨)'을 중심으로 이루어졌으므로 붕당정치로 규정되어도 비슷한 맥락으로 이해할 수 있다.

그런데 사림에 대한 연구는 대체로 정치사적인 접근방식으로 진행되었다. 즉 사림세력은 사화(士禍)를 거치면서 훈구세력의 견제를 받아 지방사회로 은거하였다가 서원(書院) 등에서 교육활동을 통해 다시 정치세력으로 부상하며, 명종대 후반부터는 언론기관인 삼사를 장악하고, 전랑제(銓郎制)의 인사권을 기반으로 하여 선조대에는 중앙정계를 장악하였다고 설명하였다.

이러한 이해방식이 가지는 문제점은 사림의 등장과 진출을 주로 정치적으로만 이해하면서, 과연 사림들이 추구하였던 세계, 국가

와 사회에 대한 전체적인 틀은 어떻게 상정하였는가에 대한 근본
적인 물음이 던져질 수밖에 없다는 것이다. 다시 말하면 사림세력
이 훈구세력에 비해 역사적인 정당성을 가질 수 있는 까닭은 무엇
이었는지에 대한 해명이 필요하다고 할 수 있다. 물론 기존의 설명
방식에서 이에 대해 사림파가 가지는 도덕지향성이나 또는 정치적
인 제도로서 언관권이나 인사권을 제시하기도 하였지만 이는 이미
드러난 현상을 설명해주는 것에 지나지 않을 수도 있다.

　따라서 보다 근본적인 설명방식이 요청되는데, 사림이 추구하는
정치적 이상이 무엇이었고, 그것이 현실에서 어떻게 구현될 수 있
었는가에 대한 해명이 하나의 답이 될 수 있을 것이다. 이것과 관
련하여 사림은 그들이 이해한 성리학에서 많은 해답을 찾고 있다.
예를 들어 성리학에 관련된 하나하나의 책도 저마다 그것을 읽는
이유가 달랐고, 이를 통해 나름의 세계를 설정하고 있었다고 할 수
있다.

　특히 현실 정치의 절대적 축이었던 국왕을 어떻게 이해하고, 국
왕에게 무엇을 요구하였는지를 살피는 일은 사림세력이 구상하였
던 세계의 일부분을 파악하는 창이 될 수 있다. 제왕학과 관련하여
국왕과 함께 성리학에 관련된 공부를 하던 경연에서 국왕의 학문
과 치세에 도움이 될 만한 책들을 강독하고 토론하였는데, 이때에
사림들은 적극적으로 경연을 활용하여 사림들이 추구하는 틀을 제
시하였다. 이는 강독하는 교재의 분석이나 강론하는 내용, 또는 시
사(時事) 토론 등을 통해 나타났다. 따라서 경연에 대해 자세히 살
핌으로써 우리는 사림이 가지고 있었던 조선시대의 제왕학과 조선
사회의 운영원리에 대한 심도 있는 전망을 가질 수 있을 것이다.

　조선중기에 제왕학인 성학(聖學)이 본격적으로 논의되었던 경연

에 대해서 연구하기 위해 설정될 수 있는 시기는 사림의 등장과 관련된 시기부터이다. 대체로 초기 사림에 해당하는 성종대와 중종대의 경우도 있으나 일단 사화를 겪은 뒤 사림들이 본격적으로 등장한 명종·선조대 이후 광해군·인조·효종·현종 연간이 대상 시기가 된다.[1]

우선 이 시기 경연 제도의 변화를 추적하는 작업이 필요하다. 이전에도 경연에 대한 몇몇 연구가 있기는 하였으나 대체로 조선초기나 전기, 그리고 조선후기의 일부 왕대에만 국한되어 아직 조선시대 전체에 대한 연구가 미진한 형편이다. 더욱이 다른 제도의 연구에서도 비슷한 측면이 있지만 조선중기의 경연과 관련한 실증적인 연구는 거의 없다. 따라서 우선 조선중기인 광해군~현종 연간의 경연이 어떻게 운영되었는지에 대해서 살펴보는 것이 경연제도의 실상에 대해 밝히는 기초적인 연구가 될 것이다.

경연제도 가운데서도 연구의 주요한 부분인 경연 과목에 대한 검토는 일단 경연에서 강독되고 논의되었던 실상을 밝힐 수 있는 연구 주제가 될 것이다. 기존에는 주로 경연에서 강독되었던 경연 과목을 연구하는 데 책의 제목을 나열하는 수준에 그쳐, 왜 그 책을 강독의 교재로 삼게 되었는지 또는 그 내용이 어떠한 것인지 분명하지 않았다. 따라서 경연 과목에 해당하는 경서(經書)나 사서(史書)에 대한 상세한 고찰은 경연에서의 논의가 어떻게 이루어지는지에 관한 기초적인 정보를 제공해 줄 것이다.

더욱이 경연에서 주로 논의되었던 내용에 대한 검토는 거의 이

---

1) 성종과 중종대의 경연에 대해서는 다음의 논문을 참조. 權延雄, 〈朝鮮 成宗朝의 經筵〉, 《韓國史의 諸問題》, 시사영어사, 1981 ; 權延雄, 〈朝鮮 中宗代의 經筵〉, 《吉玄益教授停年紀念 史學論叢》, 길현익 교수 정년기념 사학논총 간행위원회, 1996.

루어지지 않았다. 그러한 논의 가운데서도 무엇보다 중요한 것은 군덕(君德)의 수양을 목표로 하여 지속적으로 국왕과 성학을 논의하였다는 점이다. 성학은 조선에서 중국의 제왕학을 소화하여 제시한 조선적인 군주학의 하나로서, 중국의 제왕학에서 제시된 것보다 논리적인 측면과 군권(君權)의 제한이라는 측면에서 한층 수준이 높은 것이었다. 따라서 이러한 측면에 대한 검토는 제왕학 연구의 수준을 한 단계 높여서, 과거 유교 정치사상의 연구에서 민본이념이나 인정(仁政)을 유교 정치이념의 전범으로 제시하던 것에서 벗어날 수 있는 토대를 마련할 것이다.

2. 경연(經筵)의 운용과 경연 과목

1) 경연제도(經筵制度)의 운용

광해군대에는 경연이 정상적으로 시행되지 않았다. 광해군은 즉위한 해에 선조의 졸곡(卒哭)이 끝난 뒤인 7월부터 경연에서 신정(新政)에 관해 시사(視事)할 것을 청하는 경연재개의 요청을 받았다. 하지만 광해군은 슬프고 기력이 다하였으며 덥다는 이유로 경연을 열지 않았다. 그 뒤 광해군대에 경연을 시행한 기간이 10여 일에 지나지 않는다고 실록에 기록될 만큼 경연은 거의 시행되지 않았다.[2]

광해군대에 경연이 시행된 사례를 정리하여 보면 다음의 표와 같다.

---

2) 《광해군일기》 권6, 광해군 즉위년 7월 을유.

표 3-1. 광해군대 경연 관련 기록

일시	경연의 종류	경연 과목	논의 내용	기타
2년3월26일		書傳	〈無逸篇〉의 강의와 女樂 등 각종 문제	
윤3월2일			經筵科目과 科擧폐단 및 國喪시의 朝臣服色	
윤3월9일	조강		注書의 추고와 왕자·옹주의 집수리	윤3월7일 임자이전의 조강임
윤3월8일	조강		世子의 朝·晝講進講, 儒臣의 등용 등	
윤3월11일	조강		李基卨 천거	
윤3월12일	조강		지방관의 포상남발 폐단	
윤3월16일	조강		奉慈殿 祭禮	
2년11월6일		尙書	淮陽의 운영과 세자의 朝講 참여	
11월18일		尙書	〈蔡仲之命〉講, 科擧에 대한 허균의 일처리	
3년10월14일	조강	尙書	〈多方〉 講, 德治·刑獄·賞罰·號牌法 논의	

〈표 3-1〉에 따르면 광해군이 경연에 참석했던 기록은 2년 3월과 11월, 그리고 3년 11월로 모두 열흘에 불과하여 실록의 기록대로 거의 경연이 이루어지지 않았음을 확인할 수 있다. 뿐만 아니라 일반 사무의 재결도 게을리 하였다는 사평(史評)이 있으며, 명과학(命課學)이나 불교에 관심을 보여 명과학에 재주가 있었던 정사륜(鄭思倫)이나 환속한 승려인 이응두(李應斗) 등을 아예 궁중에 들여서 그들의 의견을 수용하기도 하였다.3)

초기에는 선왕의 상(喪)과 건강 문제로 경연을 회피하였던 광해군은 김직재(金直哉)의 무옥(誣獄, 광해군 4년 2월)을 핑계로 7개월

---

3)《광해군일기》권46, 광해군 3년 10월 경진.

이상이나 경연을 열지 않았으며, 그 뒤에도 병을 핑계로 거의 경연
에 나가지 않았다. 하지만 죄인들을 친국(親鞫)할 때는 밤늦게까지
도 한 것으로 보아 광해군은 경연에 나갈 뜻이 없었던 것으로 보인
다.4) 따라서 간혹 경연을 열자는 요청이 없었던 것은 아니지만 광
해군 5년 이후로는 그러한 신하들의 요청도 거의 없어졌다. 그 결
과 경연을 담당하였던 주무관청인 홍문관에는 무뢰배들이 임명되
기도 하였고, 궐직(闕直)하는 사례도 자주 발생하였다.5)

　인조대에는 광해군 때보다 경연이 활성화되었다. 인조 초년에
신하들은 경연의 전범으로서 선조대에 하루 세 번 경연을 연 것을
제시하여 이를 따를 것을 요청하였다. 경연에 잘 참여한 임금으로
는 세종·성종·선조가 예로 거론되기도 하였지만6) 그 중에서도
선조는 가장 가까운 시기에 모범을 보인 임금이었기 때문이다.7)

　인조는 재위 중에 병란을 겪는데 이 시기를 제외한 즉위 초년과
중반에는 비교적 활발하게 경연에 참여하였다.8) 그러다가 인조
14년(1636) 병자호란을 거친 뒤에는 신병을 이유로 거의 경연에
나가지 않았다. 인조 초년인 1~3년 사이에는 거의 매일 경연이
열릴 정도로 매우 활발한 논의가 전개되어, 붕당의 폐해나 관서지
역의 폐단, 대원군의 복제와 호칭문제 등 정치적 사안에서부터 유
현(儒賢)의 등용이나 문묘종사(文廟從祀)의 문제까지 광범위한 주제

---

4) 《광해군일기》 권89, 광해군 7년 4월 무인.
5) 《광해군일기》 권120, 광해군 9년 10월 계사.
6) 《인조실록》 권6, 인조 2년 5월 을축.
7) 《인조실록》 권1, 인조 원년 3월 을묘 ; 권1, 인조 원년 3월 병진.
8) 인조대의 경연 개최 횟수를 《인조실록》에 나타난 것만 기준으로 살피면 다음과
　같다. 인조 1년(115회, 이하 '횟수' 생략), 2년(82), 3년(91), 4년(13), 5년(21),
　6년(24), 7년(49), 8년(51), 9년(52), 10년(15), 12년(9), 13년(34), 14년(18),
　15년(21), 16년(29), 17년(35).

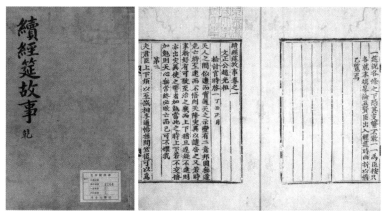

《속경연고사》

들이 경연에서 토론되었다.

특히 인조는 일부 남인을 끌어들인 서인[김장생(金長生)계 사림]의 반정이 성공하면서 등극하였기에, 경연에서 이루어진 논의 가운데는 선왕의 조치를 다시 번복할 것을 청하는 내용도 있었다. 대표적인 예는 성혼(成渾)으로, 정인홍(鄭仁弘)의 탄핵을 받아 삭탈당하였던 관작(官爵)을 회복시켰다.9) 인조는 선왕 때의 일이기 때문에 망설였으나 선조 초년의 위훈삭제(僞勳削除)의 예를 들어 인조를 압박하여 관작을 회복할 수 있었다.

인조 초년 경연에서는 유현을 천거하는 일이 잦았다. 신흠(申欽)은 장현광(張顯光), 김집(金集), 김원량(金元亮) 등을 천거하였고,10) 정경세(鄭經世)는 장현광, 문위(文緯), 유진(柳袗) 등을 천거하기도 하였으며,11) 김장생을 추천하기도 하였다.12) 이미 반정 공신인 김

9) 《인조실록》 권1, 인조 원년 3월 을묘.
10) 《인조실록》 권1, 인조 원년 3월 병진.
11) 《인조실록》 권1, 인조 원년 4월 신사.

류(金瑬) · 이귀(李貴) · 최명길(崔鳴吉) · 장유(張維) 등과 밀접한 관계로서 정신적 지주였던 김장생이 추천된 것은 예견된 일이었다. 당시 76세였던 김장생은 일주일 뒤에 박지계(朴知誡)와 함께 인조를 만나서 경연에서 읽어야 하는 책으로 《대학연의》보다는 《대학(大學)》을, 그리고 주자서(朱子書) 보다는 《소학》, 《심경》, 《근사록》 등을 주력하여 공부할 것을 진언하기도 하였다. 또 장현광은 인조와 경연에서 만나 치도(治道)에 대해 논하면서 경연에서 도와줄 것을 요청받으나 건강을 이유로 사양하였다.[13] 이귀는 김장생과 장현광, 박지계 등을 경연에서 다시 천거하였으나 이들은 귀향하여 돌아오지 않아 경연에서는 거의 활동하지 않았다.[14] 대신 이귀나 김류, 정경세, 신흠, 오윤겸(吳允謙), 이정구(李廷龜) 등이 경연에서 논의를 주도하였다. 특히 정경세는 반정 직후부터 홍문관 부제학으로 경연을 주도하였고, 《논어(論語)》를 잘 진강하였다고 인정받아 인조로부터 가자(加資)를 받기도 하였다.[15]

인조 4년부터는 경연이 개최되는 횟수가 급격하게 줄어드는데, 그해 1월에 인조의 생모인 계운궁(啓運宮)이 별세함에 따라 8월 이후에나 경연이 열렸고, 인조 5년에도 정묘호란의 영향으로 8월 이후에 경연이 개최되었다. 이후 인조 7~9년 사이에는 한 해 동안 50여 회 안팎으로 경연이 열리는 등 이전의 활기를 되찾은 듯했다. 하지만 경연에 참여한 신하들은 인조 초년의 고무되었던 분위기와는 달리 글자의 해석에만 치중한다는 비판이나 인조가 대답을

---

12) 《인조실록》 권2, 인조 원년 5월 임진.
13) 《인조실록》 권5, 인조 2년 3월 신사.
14) 《인조실록》 권8, 인조 3년 3월 계유 ; 이후에도 외방에 은거하는 산림으로 장현광은 거듭 천거를 받았다. 권21, 인조 7년 7월 병신.
15) 《인조실록》 권7, 인조 2년 9월 신유.

하지 않는 등 소극적 참여를 비판하는 의견을 제기하였다.[16]

병자호란을 겪었던 인조 13~17년 사이에는 한 해에 2~30회씩 경연이 개최되는 등 형식적으로라도 유지되었으나 인조 18년 이후에는 거의 열리지 않았다. 이미 인조는 병란을 거치면서 건강이 편치 못하여 경연에 적극적으로 참여하지 못했다. 인조 18년 이후에는 경연을 열지 못해서 홍문관의 유신(儒臣)조차도 임금의 얼굴을 볼 수 없을 지경이었다.[17] 이런 상황은 인조 말년까지 지속되어 경연뿐만 아니라 정사를 보는 일조차 드물었다.[18]

효종대에는 치세 기간인 10년 내내 비교적 고르게 경연이 개최되었다. 즉위년과 졸년을 제외하고는 연 50회 내외로 활발하게 경연을 개최한 기록이 보인다.[19] 10년의 재위 기간을 고려하더라도 해마다 경연에 참여한 횟수가 일정하였다는 점은 효종대에 경연 활동이 활발하게 진행되었다는 사실을 보여 준다.

효종대에도 인조 초년과 비슷하게 경연 활동의 모범으로 선조대와 인조 초년이 제시되었다. 이는 곧 선조가 임진왜란을 겪으면서도 하루 세 번씩 경연을 열어 강학을 게을리하지 않은 사실과, 인조가 즉위한 해에 하루 세 번씩 경연을 열었다는 사실을 강조한 것이었다.[20]

효종은 산림을 본격적으로 경연관으로 등용하기 시작하였다. 즉

---

16) 《인조실록》권21, 인조 7년 10월 경오 ; 권22, 인조 8년 1월 경자 ; 권22, 인조 8년 2월 갑술 ; 권25, 인조 9년 9월 신묘.
17) 《인조실록》권42, 인조 19년 7월 계사 ; 권42, 인조 19년 10월 무신.
18) 《인조실록》권46, 인조 23년 11월 을해.
19) 효종대 경연 개최 횟수는 다음과 같다. 효종 즉위년(23회, 이하 '횟수' 생략), 1년(76), 2년(57), 3년(84), 4년(55), 5년(68), 6년(47), 7년(25), 8년(38), 9년(30), 10년(17).
20) 《효종실록》권2, 효종 즉위년 11월 신미.

위 초부터 초야에 있는 신하를 입시(入侍)하는 절차를 의논하고 김
상헌의 의견에 따라 서울에 와 있는 유현(儒賢)에게 경연관을 겸대
(兼帶)하여 시강(侍講)하게 하여서 차츰 진용(進用)하게 하였다.21)
이렇게 경연에서 송준길(宋浚吉)이 이유태(李惟泰), 권시(權諰)를 천
거하였고22), 김수항(金壽恒)도 김집·송준길·송시열(宋時烈)·이유
태를 주목하였으며,23) 이들 외에도 윤선거(尹宣擧)나 유계(兪棨)가
추천되기도 하였다.24)

　효종대에 경연이 꾸준히 열렸던 이면에는 끊임없이 이어졌던 자
연재해도 중요한 역할을 하였다. 본래 경연은 국왕의 수덕(修德)을
위해 시행하는 것으로 전제되었는데, 특히 국왕의 수덕을 필요로
하는 대표적인 사건은 자연재해였다. 이미 17세기 위기설이 논의
될 만큼 자연재해가 적지 않게 닥쳤던 조선사회에서 어느 때보다
국왕의 수양을 위한 경연의 개설은 신하들의 적극적인 요청 사항
이 되었던 것이다.25) 자연재해를 이유로 하여 경연개설을 적극적
으로 요청한 것은 조선전기에도 일반적으로 적용되었던 예이기는
하나 이 시기에는 재해의 빈도와 피해의 규모에서 이전 시기보다
훨씬 더 광범위하게 자주 자연재해가 닥쳤다는 차이가 있었다.

　효종대에 경연에서 활발하게 의견을 개진하였던 인물로 민정중
(閔鼎重)이나 유계 등을 들 수도 있지만 역시 송시열과 송준길이 가
장 큰 역할을 하였다. 그 가운데서도 병 때문에 서울에 오래 머물

---

21)《효종실록》권2, 효종 즉위년 10월 무신.
22)《효종실록》권2, 효종 즉위년 11월 신미.
23)《효종실록》권16, 효종 7년 2월 병자.
24)《효종실록》권19, 효종 8년 10월 계미.
25) 李泰鎭,〈小氷期 천변재이 연구와 조선왕조실록〉,《歷史學報》149, 歷史學會,
　　1996 ; 李泰鎭,〈小氷期의 천체 현상적 원인-《조선왕조실록》의 관련기사분석〉,
　　《국사관논총》72, 국사편찬위원회, 1996.

지 못한 송시열에 비해 송준길은 효종 초년과 효종 8년 이후에 경연에 적극적으로 참여하여 효종의 강학과 치도에 관한 논의를 주도하였다. 효종은 경연에서 송준길의 역할에 일정한 만족을 표시하면서 세자의 교육도 전담시킬 만큼 신뢰를 보냈다. 송준길이 이 시기 주목하였던 경연 과목은《심경》으로, 이전에는 경연에 거의 등장하지 않았던 교재였다. 효종 8년 이후에는 송시열도 송준길과 함께 가세하여 현종에게《심경》을 중심으로 진강하였다.

현종대에는 경연 활동이 저조하였다. 1차적 원인은 현종의 건강 문제로, 현종은 안질을 심하게 앓았는데 현종 6년에 눈병이 회복되자 종묘에 고하고 죄수의 사면과 백관의 가자(加資)를 시행할 정도였다.26) 따라서 현종은 안질을 핑계삼아 경연을 여는 것에 소극적이었다. 현종대 경연이 개최된 횟수는 현종 원년과 9, 10년에 각각 20회 안팎으로 개최된 것을 제외하면 연 5회 내외이거나 아예 경연이 열리지 않는 해도 있었다.27)

경연이 자주 열리지 않자 신하들은 경연의 개설을 요청하는 상소를 끊이지 않고 올렸다. 이에 따라 현종은 주로 조(朝)·주(晝)·석강(夕講)의 법강(法講) 중에서도 주강이나 소대(召對)를 주로 열어 경연에 참여하였지만, 안질이 심한 경우 경연에 참여하는 때가 많지 않았다.28) 현종은 경연에 참여하여서도 안질 때문에《중용(中

---

26)《현종개수실록》권13, 현종 6년 6월 갑술.
27) 현종대 경연이 개최된 횟수는 다음과 같다(《현종실록》과 《현종개수실록》을 합한 것임). 현종 즉위년(2회, 이하 '횟수' 생략), 1년(22), 2년(3), 3년(3), 4년(0), 5년(8), 6년(9), 7년(12), 8년(0), 9년(17), 10년(22), 11년(4), 12년(0), 13년(0), 14년(4), 15년(0).
28) 경연 중에서도 법연(法筵)에 해당하는 조강·주강·석강은 비교적 형식을 갖추어 행하는 것으로 특히 조강은 다른 경연의 형식에 비해 가장 규모가 큰 것이었다. 이에 비해 소대나 야대는 비교적 형식적으로 국왕에게는 부담이 없었는데, 특히 이때에는 조강과는 달리 국왕이 경전의 음을 읽지 않아도 되는 등 형식이

庸)》과 같은 경서보다는 경사가 함께 있는《대학연의》와 같은 사서 위주의 책을 선택하였다.[29] 또 경연을 자주 열지 못하자 홍문관에서 고사(故事)를 써서 올리기도 하여 경연을 대신하기도 하였다.[30] 안질 치료를 위해 온천에 자주 다녔던 현종은 재위 5년부터는 이전보다 경연을 자주 열기도 하였다.

현종대에도 경연의 전범 또한 선조대의 경연으로 상정되었다. 선조대에 하루 세 번씩 경연이 개최된 것이나 임진란 때에도 쉬지 않은 점,[31] 유현이 한 사람씩 돌아가며 입시하여 고문에 대비한 점[32]이 예로 제시되었다. 현종대에 경연에 참여하였던 대표적 유신으로 초기에는 부제학 유계가 시강할 만한 적임자로 적극 추천되어 인조 때의 정경세와 같은 대우를 받았고,[33] 송준길은 진강할 책자를 추천하고,[34] 경연에서 경의(經義)를 설파하는 등 현종의 지우(知遇)를 받았다. 송시열도 경연에 참여하였으나 향리에 내려가 있는 때가 많아서 효종 때와 같이 적극적으로 참여하지는 못하였다. 송시열은 국왕의 학문을 위해 송준길과 함께 적극 천거되었지만 현종대 후반에만 약간 참여하였다.[35] 이밖에도 경술(經術)을 지녔다고 인정되어 경연에 천거된 유신으로는 이유태, 이경석(李景奭) 등이 있었고, 후반에는 이단상(李端相)이 추천되었다.[36]

간략하여 국왕이 선호하였다. 현종의 경우에도 건강상의 이유로 소대를 선호하였다.《현종실록》권12, 현종 7년 8월 신미.

29)《현종실록》권9, 현종 5년 9월 갑인.

30)《현종개수실록》권4, 현종 1년 7월 기묘.

31)《현종개수실록》권2, 현종 1년 3월 임술 ;《현종실록》권10, 현종 6년 8월 을축.

32)《현종개수실록》권2, 현종 즉위년 11월 기묘.

33)《현종실록》권2, 현종 1년 5월 정묘 ;《현종개수실록》권3, 현종 1년 5월 정묘.

34)《현종실록》권2, 현종 1년 3월 기미 ;《현종개수실록》권2, 현종 1년 3월 기미.

35)《현종실록》권9, 현종 5년 10월 병술 ;《현종개수실록》권11, 현종 5년 10월 병술.

2) 경연 과목의 변화

경연에서는 국왕의 성학 공부를 위해 항상 경사의 교재를 과목으로 삼아 공부하였다. 이렇게 경연에 쓰였던 교재인 경연 과목은 일차적으로는 군덕의 수양을 위해 제시된 것이기도 하지만 경연의 본래 목적 가운데 하나였던 국왕의 교화를 위해서도 주목된다. 특히 사림들이 선조대 이후 중앙정계를 장악한 이후 경연과목에서도 몇 가지 변화가 나타나는데, 이러한 변화는 이 시기에 두드러졌다.

우선 광해군에서 현종대까지 경연에서 읽힌 책은 다음과 같다. 광해군대에는 초기에 경연의 규정을 정하면서 《서경》과 《대학연의》를 읽을 것을 전교(傳敎)하였는데, 경연에서 실제로 강한 것은 《서경》만 확인된다.[37] 인조대에는 〈표 3-2〉와 같이 조강과 주강에서는 《논어》·《맹자》·《대학》·《중용》·《시전(詩傳)》·《서전(書傳)》 등 경서가 주로 강의되었고, 석강과 야대(夜對)에서는 《대학연의》가 강독되어 사서(史書)의 비중이 높아진 것을 알 수 있다.[38]

경연에서 강독된 경연 과목에 대해 인조대에도 몇 번 논의가 있었는데, 김장생은 《논어》의 강독이 끝나면 《대학》을 읽을 것을 추천하였다. 이에 대해 인조는 지금 《대학연의》를 강하고 있으므로 굳이 차이가 없음을 지적하였지만 김장생은 《대학연의》는 《대

---

36) 《현종개수실록》 권19, 현종 9년 10월 경인.
37) 《광해군일기》 권26, 광해군 2년 3월 임인.
38) 대체로 공식강의인 법강인 조강·주강·석강의 경우 조강에서 강의한 책을 주강에서 복습하였으며 임시강의인 소대의 경우에도 조·주강에 쓰인 교재가 같이 쓰였다. 인조대의 경우 소대에 《중용》과 《시전》·《서전》의 강독되었는데, 이는 조·주강에 쓰인 교재와 같은 것이었다. 반면 석강에는 야대와 사용되는 교재가 같았다.

표 3-2. 인조대 경연 과목

인조 연간	조강	주강	소대	석강	야대
1년 3월	論語				
4월				大學衍義	
윤10월		大學			
11월				論語	
2년 1월		論語			
8월					大學衍義
9월		孟子			
5년 11월			中庸		
6년 7월		中庸			
10월			書傳		
11월		書傳	書傳		
8년 10월				大學衍義	
12월					大學衍義
12년 9월		詩傳			

학》에 견주어 의미가 깊지 못하다고 지적하였다. 또 박지계가 주
자서를 강할 것을 청하자, 이에 대해서도 김장생은 주자서가 경서
보다 못하다며 《소학》이나 《심경》·《근사록》을 읽어야 된다고
하였다.[39]

오윤겸도 《대학혹문(大學或問)》을 참고하여 격물치지의 공부에
보탬이 될 것을 청하여 《대학》 공부에 힘쓸 것을 주장하기도 하였
다.[40] 인조는 말년에 병을 핑계하여 거의 경연에 나가지 않았는
데, 이때에도 이경석은 평소와 같이 경연을 할 수 없을지라도 《대
학》 한 책만 잘 보면 보민(保民)을 할 수 있을 것이라고 지적하고
있다.[41] 이 같은 사실은 경연에서 국왕을 위해 강학하는 데 다른

---

[39] 《인조실록》 권2, 인조 1년 5월 기해.
[40] 《인조실록》 권7, 인조 2년 9월 정사.
[41] 《인조실록》 권46, 인조 23년 10월 정해.

어느 책보다도 《대학》의 비중이 높았음을 알 수 있으며, 심지어 제왕학을 위해 저술되었던 《대학연의》보다도 성리학의 일반적 원칙을 담고 있었던 《대학》에 더욱 관심을 기울였던 경향을 확인할 수 있다.

한편 인조 10년에 홍문관에서는 《서전》을 읽은 뒤에 다음 경연에 진강할 교재로 《시전》을 추천하였다.[42] 이에 대해 최명길은 다음날 제왕의 학문은 일반 사람들과 다른 것이어서 정치에 절실한 것을 먼저 해야 한다고 전제하고, 《서전》 다음에는 《춘추(春秋)》를 강론해야 한다고 주장하였다. 하지만 삼공(三公)이 논의하여 결국 선후의 차례로 보아 《시전》이 본원적인 것이므로 이를 강

표 3-3. 효종대 경연 과목

효종 연간	조강	주강	소대	석강	야대
즉위년 10월		中庸			
12월				大學衍義	
1년 2월		書傳			
4월			大學衍義		
6월	大學衍義				
7월		書傳			
2년 1월					心經
2월			書傳		
4월				大學衍義	
3년 3월	大學衍義				
5월		書傳			
8월			大學衍義		
5년 4월		詩傳			
8년 10월			心經		
11월		心經			
9년 2월				心經	

42) 《인조실록》 권26, 인조 10년 4월 병신.

론하도록 결정되었다.

효종대에는 〈표 3-3〉 효종대 경연과목에서 알 수 있듯이 조강은 거의 시행되지 않았고, 주강과 소대 및 석강에서 《서전》과 《대학연의》가 경연 과목으로 많이 읽혔다. 대체로 조강과 주강에는 경서를 강독하는 것이 일반적이었지만 주강에서도 《대학연의》를 강하게 하여 이 책의 비중이 높았음을 알 수 있다.43) 또 경연에서 진강 교재는 아니지만 효종이 《치평요람》을 찾아 올리라는 하교를 내리자 이 책은 기사(紀事)가 번잡하여 적합하지 않고 《자치통감강목》이 적합하다는 의견이 제시되기도 하였다.44)

효종대에는 경연 과목에 대해서 그다지 많은 논의는 없었지만 《심경》이 경연 과목으로 채택되어 본격적으로 진강됨으로써 이전과는 큰 변화가 있었다. 《심경》을 경연에서 진강해야 한다는 의견이 이때 처음 제기된 것은 아니었다. 이미 광해군대에도 경연 과목으로 《심경》과 《근사록》이 진강된 적이 있는지 확인하였던 사실이 있었다.45) 광해군 2년 특진관 오억령(吳億齡)의 요청에 따라 광해군은 이전의 진강 여부를 확인하였는데, 이때 이전에 진강하였다고 하였으나 실제로 진강된 적이 있는지의 여부를 확인할 수 없다. 인조대에도 《심경》을 경연 과목으로 추천한 사례가 몇 차례 있었지만 실제 채택되지는 않았다.46)

《심경》은 본래 사림들이 16세기 전반에 훈구파를 비판하면서 등장할 때 가장 존숭한 책으로, 《근사록》과 함께 사림들의 정신적 귀의처 역할을 하였다. 조광조(趙光祖)로 대표되는 기묘사림을 비

---

43) 《효종실록》 권4, 효종 1년 6월 병술.
44) 《효종실록》 권12, 효종 5년 4월 무자.
45) 《광해군일기》 권27, 광해군 2년 윤3월 정미.
46) 《인조실록》 권48, 인조 25년 12월 계미 ; 권49, 인조 26년 2월 경오.

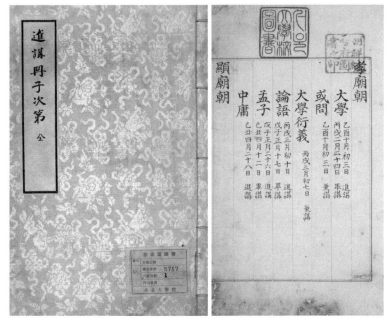

《진강책자차제》

판할 때도 제일 먼저 비판의 표적이 되었던 책이다. 따라서 《심경》이 경연 과목으로 채택되어 진강되는 것은 곧 심학(心學) 위주로 군덕의 수양을 이끌겠다는 사림의 의지가 반영된 것으로 이해할 수 있다.

물론 이 시기를 전후해서도 《대학연의》가 진강된 사실로 볼 때 심학 위주의 수양뿐만이 아니라 제왕 중심의 정치질서를 추구하는 측면이 여전히 한 쪽에서는 중시되었음을 알 수 있다. 하지만 《심경》을 강론한 뒤에 효종의 과실이 없어졌다고 평가하거나 《심경》에 대해 호의적인 평가가 잇달았던 것은 《심경》의 효용과 가치가 적지 않았음을 보여 준다.47) 그렇기 때문에 효종은 이황(李滉)이

읽던 《심경》을 홍문관에서 구해 올리라는 전교를 내리기도 할 정
도로 이 책에 관심을 보였다.[48] 이와 같이 《심경》이 경연의 진강
과목으로 채택된 것은 경연에서 군덕의 수양을 목표로 삼았던 사

표 3-4. 현종대 경연 과목

현종 연간	조강	주강	소대	석강	야대
즉위년 11월		中庸			
1년 1월				通鑑	
3월			大學衍義		
11월	通鑑	通鑑·大學衍義	宋鑑	通鑑	
2년 4월		大學衍義			
3년 6월		大學衍義			
5년 2월		大學衍義	大學衍義		
6월			通鑑		
9월		大學衍義	通鑑		
10월		中庸			
6년 6월			心經		
8월			通鑑		
10월			大學衍義		
7년 1월		心經			
8월			通鑑		
11월			中庸		
9년 3월			中庸		
10월			心經		
10년 1월			心經·綱目		
4월			心經		
5월			中庸		
11년 11월			綱目		
14년 2월			綱目		

47) 《효종실록》 권20, 효종 9년 1월 임자 ; 권20, 효종 9년 2월 신미.
48) 《효종실록》 권20, 효종 9년 11월 을미.

림들에게 결정적인 의미를 지니게 된 사건이었다. 그 뒤로 이 책은 꾸준히 경연에서 진강되었다.

현종대에 경연에서 진강된 교재를 보면〈표 3-4〉현종대 경연 과목에 제시된 것과 같이《통감》과《대학연의》가 대부분을 차지 하였고, 후반에는《심경》과《강목》이 진강되었다. 초기에《통감》이 자주 읽힌 것에 대해서 이단상은《통감》보다는《심경》과 《대 학연의》에 온 마음을 기울여 이를 급선무로 삼을 것을 건의하였 다.[49] 대체로 국왕들은 경학보다는 사학에 관심을 기울여 치란(治 亂)의 역사에서 직접적인 교훈을 얻고자 하였는데, 여기에 안질까 지 심했던 현종이 의미를 새기는 것보다는 서사 형식에 관심을 기 울인 측면도 고려될 수 있다. 이단상은 곧 이러한 현종의 경향에 대해 사학보다는 경학으로 의리를 세울 것을 요구한 것이었다. 물 론 역사서 학습의 필요성을 완전히 부정한 것은 아니었으며 현종 후반에《심경》과 함께 진강할 책자로《강목》을 추천하여 실제로 함께 진강하기도 하였다.[50]

현종의 눈병이 어느 정도 낫자 송준길이나 이경석은 경연을 열 어서 진강해야 할 책으로 효종대에 처음으로 진강된《심경》을 적 극 추천하였다. 이에 따라 비교적 활발히 경연이 진행되던 현종 9~10년에《심경》이 본격적으로 진강되었다.

경연에서 진강되었던 경연 과목이 지니는 의미는 적지 않다. 대 체로 경연에서는 사서(史書)보다는 경서의 진강에 비중을 두게 된 다. 이 시기의 경연에서도 이러한 원칙이 홍문관 신하들의 주장으

---

49)《현종실록》권9, 현종 5년 10월 병술 ;《현종개수실록》권11, 현종 5년 10월 병술.
50)《현종실록》권20, 현종 10년 1월 신해.

로 인조대에는 비교적 근접하게 실천되기도 하였으나 현종대처럼 《통감》과 같은 사서에 보다 관심을 기울이는 경우도 있었다.

또한 제왕학과 관련하여 조선전기부터 경연의 교재로 주목되었던 《대학연의》는 이 시기에도 주목되어 자주 진강되었다. 이는 경연의 성격상 국왕의 학문을 닦는 것이 일차적 목표였으므로 제왕학 교과서로 주목받은 것이었다. 다만 《대학연의》는 주로 조·주강보다는 석강이나 소대 또는 야대에 읽혔다.

무엇보다 이 시기에 주목되는 경연 과목은 《심경》이다. 《심경》은 이전에는 경연에서 전혀 진강되지 않다가 새롭게 등장한 교재로서, 효종대 처음으로 진강되었지만 이미 광해군대부터 경연 과목으로 여러 번 추천되었던 책이다. 이는 사림정치가 본격적으로 전개되는 것을 반영하는 것으로, 사림들의 정신적 귀의처 역할을 하였던 책을 국왕에게도 적극 진강한 것으로 볼 수 있다.

3. 경연강의(經筵講義)와 제왕학(帝王學)

1) 성학론(聖學論)의 강화

경연에서 논의된 내용은 매우 다양하였다. 그 가운데서도 군덕의 수양을 경연의 일차적인 목표로 삼았던 만큼 국왕의 수양 공부에 치중하는 내용이 가장 많았다. 국왕의 수양은 보통 성학 공부를 하는 것으로 표현되었는데, 조선전기에도 국왕에게 성학을 제시하고 이를 따를 것을 요청한 것은 경연에서 일반적으로 강조되는 내용이었다.

광해군에서 현종 사이의 조선중기에도 여전히 이러한 성학 공부

를 국왕에게 요청하였다. 그 전범으로 제시된 것은 이황의 《성학
십도(聖學十圖)》와 이이(李珥)의 〈인심도심설도(人心道心說圖)〉 등이
었다. 인조는 《성학십도》와 〈홍범(洪範)〉을 병풍으로 만들어 좌우
에 두고 자주 볼 만큼 이러한 기준을 따르려고 하였다.51) 여기에
는 반정으로 왕위에 오른 자신의 한계를 이러한 성학 공부로 보완
하려는 의도도 있었다고 볼 수 있다. 따라서 인조는 초반기에 매우
활발히 경연을 열고 이를 통해 군덕을 수행하였는데 이는 왕권의
정당성을 확보하려는 노력 속에서 나왔던 것이다. 그러나 인조가
처음에는 검약하고 백성을 위한 정치를 폈지만 점차 사치하고 처
음과 같지 못하다는 등의 비판이 제기되었는데, 이러한 비판은 경
연을 개최하는 횟수가 급격히 줄어든 인조 4년부터 본격적으로 제
기되었다.52)

　효종도 제왕은 성현의 경계를 반성의 계기로 삼아야 한다는 홍
문관의 건의를 받아들여 선조때의 〈숙흥야매잠(夙興夜寐箴)〉과 《성
학십도》를 병풍으로 만들어 올리게 하였다.53) 또 효종은 심도(心
圖)에 대해 이황과 이이의 의논 가운데 이이의 의논이 이치에 가까
운 것이라는 지적할 정도로 《심경》을 읽으며 심(心)에 대해 여러모
로 검토하였다.54)

　성학을 닦는 경연에서 국왕에게 요구한 점은 수신의 구체적 항
목에 대한 것이었다. 민정중은 효종이 경연에 임하는 태도를 지적
하였는데, 효종이 계초(啓草)를 찢어서 땅에 던진 행위는 혈기에서

---

51) 《인조실록》 권9, 인조 3년 8월 갑신.
52) 《인조실록》 권13, 인조 4년 윤6월 정미 ; 권22, 인조 8년 5월 경자 ; 권25,
　　인조 9년 9월 신묘.
53) 《효종실록》 권7, 효종 2년 8월 경오.
54) 《효종실록》 권19, 효종 8년 10월 무자.

나온 것이라고 비판하였다.55) 또 경연을 하는 중에 죽인다는 말을
한 임금의 어조가 너무 준엄하여 임금이 할 수 있는 말이 아니라고
하기도 하였다.56)

한편 국왕의 수양과 관련하여 조선전기부터 경연에서 반드시 언
급된 주제는 재이(災異)의 발생과 이를 해결하기 위한 국왕의 노력
이었다. 그런데 17세기는 '소빙기'라고 지적될 만큼 많은 재이가
발생하였다. 인조대에도 재이가 발생하여 군덕을 수행할 것을 권
고하는 부제학 이경여(李敬輿)의 상차(上箚)가 있었다.57) 이런 경향
은 효종대에 더욱 잦아져서 경연에서 재이를 그치게 할 방법이 자
주 논의되었다.

먼저 재이를 그치게 하는 방법으로 제시된 것은 직언(直言)의 수
용이었다.

> 상이 주강에 나아가 《시전》의 계명장(鷄鳴章)을 강하였다. 강이
> 끝나고 경연의 신하들과 재변을 그치게 할 방도를 강구하였다. 검
> 토관(檢討官) 조귀석(趙龜錫)이 아뢰기를,
> "재이를 그치게 하는 방책으로는 두려운 마음으로 몸을 닦고 반
> 성하는 것보다 앞서는 것이 없습니다. 그러나 근래 언로가 막히고
> 곧바른 기운이 꺾여서 과감하게 말하는 자가 없으니 이는 작은 염
> 려가 아닙니다. 전하께서는 직언을 너그러이 수용하소서"라고 하였
> 다. ⋯⋯ 58)

---

55)《효종실록》권8, 효종 3년 5월 갑신.
56)《효종실록》권9, 효종 3년 10월 을묘.
57)《인조실록》권29, 인조 12년 5월 임자.
58)《효종실록》권13, 효종 5년 10월 병자.

또 인재의 등용이 제기되기도 하였다. 임금이 아무리 노력하더라도 이를 실행할 인재를 얻지 못하면 임금이 노력한 수고가 실효를 얻지 못한다는 논리에서였다. 이 논리 속에서 교리 민정중은 송시열과 송준길을 유현으로 불러 경연에서 국왕에게 치도를 자문할 것을 주문하였다.[59] 이러한 주문은 홍문관에서 재이에 대비한 대책을 지적한 속에 '도로써 몸을 닦고 인재를 얻어 임용하는 데 달려 있을 뿐'이라고 한 데에서 동일하게 나타났다.[60]

잦은 재이에 따른 군덕의 수양을 요구하는 내용은 민정중이 다음과 같이 정리하였다.

> 검토관 민정중이 아뢰기를,
> "신이 전후에 걸쳐 장소(章疏)를 올리면서 모두 큰 뜻을 세울 것, 성학을 닦을 것, 현능(賢能)한 이들을 임명하실 것으로 말씀드렸습니다. 이는 대체로 인군이 먼저 그 뜻을 굳게 정해야만 부지런히 학업을 닦아 자신의 덕을 이룰 수 있음과 동시에 현량(賢良)들을 등용하여 각종 정사를 나누어 다스리게 할 수 있기 때문입니다. 아무리 잘 다스리려는 성의가 있더라도 진정 큰 뜻이 세워지지 않은 채 그저 말단에 속하는 일들만 경영한다면 끝내 효과를 보는 날이 없게 될 것입니다."라고 하였다.[61]

성학에 대해 경연에서 이렇게 입지(立志), 수성학(修聖學), 임현능(任賢能)이라는 틀로 체계적으로 정리한 것은 이이의《성학집요(聖

---

59)《효종실록》권16, 효종 7년 1월 을사.
60)《효종실록》권16, 효종 7년 2월 무진.
61)《효종실록》권8, 효종 3년 3월 정유.

學輯要)》에서 이미 제시된 논리이다. 《성학집요》는 아직까지 경연
에서 진강되지는 않았지만 성학에 필요한 논리를 이미 체계적으로
제시하여 많은 영향을 끼쳤고, 이와 같이 경연에서 그대로 전개되
었음을 알 수 있다.62)

다음으로 경연에서는 군덕의 표준을 세우기 위해 역대 왕조와
제왕들을 끊임없이 검토하였다. 우선 왕조에 대한 평가를 보면 삼
대(三代)의 뒤에 평가를 할 수 있는 역년(歷年)이 오래된 왕조로 한
(漢)나라를 꼽으며, 당(唐)과 송(宋)의 경우에는 말년에 나라의 운명
이 위태로워 오래가지 못했음을 비판하였다. 또 명나라는 법제와
형벌을 숭상하였으므로 비판하였다.63)

송나라를 원나라와 비교하기도 하였는데, 효종은 원나라의 세종
이 허형(許衡)을 예우한 일을 두고 송나라보다 원나라가 선비를 숭
상하고 도학(道學)을 존중하였다고 평가하자, 시강관 이단상은 이
를 흥망이 교체되는 시기의 특수성이라고 설명하였다.64) 또한 주
자 사후에 성리학이 한창 보급되었던 시기의 송나라 황제였던 이
종(理宗)을 평가하기도 하였다. 효종에게, 이종이 주자의 《중용》을
읽고 그와 같은 시대에 태어나지 못했음을 한탄한 예를 들면서, 이
종이 성리학에 심취하였던 것처럼 성리학을 마음에 깊이 둘 것을
요구하기도 하였다.65)

당나라의 태종과 현종도 엄격하게 평가하였는데, 모두 외치(外
治)는 볼 만하지만 내덕(內德)은 부끄러운 경우에 해당한다고 하였
다. 따라서 임금은 반드시 학문에 힘써서 뜻을 성실하게 하고 마음

---

62) 정재훈, 《조선전기 유교정치사상 연구》, 태학사, 2005, 312~341쪽.
63) 《효종실록》 권14, 효종 6년 4월 임오.
64) 《효종실록》 권20, 효종 9년 1월 임자.
65) 《효종실록》 권20, 효종 9년 11월 을미.

을 올바르게 해야 함을 강조하였다.[66] 또한 당 현종에 대해서 그
가 개원(開元) 초기에 나라를 잘 다스린 것은 현능한 인재를 썼기
때문이며, 천보(天寶) 말기에 나라가 어지러워진 것은 간사한 사람
을 써서 그러했다고 인조는 평가하였다. 곧 인재를 등용할 수 있는
능력이 중요하며, 심지어 소열제(昭烈帝: 촉한의 유비)나 한(漢)의 고
제(高帝)와 같이 충성스러운 신하를 전적으로 믿고 그에게 국정을
맡기는 능력이 뛰어남을 평가하기도 하였다.[67]

이와 같이 경연에서는 군덕의 표준이 될 만한 제왕의 이상형으
로 형벌이나 법제에 비중을 두는 패도(覇道)보다는 도학을 지향하
는 왕도정치를 구현한 제왕이 제시되었다. 이때 국왕 자신은 학문
에 힘써서 덕을 쌓고 현명한 신하를 등용하여 그를 믿고 전적으로
맡기는 틀이 왕도의 기준으로 제시되었다.

2) 산림(山林)의 경연 주도

이 시기 경연에서 나타나는 주요한 특징은 '산림'이라는 새로운
세력이 경연을 주도하게 된다는 점이다. 이는 기존의 연구에서도
이미 지적되었다.[68] 하지만 산림의 등장은 단지 새로운 제도나 세
력의 등장 외에도 조선왕조의 질서에 새로운 의미를 던지는 것이
었다.

우선 산림의 등장을 설명하려면 그에 앞서 또는 병행하여 추진
된 문묘종사(文廟從祀)에 주목해야 한다. 사실 산림이 아무런 관직
의 배경 없이 오직 학문적인 기준으로 중앙정계에 등장할 수 있었

---

66) 《인조실록》 권23, 인조 8년 9월 무자.
67) 《인조실록》 권50, 부록 인조대왕 행장.
68) 禹仁秀, 《朝鮮後期 山林勢力硏究》, 일조각, 1999.

던 것은 조선사회에서 조선 유현의 문묘종사를 통해 도통(道統)이
라는 기준이 왕통(王統)이라는 기준을 넘어서서 보다 존중되는 가
치가 되었음을 의미하였다.

문묘종사는 광해군대에 김굉필(金宏弼)·이황·정여창(鄭汝昌)·
조광조·이언적(李彦迪)의 오현(五賢)을 종사하자는 논의가 있어 경
연에서 논의가 되었다. 오현의 배향에 대한 광해군의 질문에 이항
복(李恒福)은 한 사람씩 배향되어야 하는 이유를 설명하였다.[69] 결
국 광해군은 거듭된 문묘종사의 요구를 받아들여 광해군 2년 9월
에 오현을 문묘에 종사하는 교서를 내렸다.[70] 그 뒤 인조대의 경연
에서는 이이의 문묘종사 문제도 제기되었다.[71]

이렇게 문묘종사 문제가 사림의 정치적 진출과 맞물리며 활발히
제기되자 문묘에 종사되는 유현은 곧 학문적으로 하나의 전범이
되었다. 오현의 학문은 정자(程子)와 주자의 정맥을 이었다고 하여
명나라가 육상산(陸象山)의 학문을 숭상한 것에 견주어 자부심의
대상이 되었고, 심지어 명의 설선(薛瑄)도 이언적보다 못하다고 여
길 정도였다.[72] 따라서 경연에서도 이들의 학문이 기준이 되었다.
광해군대에 조광조의 경연 강의가 실려있는《유선록(儒先錄)》, 이
황의《퇴계집(退溪集)》, 이이의《율곡집(栗谷集)》을 열람하면 곧 이
들 3인을 경연에 시강시키는 것과 다름이 없다고 한 지적은 이들
의 학문이 모범으로 자리 잡았음을 말해 준다.[73] 인조대에도 경연
에서 이귀가 특진관으로 맹자 이후의 도통을 지적하며 아래와 같

---

69) 《광해군일기》 권26, 광해군 2년 3월 임인.
70) 《광해군일기》 권33, 광해군 2년 9월 정미.
71) 《인조실록》 권1, 인조 1년 3월 정사.
72) 《현종개수실록》 권13, 현종 6년 6월 을축.
73) 《광해군일기》 권50, 광해군 4년 2월 신미.

이 말하였다.

> 상이 주강에 자정전에서 《맹자》를 강하였다. 특진관 이귀가 아뢰었다.
>
> "맹자 이후에는 주자가 나와 지나간 성인들을 계승하고 다가오는 후학들을 개도하여 사문(斯文)에 큰 공이 있었습니다. 우리나라로 말하면 조광조가 도학으로 세상에 이름났는데 이어 사림의 화가 있었고, 이 이후부터는 선비들의 풍습이 크게 무너졌습니다. 그 뒤에는 이황이 유자(儒者)의 공부에 독실하였고, 이황이 죽은 뒤에는 이이와 성혼이 도학에 고명하였으며, 폐조 10년 동안에는 아무도 없었습니다.
>
> 반정 뒤에 이르러서는 정엽(鄭曄)이 사유(師儒)의 장관이 되어 선비들을 모아놓고 학문을 강론하였으나, 모두가 과거 공부하는 선비들이었습니다. 김장생은 일을 맡기기에는 우활한 듯해도 서울 안에 머물러 있으면 후학들이 모범으로 삼을 수 있었을 것인데, 뜻을 결단하고서 시골로 돌아갔습니다. 장현광도 벼슬살이에 뜻이 없어서 물러가 버리고 오지 않습니다. 이는 진실로 국가의 큰 손실입니다. 박지계는 경학을 궁리한 선비로서 조금도 조정에 죄를 얻은 일이 없는데도 한 번 배척하고는 다시 부르지 않으니, 유자를 대우하는 도리가 아닌 듯싶습니다."[74]

이처럼 이귀가 우리나라에서는 조광조·이황·이이·성혼·정엽·김장생·장현광·박지계를 지적하여 학문을 한 사람으로 인정

---

74) 《인조실록》 권8, 인조 3년 3월 계유.

하고 대우해야 한다고 한 것은 곧 도통의 맥이 산림과 직접 연결되고 있음을 보여 준다. 따라서 문묘종사의 논의는 곧 산림의 등장을 예고하는 신호탄이었다고 할 수 있다.

산림의 등장은 이미 선조대에 성혼이나 정인홍에서 시작하였다. 광해군대에도 즉위 초반에 조종조(祖宗朝)에서 산림에서 학문을 닦은 선비를 과목에 구애받지 않고 경연관이나 세자 빈객에 제수한 예를 들어 비슷한 경우를 조사하게 하였다.[75] 이어 광해군은 정인홍과 정구(鄭逑)에게 경연의 특진관을 겸대하고 서연의 보양관(輔養官)으로 참여하도록 전교를 내렸다가 세자 보양관으로 임명하였다.[76]

인조대에는 반정 후 성혼을 유일(遺逸)천거의 사례로 인용하며 정인홍의 무고로 삭탈된 관작을 회복시켰다.[77] 성혼은 효종대 초반에도 선조대 산림의 예로 거론될 만큼 산림의 대표 격으로 인식되었다.[78] 인조 초반에는 경연의 모범적인 사례로 제시된 선조대를 예로 들어서 유일을 모두 등용하여 초야에 유일이 없었음을 지적하였고, 이어 신흠이 장현광, 김집, 김원량을 천거하여 6품으로 발탁되었다.[79]

이와 같이 경연에서 산림의 천거와 등용은 일회성으로 그치던 것이 효종대에 와서 제도적으로 정착하였다. 이른바 성균관의 좨주(祭酒)·사업(司業), 세자시강원의 찬선(贊善)·진선(進善)·자의(諮議)가 설치되어 산림이 거치는 관직이 되었다.[80] 산림직에 대한 논

---

75) 《광해군일기》 권3, 광해군 즉위년 4월 신유.
76) 《광해군일기》 권3, 광해군 즉위년 4월 무인.
77) 《인조실록》 권1, 인조 1년 3월 을묘.
78) 《효종실록》 권2, 효종 즉위년 10월 무신.
79) 《인조실록》 권1, 인조 1년 3월 병진.

의는 인조 24년에 좌의정 김상헌이 제기하여 비변사의 건의에 채택된 것이었다.[81] 비변사는 송대의 제도를 모방하여 당상은 찬선, 당하는 진선, 참하는 자의로 정할 것을 건의하였다. 이후 효종 초반에는 초야의 신하를 경연에 들일 때의 절차에 대한 의논이 있었다.[82] 또 찬선과 진선은 새로 둔 벼슬이며 찬선은 당상이므로 궁료의 대열에 섞여 있으면 안 된다고 할 정도로 예우를 받았다.[83] 심지어 송준길은 찬선으로서 세자와 읍하였을 정도였다.[84]

하지만 산림직에 등용된 인사에 대해서 반드시 긍정적인 평가만 있었던 것은 아니었다. 산림 가운데서 경술을 연마한 인사를 기용한 효과에 부정적인 견해를 표시하며 비판한 경우도 있었다. 그런 비판에도 경연에서 산림으로 등용된 이들의 의견은 정국을 좌우할 정도로 큰 영향을 미쳤다. 송준길이 효종이 송시열에게 나라를 거의 위임하다시피 하였다고 말한 것[85]이나 송시열이 산림에서 일어나 국사를 담당하여 중망을 받았다는 견해[86]는 산림의 정치적 영향력을 보여 주는 지적이었다.[87]

이러한 정치적 영향력을 미칠 수 있는 학문적 배경은 경연에서

---

80) 禹仁秀, 앞의 책, 20~34쪽.
81) 《인조실록》 권47, 인조 24년 5월 정묘.
82) 《효종실록》 권2, 효종 즉위년 10월 무신.
83) 《효종실록》 권19, 효종 8년 9월 무신.
84) 《효종실록》 권19, 효종 8년 10월 을해.
85) 《현종실록》 권15, 현종 9년 11월 기해 ; 《현종개수실록》 권19, 현종 9년 11월 기해.
86) 《현종실록》 권16, 현종 10년 2월 정축 ; 《현종개수실록》 권20, 현종 10년 2월 정축.
87) 산림의 영향력이 막대한 점은 붕당 사이의 정치적 견해 차이가 현종 때까지 그다지 크지 않은 점에서도 유래한다. 곧 산림은 붕당 사이의 견해 차이보다는 국왕에 대한 강한 '견제력'을 발휘한다는 점에서 공통점이 있었다. 이에 대해서는 오수창, 〈국왕(國王)과 신료(臣僚)의 역학관계〉, 《조선 중기 정치와 정책-인조~현종 시기》, 아카넷, 2003 참조.

국왕과 신하 사이가 의리[義]로는 군신 관계이지만 학문[道]으로는
붕우 사이라는 지적이 거리낌 없이 제시될 수 있을 정도의 분위기
가 작용한 것으로 볼 수 있다.[88] 나아가 경연에서 정자나 주자는
국왕의 스승이므로 마땅히 이름을 불러서는 안 된다는 주장까지
하기에 이르렀다.[89]

　그러면 이 시기 경연에서 제기된 논의 가운데 산림의 정치적 영
향과 상관이 있는 위임론(委任論)을 살펴보자.[90] 경연에서는 주로
학문적 입장에서 의견이 많이 논의되기도 하지만 정치 분야에서
특히 주목되는 논의는 위임론이었다. 조선전기에도 경연에서 제기
되는 논의 가운데 국정을 국왕이 혼자 독단으로 운영하지 말고 신
하들에게 위임하라는 위임론이 활발하게 개진되기는 하였다. 하지
만 조선전기에는 그러한 논의가 '논의'로서만 그치고 실제로 국왕
중심의 정치질서를 해치지 않는 범위 안에서 상징적으로 언급되는
것에 지나지 않았다. 경우에 따라서는 태종과 같이 육조직계제를
선호한다든가, 세조나 연산군과 같이 무단정치를 자행하는 일까지
있어서 위임론이 정치적으로 실천되었다고 보기는 힘들었다.

---

88) 宋浚吉,《경연일기》(古 4254, 규장각 소장) 현종 9년, 10월 29일, "又(宋時烈)
　曰, 孟子所謂 友者非儕輩之謂也, 切磋琢磨之謂也, 宋浚吉曰, 先臣李恒福之言曰, 於
　宣祖 義則君臣, 道則朋友, 此以推誠應心而言也." 같은 내용의 기사가《현종개수실
　록》에도 실려 있으나 송준길의《경연일기》의 내용이 훨씬 상세하다. 더불어 같
　은 내용이 실린《현종실록》의 같은 날 기사에는 이러한 내용은 생략되어 있다.
　이런 예와 같은 서인과 남인의 서술태도는 곧 그들의 군신관(君臣觀)과 밀접하게
　관련되어 있다.
89) 宋浚吉,《경연일기》, 현종 9년, 11월 16일조, "宋浚吉曰, 鄭經世以爲程子朱子
　亦殿下之師, 當諱其名. 金澄曰 宋理宗未嘗斥號先儒之名, 必以明道先生伊川先生橫
　渠先生稱之, 此事所當法也", 이 기사는《현종개수실록》에는 수록되어 있지 않다.
90) 17세기에 대한 연구에서 산림세력이 정국운영의 주도권을 확보하려고 했던 사
　실에 대해서는 이미 선학의 지적이 있다. 다만 본 연구에서는 경연에서의 이러
　한 논의가 구체화되었던 점을 지적한 것이다. 鄭萬祚, 〈17世紀 中葉 山林勢力(山
　黨)의 國政運營論〉,《擇窩許善道先生停年紀念 韓國史學論叢》, 일조각, 1992.

하지만 선조 이후 사림들이 중앙정계를 완전히 장악한 뒤 이루어진 이들의 일관된 주장은 사림정치의 실현을 목표로 한 것이었다. 산림은 그 가운데서도 학문적 기준을 적용한 극단화된 형태였고, 실제로 정치를 운영하는 관료들에게로 정치의 중심을 옮기려는 노력이 지속되었다. 위임론은 이러한 배경에서 나온 것이었으므로 조선전기와는 달리 현실적 추진력을 가지고 논의되었다.

이 시기 경연에서는 광해군대부터 이미 용인(用人)에 대한 건의가 잇달았고,[91] 인조 초의 경연에서 윤지경(尹知敬)은 아래와 같이 말하면서 국왕이 모든 일을 처리해서는 안 됨을 강조하였다.

> 대체로 정치의 요체를 살펴 보건대, 삼공은 육부를 총괄하고 육부는 백관을 통솔하며, 군사 관계는 장신(將臣)에게 책임을 지우고 정사는 상신(相臣)에게 책임을 부여하는 것입니다. 만약 임금 자신이 반드시 모든 일을 직접 처리하려고 한다면 오히려 체통에 손상이 있게 될 것입니다.[92]

윤지경은 다음달에도 경연에서 반정 후에도 경장의 효과가 없는 것에 대한 대책으로 같은 내용을 주문하며 신하들에게 위임하지 않는다면 경연에서의 공부도 소용이 없는 것이라고 지적하였다.[93]
이러한 위임론은 당시 실제의 정치 상황에서는 비변사 조직의 비대화를 경계하고 삼공 중심으로 재상 위주의 정치를 회복하자는 의견으로 나타났다. 경연을 책임졌던 부제학 최명길은 차자(箚子)

---

91)《광해군일기》권46, 광해군 3년 10월 경진.
92)《인조실록》권1, 인조 1년 4월 기사.
93)《인조실록》권2, 인조 1년 5월 기미.

에서 아래와 같이 말하였다.

　…… 아조(我朝)에서 서사(署事)하는 법을 폐하면서부터 삼공이 국정을 의논할 곳이 없게 되었습니다. 이에 따로 비국을 설치하여 재신들 중에 군무를 아는 사람으로 당상을 삼고 무반 중에 식견이 있는 사람으로 낭청을 삼아, 변방 일을 처리해 가고 있습니다. 이 제도가 대략 송나라 조정의 추밀원(樞密院)과 같은데, 조정의 정령(政令)을 재단하는 데가 없으므로 자연히 모두 비국으로 돌아가지 않을 수 없습니다. 이로부터 찬성과 참찬은 병을 요양하는 자리가 되고 사인과 검상은 기악(妓樂)을 맡는 자리가 되었으니, 잘못이 심한 일입니다.

　우리나라 사람들은 실속은 없이 부화하여 누각에 나가 노닐며 전혀 일을 하지 않는 것을 자칭 청류(淸流)라 하면서, 중요한 기무를 물망도 없는 재상이나 조금 식견이 있는 무부에게 맡기고 있습니다. 이러고서도 치도가 이루어지기 바라는 것은 너무도 틀린 일이 아니겠습니까. 조종들의 법대로 하여 서사하는 규정을 복구한 다음에야 정령이 한 곳에서 나와 기강이 설 것입니다.

　혹자는 대신의 권한이 무거워지면 반드시 뒷날에 염려가 있을 것이라고 합니다마는, 이는 그렇지 않습니다. 임금이 훌륭하고, 신하가 어질면 권한이 무거워지는 것을 꺼릴 것이 없는 것이고, 임금이 어둡고 국정이 어지러우면 천하에 어찌 한고조와 같이 세상을 평정하는 사람이 없겠습니까.

　만일에 이를 염려하여 반드시 대신의 권한을 분산하려고 한다면, 마땅히 당나라나 송나라의 구제(舊制)대로 하여 비국을 문하성(門下省)으로 고친 다음 삼공이 겸하여 문하성의 일을 통괄하고, 찬성과

참찬이 지사(知事)를 겸임하며, 또 치체(治體)를 잘 아는 두 사람을
가려 문하성좌우복야(門下省左右僕射)라 하여 유사의 임무를 맡게
하고, 사인과 검상은 당하관 중에 계려와 재주가 있어 뒷날에 크게
쓸 수 있는 사람으로 극력 선택하여 문하급사중(門下給事中)을 겸임
하고서 낭청(郎廳)이 하던 일을 대행하게 하여야 합니다. 그러면 명
칭이 중해지고 일과 권한이 자연히 구별되어 조정의 체면이 갖추어
질 것입니다.[94]

그리하여 그는 비대해진 비변사보다 삼공의 대신을 중심으로 권
한을 주어야 한다고 하였다.

또한 경연에서 임금에게 요순처럼 되는 것을 기대한다는 실제의
내용은 사람을 알아보는 능력을 갖추는 것이라는 주문[95]이라든지
신하들을 얻어도 신임하는 것이 중요하다고 한 지적[96]은 모두 국
왕의 인재 등용과 신하들에 대한 신임을 강조한 것이었다. 내덕을
쌓지 못하고 외치에만 성공했다고 비판한 당 태종이 그래도 세상
을 다스릴 수 있었던 것은 위징(魏徵)을 등용하였기 때문이며, 당
현종도 나라를 전복시켰지만 명군으로 불렸던 까닭은 한휴(韓休)를
정승으로 임명했기 때문이라고 경연에서 설명한 것은 같은 맥락이
었다.[97]

물론 경연에서 삼공과 같은 고위관료인 재상의 등용에만 관심을
가진 것은 아니었다. 임금과 신하가 늘 만나기가 쉽지 않은 현실에
서 경연은 국왕이 하위관료의 학식과 인품을 적극적으로 확인할

94) 《인조실록》 권8, 인조 3년 3월 임술.
95) 《인조실록》 권21, 인조 7년 10월 경오.
96) 《효종실록》 권15, 효종 6년 10월 병자.
97) 《현종개수실록》 권20, 현종 9년 12월 기사.

수 있는 자리였기에, '경연에 소홀하여 관료의 적임자를 잘 알지 못하겠다'는 인조의 말은 경연이 인재를 알아보는 기회로 활용되었음을 확인해 준다.[98]

경연은 학문의 토론이 일차적인 목적이었지만, 국왕과 신하가 모여서 국정을 자세하게 논의할 수 있는 공식적인 자리는 많지 않았으므로 대체로 경연에서 당시 문제가 되고 있는 현안을 여러 방면에서 검토하는 경우가 많았다. 경연에서 국정이 논의되는 구조는 사실 조회(朝會) 성격의 상참(常參), 시사(視事), 윤대(輪對), 경연이 이어지면서 반복되고 확대되는 경향이 있었다. 그러나 상참의 경우 조회의 성격이 강했으므로 설령 상참 뒤에 조계(朝啓)를 하더라도 이는 형식적인 측면이 강했다.[99] 이어진 윤대도 각 부서가 돌아가면서 보고하는 것이었으므로 형식화된 측면이 있었다.

이에 견주어 경연은 비교적 자유로운 형식 속에서 국왕과 신하가 마주 앉아 진행되었기에 국정을 자유롭게 토론할 수 있었다. 경연 가운데서도 조강은 다른 경연과는 달리 대신(臺臣), 연신(筵臣), 양사(兩司), 특진관이 모두 참석하므로 경연 강론 뒤에 조정의 잘못과 백성들의 고통을 듣는 기회로 삼아야 된다고 하였다.[100] 또 간관들도 임금을 가까이 볼 수 있는 유일한 기회가 조강이었으므로, 조강을 열심히 한 국왕은 국정을 그만큼 활발하게 이끌 수 있는 자산을 가진 것이었다. 경연이 활발하게 개최되었던 인조 초년과 효종 연간에 비교적 조강이 자주 열렸던 것은 이러한 면을 반영한다.

따라서 경연에서는 당대의 핵심적인 국정 현안이 자주 논의되었

98)《인조실록》권45, 인조 22년 12월 정사.
99)《인조실록》권38, 인조 17년 4월 무신.
100)《인조실록》권8, 인조 3년 3월 을축.

다. 인조대에는 대원군에 대한 복제와 호칭의 문제를 주강에서 논의하였고[101], 대원군의 추숭론을 소재로 논쟁을 펼치기도 하였다.[102] 효종대에는 붕당의 폐해에 대해 심도 있게 논의하였는데, 이 또한 경연이 국정의 핵심 사항을 포괄하였음을 보여 준다.[103]

4. 조선중기 경연의 의의

이상에서 조선중기의 경연에서 나타나는 제왕학과 관련된 특징을 살펴보았다. 경연은 본래 중국에서 시작할 때도 국왕권의 자의성을 줄이기 위해 제시된 제도로 신권의 입장이 상당히 반영되었다. 따라서 사림들이 정치의 주체로 나서게 되는 선조대 이후, 특히 성리학적 지향을 강하게 띠어 학파를 기반으로 한 붕당정치가 기능하기 시작한 조선중기에는 경연의 역할이 적지 않았으리라 추측할 수 있다.

광해군에서 현종까지의 조선중기에 실제 열린 경연에서는 각 왕대별로 몇 가지 특징을 살필 수 있다. 우선 광해군의 경우 경연을 거의 열지 않아 당시 일반적인 사림정치의 틀을 벗어나려던 지향을 여기서도 확인할 수 있다. 인조와 효종은 비교적 활발히 경연에 참여하였다. 특히 인조는 초기 약 3년 동안 경연에 해마다 평균 100회 안팎으로 참여할 정도로 경연을 중시하였다. 효종도 경연에 참여한 횟수가 인조 초반과 같이 많지는 않지만 꾸준히 경연에 참

101)《인조실록》권7, 인조 2년 10월 갑진.
102)《인조실록》권26, 인조 10년 2월 경인.
103)《효종실록》권15, 효종 6년 8월 임자.

여하였다. 다만 현종은 병을 핑계 삼아 초년에는 경연에 소극적이었다가 나중에 어느 정도 회복하였으나, 전체적으로 경연에 참여한 횟수가 많지는 않았다.

이 시기 경연의 모범으로 제시된 때는 선조 초년의 경연이 주로 대상이 되었으며, 임진란 때에도 경연을 쉬지 않은 사실이 자주 인용되었다. 대체로 경연에 참여하는 횟수는 국왕 즉위 초반에 크게 증가하였다가 점차 줄어드는 양상을 보였다. 따라서 경연제도에 대한 정비도 이때에 활발하게 이루어졌다. 인조는 반정으로 등극한 자신의 정치적 한계를 극복하고자 초기에 매우 적극적으로 경연에 임하였던 점이 주목된다.

경연에서 사용된 교재인 경연 과목을 살펴보면, 이 시기에 보이는 특징은 제왕학과 관련하여 《대학연의》가 여전히 주목되어 진강된 점이다. 조·주강보다 주로 석강이나 소대에 읽힌 《대학연의》는 제왕학의 교과서로서 주목되었으나 한편에서는 이 책의 한계를 지적하며 《대학》과 같이 사대부의 일반적 원칙을 더욱 주목한 책을 진강해야 한다는 지적이 나오기도 하여 국왕이 일방적으로 경연을 주도하는 것의 한계점을 지적하기 시작하였다.

이러한 지적은 《심경》의 진강에서 더욱 확실해졌다. 《심경》은 이전에는 경연에서 전혀 진강되지 않다가 새롭게 등장한 교재로 효종대 처음으로 진강되었지만 이미 광해군대부터 경연 과목으로 여러 번 추천되었다. 이는 사림정치가 본격적으로 전개되는 것을 반영하는 것으로, 사림들의 정신적 귀의처 역할을 하였던 책을 국왕에게도 적극 진강하게 한 것이다.

이를 통해 심학 위주로 군덕의 수양을 이끌겠다는 사림들의 의지를 반영한 것으로 이해할 수 있다. 이런 의지는 실제의 경연 강

의에서 확인되는데, 경연에서 주목한 내용은 군덕의 수양을 목표
로 국왕에게 성리학 공부인 성학을 닦을 것을 요청하는 것이었다.
여기에 전범으로 제시된 예는 이황의 《성학십도》나 이이의 〈심도
(心圖)〉 등이었다. 또 군덕의 수양은 대체로 재이가 발생하였을 때
주로 많이 언급되었는데, 특히 이 시기에는 잦은 재이로 더욱 요구
가 많았다. 실제 군덕을 닦는 성학 공부는 입지·수성학·임현능
의 논리로, 결국 인재 등용으로 귀결되었다. 역대 왕조와 제왕들을
평가하는 데에도 국왕 자신은 학문에 힘을 써서 덕을 쌓고, 현명한
신하를 등용하여 그에게 국정을 전적으로 맡긴 왕도정치를 구현한
제왕들을 높이 평가하였다.

　이 시기에 현명한 인재를 등용해야 한다는 주장은 경연에서 산
림이 등장하여 경연을 주도하는 형태로 나타났다. 산림이 관직의
배경 없이 오직 학문적인 기준만으로 중앙정계에 등장할 수 있었
던 것은 오현의 문묘종사에서도 나타나듯이 도통의 기준이 왕통을
넘어서 존중된 것과 밀접한 연관이 있었다. 이처럼 문묘에 종사된
이들은 대체로 학문적 전범을 제시한 인물들이었고, 이들처럼 성
리학에 뛰어난 이들이 곧 산림으로 등장한 것이었다.

　효종대에 산림직이 제도적으로 정착함에 따라 산림의 정치적 영
향은 크게 증가하였는데, 이들이 경연에서 행한 주장 가운데 특히
위임론은 사림정치를 실현하는 기초가 되었다. 위임론은 국왕이
신하들에게 정치를 맡겨서 삼공(삼정승)을 중심으로 국정이 운영되
는 것으로, 조선전기에도 경연에서 논의되었지만 조선중기에는 보
다 현실적인 추진력을 가지고 논의되었다. 이에 따라 경연에서도
당대의 핵심적인 사항이 주로 논의될 수 있었다.

　이와 같이 조선중기의 경연에 나타난 제왕학은 사림들이 설정한

공론(公論)을 배경으로 붕당정치의 토대를 마련하였다는 점에서 의미가 있다. 사림들이 붕당을 만들고 붕당 간에 경쟁을 할 수 있었던 데에는 곧 국왕의 성인화(聖人化)와 국왕과 신하를 상보적인 관계로 설정했던 역사적인 전제가 있었던 것이다. 이러한 현상은 같은 시대 명·청에서 황제의 일방적인 주도로 정치가 이루어졌던 현상과는 확연한 차이를 보인 조선만의 특징이라고 할 수 있다.

4장 국정(國政)의 반성
-《국조보감》을 중심으로-

1. 국정 반성의 자료

《국조보감(國朝寶鑑)》[1]은 조선왕조 역대 군주의 가언(嘉言)과 선정(善政) 가운데서 중요한 것을 뽑아 기록한 편년체 사서이다. 이 책을 편찬한 목적은 역대 군주의 공덕을 기술하고 선양함으로써 후대의 임금들에게 정치적 교훈을 주기 위한 것이라고 할 수 있다.

《국조보감》은 태조에서 순종에 이르기까지 총 90권 28책의 방대한 양으로 집대성되었다. 이 책은 먼저 세조대에 최초의《국조

---

1)《국조보감》의 명칭은 원래 태조·태종·세종·문종의 四祖를 대상으로 한《사조보감》을 가리키는 용어였다.《국조보감》범례에 따르면 '우리 왕조에 세 개의 보감이 있는데, 하나는《국조보감》이고 나머지 둘은《선묘보감》과《숙묘보감》' 이라고 하였다. 이에 의하면《사조보감》을 곧《국조보감》으로 불렀음을 알 수 있다. 이것은 맨 처음으로 편찬되었기에 대표성을 지닌 용어로 제시된 것으로 이해되며, 이후에 편찬된 책은 이것과 구분하기 위해 해당 묘호를 붙여서 보감 이라고 한 것이었다. 그러나 이 글에서는《국조보감》은 이후 편찬된 모든 보감 을 포괄하는 용어로 삼고, 원래 四祖를 대상으로 한《국조보감》은《사조보감》 으로 사용하였다.

보감》이라 할 수 있는 태조·태종·세종·문종의 《사조보감(四祖實鑑)》이 편찬되고, 이어 지속적으로 편찬되어 지금에 이르렀다.

《국조보감》에 인용된 사료는 대체로 실록의 편찬에 이용된 사료 가운데서 선택하였으므로 실록의 내용과 비슷하였으며, 실록의 내용과 비교할 때 요약한 것이 많다. 따라서 사료적 가치라는 면에서는 실록에 견주어 그다지 주목받지 못하고 오히려 실록을 보완하는 자료로써 인식되어 왔다. 그러나 조선왕조 내내 《국조보감》의 편찬 사업이 지속되어 왕실에서 기울인 정성이 적다고 할 수 없고, 또 관찬 사서로서 일정한 의미가 있으며 더욱이 후대 왕들에게 정치적 감계를 목적으로 편찬하였다는 점에서 국왕 관계의 자료로 주목할 만한 가치가 있다고 할 수 있다.

더욱이 《사조보감》은 세조대, 곧 조선전기에 편찬되었다는 점에서 조선전기 국왕관계 자료로서 읽을 수 있는 측면이 있다. 물론 《국조보감》의 성격상 상징적이고 의례적으로 국왕의 '좋은 말과 착한 행동'을 기록한 측면을 배제할 수는 없으나 국왕의 행동에 하나의 기준을 제시한다는 점에서 읽는다면, 국왕의 역할과 위상 등 국왕권과 관련하여 해석할 수 있는 여지가 있다고 볼 수 있다. 이러한 특징에 대해서는 이미 《해동문헌총록(海東文獻總錄)》에서 '제왕지도(帝王之道)'를 잇는 것이라고 이해하였던 예가 있다.[2] 따라서 《국조보감》 가운데서도 특히 세조대에 완성된 《사조보감》은 조선 초기 국왕의 성격을 비롯한 정치사상을 살필 수 있는 사료라고 할 수 있다.

---

2) 《해동문헌총록》史記類一〈국조보감〉"又命申叔舟權擥等 繼撰四朝模訓以進 命叔舟序之 略曰我列聖聖神繼闡帝王之道 而德冠乎百王 極四物之變 而智周乎萬物動靜 玄爲發號施令 皆至理之所在 至道之流行也 列聖雖已沒世 精神思惟 寓於此書 使子孫而念此 觀祖宗之勤政講學 則思所以存心出治之道(後略)"

한편《선묘보감》은 숙종 10년(1684)에 편찬된 책으로서, 조선 중기에 편찬되어 조선전기와는 달라진 측면을 보여 주는 자료이다. 특히 보감의 성격상 같은 국왕관련 자료이면서 시기 변화에 따른 성격의 변화를 볼 수 있다는 점에서 정치사상의 한 축인 국왕관이나 군신관계를 살필 수 있다. 따라서《사조보감》과《선묘보감》에 인용된 기사를 비교하여 살펴보면 정치사상에서 조선전기의 특성이 중기로 오면서 어떻게 변화하였는지를 알 수 있을 것이다.

2.《국조보감》의 편찬 경위와 목적

1) 편찬 경위

《국조보감》에 대한 지금까지의 연구는 총 두 편이 있다.[3] 그러나 해제를 제외한다면 본격적인 것은《국조보감》의 편찬 경위를 살핀 정형우(鄭亨愚)의 연구가 유일하다고 할 수 있다. 이 연구에서는 조선왕조에서 펼쳐진《국조보감》의 편찬 노력에 대해 일괄적으로 살펴서 그 기본적인 줄거리를 요령 있게 제시하여 주었다.

이에 따르면《국조보감》은 역대 군주의 공덕을 기술하고자 편찬하였다. 기존의 실록과 같은 편년체 사서와는 달리 공덕을 드러내는 것이 1차적인 목적이었던 것이다. 따라서 실록을 편찬하고 난 뒤에 보감을 찬수(纂修)하였다. 또한 후대의 군주들에게 감계하는 것이 목적이었으므로, 일부 적합하지 않은 내용은 사육신의 경

---

3) 李元淳,〈《國朝寶鑑》해제〉,《國朝寶鑑》(세종대왕기념사업회 수정판 영인본) 1980 ; 鄭亨愚,〈國朝寶鑑의 編纂經緯〉,《東方學志》33, 1982. 이외에도《국조보감감인청의궤》에 대한 해제로 池斗煥,〈《國朝寶鑑監印廳儀軌》解題〉,《國朝寶鑑監印廳儀軌》, 1997이 있다.

우처럼 아예 수록하지 않거나 기사의 일부분을 삭제·변경하기도
하였다.

《국조보감》의 편찬 자료는 주로 실록을 참고하였으나 헌종 때
에 편찬된 정조·순조·익종의 《삼조보감(三朝寶鑑)》과 순종 때에
편찬된 헌종·철종의 《양조보감(兩朝寶鑑)》은 《일성록》,《승정원
일기》 등을 1차 사료로 삼았다. 그러나 이전에도 반드시 실록만을
참고한 것은 아니었고, 때에 따라서는 《비변사등록(備邊司謄錄)》이
나 《승정원일기》 등을 참고하기도 하였다.4)

《국조보감》은 《사조보감》,《선묘보감》,《숙묘보감(肅廟寶鑑)》,
《영묘보감(英廟寶鑑)》,《십이조보감(十二朝寶鑑)》,《삼조보감》,《양
조보감》의 순으로 편찬되었다. 《사조보감》은 최초로 편찬된 《국
조보감》으로 세조 4년(1458)에 편찬되었다. 이전에도 편찬하려는
노력은 있었는데, 처음 세종이 《송사(宋史)》를 보다가 중국에서는
실록을 찬진한 뒤에 다시 조종(朝宗)의 큰 계획과 정책을 수집하여
《보훈(寶訓)》을 편찬하여 근신들의 강독에 대비하였다는 내용을
보고, 조선에서도 이를 시행할 만하다고 여겨 태조와 태종의 보감
을 만들 것을 정인지 등에게 명하였다.5) 그러나 세종은 완성을 보
지 못하였고 그 뜻을 이은 세조가 완성시켰다.

《사조보감》의 편찬 이후에 각 왕대에서는 보감을 계속 편찬하
기 위한 시도가 있었으나 실현되지 못하였고, 숙종 10년에 《선묘
보감》이 편찬되었다. 그러나 실록의 기록에서 중종, 명종, 선조
때에 모두 《국조보감》의 성종 기사를 인용하고 있는 것으로 보아

---

4) 이에 대한 자세한 고찰은 정형우, 앞 논문 참조.
5) 《國朝寶鑑》〈總敍〉, "世宗嘗覽宋史 甚喜 國史院撰進正史實錄之後 輯祖宗玄謨要政
　撰寶訓以備邇英講讀曰 此可法也 命藝文館大提學權踶 集賢殿大提學鄭麟趾等 采摭太
　祖太宗玄謨要政 編爲兩朝寶鑑 竟未之成"

성종대에 어떤 형태로든 보감이 있었던 것으로 추정된다.6) 《선묘
보감》은 이단하(李端夏)의 주장으로 편찬이 추진되는데, 이단하는
인조 때에 부친인 이식(李植)이 이 일을 맡았다가 완성하지 못한 것
이 한이 되어 다시 추진할 것을 청하였다.7) 《선묘보감》은 앞서
《사조보감》에 견주어 분량이 대폭 증가하여 《사조보감》이 3책에
지나지 않는 것과 달리 《선묘보감》은 4책이나 되었다.

《숙묘보감》은 영조가 5년 9월, 태조·태종·세종·문종 및 선
조를 제외하고는 보감이 없다는 것을 이유로 들어 보감을 속찬(續
撰)할 계획을 세웠으나, 한꺼번에 모두 편찬하는 것은 무리라고 판
단하고 계획을 변경하여 6년 2월에 《숙묘보감》만을 편찬하였다.

그 뒤 보감 편찬에서 제외된 왕들에 대한 보감의 편찬은 정조
때에 이루어졌다. 이는 정조의 적극적인 주도로 《영조실록》의 편
수 사업이 완료된 직후부터 서둘러 추진되었는데, 먼저 《영묘보
감》이 편찬되고 나서 6년 11월 《십이조보감》이 편찬되었다. 이어
정조·순조·문조대리(文祖代理)의 《삼조보감》은 헌종 14년에 편
찬되었고, 헌종·철종의 《양조보감》은 순종 3년에 편찬되었으며,
고종·순종의 보감은 1936년에 편찬이 시도되었으나 이루어지지
않았다.

---

6) 《중종실록》권3, 중종 2년 5월 계축 ; 권33, 중종 13년 6월 갑술 ; 권55, 중종
   20년 11월 갑술 ; 권79, 중종 30년 3월 갑자 ; 《명종실록》권5, 명종 2년 3월
   계해 ; 권7, 명종 3년 3월 기축 ; 권13, 명종 7년 9월 정유 ; 권14, 명종 8년 3월
   무술 ; 《선조실록》권60, 선조 28년 2월 기유 참조. 위 실록의 기사에서는 모두
   《국조보감》에서 성종조의 기사를 인용하였다. 이런 사실과 관련하여 《국조보
   감》〈총서〉에는 세조와 성종 때의 일을 기록한 필사본 《속보감》의 존재에 대해
   언급하였다. 서거정이 지은 책으로 알려졌지만 위작이라고 〈총서〉에서는 지적하
   였는데, 문제는 이러한 형태의 보감류의 저술이 있을 가능성을 보여 주는 언급
   이어서 주목된다.
7) 《국조보감》〈총서〉 ; 《숙종실록》권10, 숙종 6년 11월 병인.

2) 편찬 목적

《국조보감》의 편찬은 앞에서 살펴본 바와 같이 세종이 처음 《송사》를 열람하다가 실록을 찬진하고 나서 다시 이것을 바탕으로 하여 《보훈》을 편찬한 사실에서 출발하므로, 실록과는 떼려야 뗄 수 없는 관계에 있다. 실제 조선에서도 실록이 편찬된 뒤에 이를 근거로 하여 대부분 편찬되었다.

보감은 원래 송의 국사원(國史院)에서 찬술한 《삼조보훈(三朝寶訓)》의 체제에 따랐다.8) 그리고 이 체제는 정사(正史)인 실록과 비슷한 것으로 이해되어 보감의 편찬에 참여한 신하들은 사관이라고 일컬었다.9) 이와 같은 점은 보감의 편찬을 실록의 편찬과 동일하게 이해하였던 당시의 인식을 보여 주는 예라고 할 수 있다.

하지만 실록과 보감이 동일한 성격을 지닌 것만은 아니었다. 이 두 책을 구분하는 의식이 분명하게 있었다. 우선 실록은 완성본은 물론 중초본(中草本)까지도 궁중에 들일 수 없었으나 《국조보감》은 열성조(列聖朝)의 아름다운 치적이 실린 것이므로 항상 열람해야 한다는 지적처럼 실록과 보감의 쓰임이 달랐다.10) 중종 때 초반에 중종이 직접 경계할 만한 일을 실록과 《연산군일기》에서 뽑아서 보려고 하였으나 이에 대해 영의정 유순(柳洵)은 아래와 같이 대답하였다.

조종조의 경계할 만한 일은 책(策)에 쓸 수가 없는 것입니다. 폐

---

8)《국조보감》〈총서〉, "世祖二年 丁丑春正月 ······ 且謂寶鑑實本於宋國史院撰寶訓 與正史實錄借行也"
9)《국조보감》〈총서〉, "修撰諸臣 幷稱史官"
10)《연산군일기》 권24, 연산군 3년 6월 기해.

조(廢朝) 갑자년 이후의 일은 모두 경계하여야 할 것들입니다. 초년의 것은 본받을 것과 경계해야 할 것이 함께 있습니다. 그러나 보실 필요는 없습니다. 또 임금이 성심으로 정치를 하고자 한다면 반드시 옛것을 상고하여 정치를 하여야 하니, 《강목》과 《제왕명감(帝王明鑑)》을 강하시어 다 을람(乙覽)하시고 조종(朝宗)의 일은 《국조보감》을 보시는 것이 매우 마땅합니다.[11]

　유순이 이처럼 적극적으로 반대하여 그만두게 하였던 사례와 같이 실록을 직접 참고하는 방식보다는 《국조보감》을 통해 간접적으로 접할 것을 국왕에게 요청하였다.

　이러한 사례는 중종 31년에도 반복되었다. 중종은 연산군 때의 일을 경계하기 위해 실록을 상고(詳考)하여 연산군의 보감을 만들려고 시도하였다. 이 작업을 위해 찬집청을 설치하여 실록을 보려고 하였다. 그러나 홍문관 부제학 성륜(成倫)은 춘추관을 열고 실록을 상고하는 일은 매우 중대하고 어려운 일이며, 조종조에서 본받을 만한 일은 《국조보감》에 모두 실려 있다고 하여 반대하였다.[12] 그러나 신하들의 의견이 다 통일된 것은 아니어서 찬집청이나 영의정 김근사(金謹思)는 실록을 직접 상고할 것을 주장하기도 하였다.[13]

　여기에서 알 수 있는 것은 실록에 비해 보감이 훨씬 더 정리되고 가공된 형태로 국왕에게 제공된다는 점이었다. 중종은 어느 정도 정리된 사실보다는 구체적인 사실을 추구하였고, 나아가 본받

---

11)《중종실록》권4, 중종 2년 12월 계미.
12)《중종실록》권82, 중종 31년 7월 기사.
13)《중종실록》권82, 중종 31년 7월 경오 ; 권82, 중종 31년 7월 신미.

을 사실뿐만이 아니라 경계가 될 만한 사실도 정리하려고 하였다. 따라서 연산군의 보감을 찬집하려고 할 때에도 실록을 자세하게 인용하려고 한 것으로 보인다. 이런 분위기는 중종의 다음과 같은 언급에서도 확인된다.

> 《국조보감》은 군신사이에 문답한 대략만을 기록하였고 정치하는 방법은 기록하지 않았으니 후세 사람들이 본다고 하더라도 무슨 도움이 있겠는가.14)

이처럼 중종은 이전에 편찬된 《국조보감》(여기서는 《사조보감》을 말한다)에 불만을 강하게 표시하였다.

이러한 사실을 기초로 하여 볼 때 《국조보감》은 모든 사건을 가감없이 기록한 실록에 견주어 상대적으로 본받아야 할 내용을 담았고, 부정적인 경계의 대상은 싣지 않았음을 알 수 있다. 그렇다면 《국조보감》의 편찬에 적용된 기준은 어떤 것이 있는지를 살펴보아야 한다. 이와 관련하여 구체적인 기준은 다음 절에서 알아보기로 하고, 다만 여기에서는 《사조보감》과 《선묘보감》을 어떻게 활용하였는가를 실록을 참조하여 살펴보겠다.

우선 《사조보감》은 경연에서 국왕의 계도를 위해 자주 인용되었다. 경연에서 인용된 사례를 정리하면 다음의 표와 같다.

〈표 4-1〉에서도 알 수 있듯이 주로 중종대의 경연에서 《국조보감》이 많이 인용되었다. 인용된 사례들은 선왕들의 모범적인 사례를 통해 현재의 국왕에게 본보기로 삼을 것을 요청하는 내용이 대

---

14) 《중종실록》 권81, 중종 31년 5월 병인.

표 4-1. 《사조보감(四祖寶鑑)》의 경연(經筵) 관계 인용 사례

인용 기사	경연 관계 인용 내용
《예종실록》 권6, 1년 6월 신사조	공조판서 梁誠之의 上書, 경연에 나가 《국조보감》의 講 요청
《성종실록》 권12, 2년 9월 병인조	경연관을 불러 《국조보감》 講
《성종실록》 권12, 2년 9월 병인조	夜對에서 《국조보감》 講
《연산군일기》 권10, 1년 11월 신묘조	金馹孫이 經筵에서 《국조보감》을 朝夕으로 열람할 것을 請
《중종실록》 권2, 2년 2월 병술조	朝講에서 시강관 金綴文이 《국조보감》 살필 것을 請
《중종실록》 권14, 2년 6월 신축조	홍문관이 경연을 정지한 것에 대해 《국조보감》에서 태종·세종 및 성종조의 기사 付標하여 올림
《중종실록》 권18, 8년 8월 임오조	朝講에서 金正國이 《국조보감》을 인용하여 승지가 便殿에서 일을 아뢰는 것을 계속해야 한다고 주장.
《중종실록》 권25, 11년 5월 정미조	朝講에서 昰晨齋의 일에 대해 《국조보감》 인용
《중종실록》 권25, 11년 6월 임자조	趙光祖가 文宗이 《근사록》을 보고 얻은 것이 많다는 것을 《국조보감》에서 인용
《중종실록》 권36, 14년 7월 경신조	召對에서 金湜이 《국조보감》에서 世宗 인용하여 인재의 등용 주장
《중종실록》 권40, 15년 8월 임인조	夜對에서 시독관 황효헌이 《국조보감》 인용하여 君臣사이에 엄위가 지나치다고 하며, 낮과 저녁 강독 請
《중종실록》 권59, 22년 11월 을유조	朝講에서 장령 李弘幹이 《국조보감》에서 양녕대군의 일을 인용하여 寧山君의 방환을 請
《중종실록》 권71, 26년 7월 무진조	夕講에서 시강관 南世健이 彗星으로 避殿減膳한 일이 《국조보감》에 실려 있다고 함
《중종실록》 권74, 28년 5월 정묘조	부제학 권예가 箚子에서 《국조보감》을 경연에서 거짓으로 인용하는 사례를 지적

다수를 차지하였다. 경연을 계속할 것을 청하거나 승지(承旨)가 편전(便殿)에서 아뢰기를 계속할 것 또는 인재 등용을 요청하거나 피전감선(避殿減膳)을 본받기를 청하는 내용 등은 《사조보감》을 인용하여 선왕의 모범적인 사례를 통치의 자산으로 삼을 것을 국왕에

게 요청하는 것이었다. 경연 이외에도 중종 2년, 영의정 유순은 조종조의 일은《국조보감》을 보기를 청하였으며,[15] 문정왕후(文定王后)가 수렴청정에서 물러날 때 상진(尙震)은 명종에게《국조보감》을 상고하고 열람하여 본받을 것을 청하였다.[16]

이에 따라 국왕은 전교(傳敎) 등에서《사조보감》을 여러 번 인용하였다. 중종은《국조보감》을 인용하여 기신재(忌晨齋)의 폐지를 요청하는 태학생의 건의를 묵살하는 전교를 내렸고,[17] 중종 22년에는 한재(旱災) 때 산선(傘扇)을 금지해야 한다는 전교를 내렸다.[18] 또한 인사와 관련한 전례에서도 조종조 때의 일을 상고하는 전교를 내리기도 하였다.[19]

이러한 전교 가운데는 조종의 전례를 인용하면서도, 사실은 전례이기 때문에 지키려는 보수성이 짙은 내용도 포함되어 있었다. 앞에서 예로 든 중종 11년에 내린 기신재와 관련한 전교가 이에 해당하는데, 중종은 세종이 기신재가 선왕·선후(先后)를 위한 것이므로 차마 갑자기 혁파할 수 없다는 입장을 따른 것이었다. 따라서《국조보감》은 대체로 선왕들의 좋은 선례를 본받는다는 측면 외에도 경우에 따라서는 국왕이 전왕의 선례라는 이유로 합리화시킬 수 있는 명분도 함께 지닌 측면이 있었다.

이와 같이《사조보감》이 활용되는 예를 살펴볼 때《국조보감》을 편찬한 목적은 어렵지 않게 짐작할 수 있다. 즉《국조보감》은 실록과 같이 전왕의 역사적 사실을 담은 기록인 면에서는 같으나,

---

15)《중종실록》권4, 중종 2년 12월 계미.
16)《명종실록》권15, 명종 8년 7월 병진.
17)《중종실록》권25, 중종 11년 5월 정미.
18)《중종실록》권59, 중종 22년 5월 임인.
19)《중종실록》권67, 중종 25년 1월 을묘.

실록이 모든 기록을 총괄한 것과 달리,《국조보감》은 실록의 기록을 간략하게 요약하거나 줄여서 인용하였다. 이렇게《국조보감》에 인용된 내용들은 실록보다 선별되었고, 이는 국왕이 선왕들의 가언·선행을 본받도록 하기 위함이었다. 그러므로 실록을 참조할 수 없었던 국왕은《국조보감》을 선왕들의 행적을 참조하는 기준으로 삼았다.

이런 논리의 연장선 위에서《국조보감》에 실린 내용들은 곧 국왕의 정치적 성격을 반영한다고 할 수 있다. 따라서《국조보감》에 실린 내용들을 선별하는 기준을 살펴보는 일은 당대의 정치사상의 한 측면을 반영하는 것이라고 하겠다.

3. 기사 선별의 특징

1)《사조보감》

《사조보감(四祖寶鑑)》의 기사는 일반적으로 실록의 기사를 인용한 것이라고 이미 지적하였다. 그러나 엄밀하게 검토해 보면 보감의 기사와 실록의 기사 사이에는 차이가 있다. 우선 보감은 실록의 기사를 요약하거나 단순히 인용한 것이 대부분을 차지하지만, 경우에 따라서는 실록에 없는 기사가 보감에 등장하기도 한다.

실록의 기사를 요약한 것은《사조보감》에 가장 먼저 실린 태조대의 첫 번째 기사가 이에 해당한다. 태조의 즉위와 관련하여 실록의 기사를 반복하여 인용하되 어느 정도 요약하고 불필요한 내용은 생략하였다.[20] 이와 같이 대부분의 기사는 정도의 차이는 있지만 실록 기사를 요약한 형태가 많아 핵심 내용만 제시되었다.

따라서 단순인용이라 하더라도 실록의 기사 가운데서 핵심적인 말이나 어구를 인용한 경우가 많았다. 실록의 기사를 단순인용한 사실은 좌간의대부(左諫議大夫) 이문화(李文和) 등을 안렴사(按廉使)로 삼으며 태조가 내린 교서가 실록의 기사와 보감의 기사가 거의 같은 내용임을 보아 확인할 수 있다.[21]

다음으로 실록에 없는 기사가 《사조보감》에 등장하는 예는 태조 원년 대사헌 민개(閔開)의 상소에서 전형적으로 나타난다. 《사조보감》에 태조의 즉위 기사 다음으로 등장하는 이 기사에서 민개는 장문으로 입기강(立紀綱), 명상벌(明賞罰), 친군자원소인(親君子遠小人), 납간쟁(納諫諍), 두참언(杜讒言), 계일욕(戒逸欲), 숭절검(崇節儉), 엄궁위(嚴宮衛) 등 여러 부문을 지적하였다.[22] 이 민개의 상소는 《태조실록》에는 없는 기사이다. 왜 이런 차이가 났을까.

《태조실록》에 따르면 민개는 태조의 즉위를 위해 태조의 저택에 나간 대소 신료 가운데 유일하게 반대의 표시를 하였던 인물이었다.[23] 따라서 민개의 상소를 태조의 즉위 기사 바로 뒤에 배치한 것은 태조의 즉위에 반대하였던 인물이라는 문제점을 오히려 태조에 대한 충언의 상소로 바꿈으로써 태조의 즉위에 정당성을 부여하려는 장치였다고 할 수 있다.

실록에 없는 내용이 보감에 등장하는 예는 많지는 않지만 더러 확인된다. 뿐만 아니라 실록에 있는 사실이 보감에 인용되기는 하나 시기가 다른 기사도 적지 않다.

---

20) 《국조보감》 권1, 태조 임신 원년 7월 병신조 ;《태조실록》 권1, 태조 1년 7월 병신.
21) 《국조보감》 권1, 태조 임신 원년 ;《태조실록》 권2, 태조 1년 9월 기축.
22) 《국조보감》 권1, 태조 임신 원년. 이 상소의 정확한 연대는 밝혀져 있지 않다.
23) 《태조실록》 권1, 태조 1년 7월 병신조 ; 권10, 태조 5년 12월 정해.

보감의 기사 가운데 전중경(殿中卿) 변중량(卞仲良)이 병조 정랑 이회(李薈)와 함께 조준(趙浚), 정도전, 남은(南誾) 등이 병권과 정권을 모두 장악한 것은 바람직하지 않다고 불만을 터트렸다는 기사가 있는데,24) 같은 내용의 기사가 실록에는 태조 3년 11월의 기사로 실려 있다.25) 비슷한 예로 보감에 이어지는 다음 기사인 감찰 김부(金扶)와 황보전(皇甫琠)이 조준의 집이 지나치게 큰 것을 비판한 내용은26) 실제 실록에는 태조 7년 7월의 기사로 기록되어 있다.27)

위와 같은 사례들은 모두 태조의 즉위를 정당화하고, 개국공신에 대해서도 태조가 나름의 성의를 보였다는 점을 강조하고자 선별되었다. 이에 따라 민개의 상소와 같이 실록에도 실리지 않은 기사를 싣는다든가 후대의 일임에도 태조 원년의 기사로 선별하였던 것이다.

우선 《사조보감》에 실린 태조대 기사 선별의 특징을 보자. 태조대에는 전왕조인 고려의 왕씨들에게 관대하게 대해 주었다는 방향의 기사가 많이 등장한다. 해도(海島)로 유배된 공양왕의 친족들을 육지로 옮겨 생업에 종사하게 한 것과, 왕씨 문제를 관대하게 처리하고 왕씨를 완산(完山), 상주(尙州), 영주(寧州)에 나누어 살게 하라는 태조 2년의 하교가 실려 있으며,28) 대간과 형조가 왕강(王康)·왕승보(王承寶)·왕승귀(王承貴)·왕격(王鬲) 등을 섬으로 옮길 것을 요청하였으나 허락하지 않은 것,29) 마전군(麻田郡)에서 죽은 귀의

24) 《국조보감》 권1, 태조조 임신 원년.
25) 《태조실록》 권6, 태조 3년 11월 경자.
26) 《국조보감》 권1, 태조조 임신 원년.
27) 《태조실록》 권14, 태조 7년 7월 갑신.
28) 《국조보감》 권1, 태조 계유 2년조.

군(歸義君) 왕우(王瑀)에게 치제(致祭)하게 하고 그 아들인 상장군 왕
조(王珇)를 귀의군에 습봉(襲封)하여 왕씨의 제사를 받들게 하였던
예30) 등이 이에 해당한다. 이들 기사는 태조가 신하들의 반대를
무릅쓰고 왕씨를 보호한 공을 기술함으로써 태조의 덕을 높이려는
목적으로 선별되었다고 볼 수 있다.

두 번째로 태조의 덕을 드러내는 기사가 많이 선별되었다. 이러
한 기사는 대체로 태조가 신하들의 간언을 잘 들어준 것을 예로 들
기 위해 신하들이 올린 전문(箋文)이나 상소 등을 싣는 형태로 나타
난다. 그 예로, 태조 1년 조준의 전문이나 대사헌 민개의 상소, 공
조전서(工曹典書) 이민도(李敏道)의 상서 등이 선별되었다. 또 세자
의 저택에 정자를 지으려고 하자 태조는 곧 근년에 공사는 모두 어
쩔 수 없는 것이지만 세자의 정자는 없어도 되므로 짓지 못하게 말
렸던 것처럼 세자까지 군덕을 높이는 예로써 삼았던 사실을 발견
할 수 있다.31)

이 밖에도 태조가 가뭄을 걱정하여 궁핍한 자를 보살피게 하니
저녁에 비가 왔다는 기록32)이나 태조 4년과 7년 재변으로 말미암
아 구언(求言)을 전교한 사실33), 경상도 관찰사가 굶주린 백성을
구제해 줄 것을 청하자 조준의 반대에도 구제할 것을 명한 예34),
송 태조를 본받아 군수에 대비하기 위한 유비고(有備庫)를 설치한
예35)도 태조의 덕을 드러내는 하나의 사례라고 할 수 있다. 그리

---

29) 《국조보감》 권1, 태조 갑술 3년조.
30) 《국조보감》 권1, 태조 정축 6년조 ; 《태조실록》 권12, 태조 6년 10월 무자.
31) 《국조보감》 권1, 태조 계유 2년 ; 《태조실록》 권3, 태조 2년 5월 신해.
32) 《국조보감》 권1, 태조 2년 계유 4월조 ; 《태조실록》 권3, 태조 2년 4월 계사.
33) 《국조보감》 권1, 태조 을해 4년 4월 ; 《태조실록》 권7, 태조 4년 4월 정해 ;
    《국조보감》 권1, 태조 무인 7년조 ; 《태조실록》 권14, 태조 7년 윤5월 병술.
34) 《국조보감》 권1, 태조 무인 7년조 ; 《태조실록》 권14, 태조 7년 윤5월 신사.

고 도성을 쌓는 일에서도 백성들이 지나치게 피해를 입는 것을 불쌍히 여겨 집으로 돌려보내고 3년 동안 부역과 조세를 면제하는 전교가 있기도 하였다.36) 한편 대외 관계에서 항복한 왜군(倭軍)을 감복시킨 사례37)도 있고, 유구국(琉球國)의 왕이 사신을 보내 스스로 신하임을 자처하고, 섬라국(暹羅國)의 왕도 사신을 보내 방물(方物)을 진상하였으며 여진족들도 성교(聲敎)에 감화되었다고 하였다.38)

세 번째는 태종 관련 기사로 태종을 칭찬하는 기사가 많이 등장한다. 정안군(靖安君)이 중국에 가서 명 태종의 극진한 예우를 받은 것,39) 박실(朴實)이 그의 부친 박자안(朴子安)의 목숨을 구하려고 한 것을 태종이 도와주어 실현시킨 예40) 등은 태종의 덕과 능력을 부각함으로써 왕위계승의 정당성을 합리화하고자 선별되었다. 그 가운데 정안군이 중국에 가서 황제의 극진한 예우를 받았다는 기록은 실록의 총서에 있는 기사로, 사실보다 강조되었다.41)

네 번째로는 개국공신을 배려하는 기사가 많다. 개국공신에게 상을 주고 죄를 용서하여 태조가 재위하고 있는 동안은 공신 가운

---

35) 《국조보감》 권1, 태조 무인 7년조 ;《태조실록》 권14, 태조 7년 5월 갑자.
36) 《국조보감》 권1, 태조 갑술 3년조 ;《태조실록》 권5, 태조 3년 2월 기해.
37) 《국조보감》 권1, 태조 병자 5년조 ;《태조실록》 권10, 태조 5년 12월 을사.
38) 《국조보감》 권1, 태조 정축 6년조 ;《태조실록》 권12, 태조 6년 8월 을유 ; 권3, 태조 2년 6월 경인 ; 권8, 태조 4년 12월 계묘.
39) 《국조보감》 권1, 태조 갑술 3년조.
40) 《국조보감》 권1, 태조 정축 6년조 ;《태조실록》 권11, 태조 6년 5월 기사.
41) 이 내용과 관련된 기사는 《태조실록》 권6, 태조 3년 6월 기사조와 같은 달 을해조에 사실에 해당하는 내용이 보인다. 실록의 기사에는 표문이 문제가 되어 장남이나 차남을 들여보내라는 간단한 사실만 들어 있다. 이에 비해 《태종실록》 〈총서〉에는 태종이 '진술하여 아뢰는 바가 황제의 뜻에 맞았으므로, 황제가 우대하여 돌려보냈다'고 기록되어 있다. 《국조보감》에는 이 기록에 조금 더 의미를 부여하여 '황제가 극진한 예우[優禮]를 하여 돌려보내고 이어서 조빙(朝聘)하는 길을 열어주도록 명하였다'고 하였다.

데서 형(刑)을 받고 죽은 자가 한 사람도 없었다고 하였다.42) 또 정권과 병권을 장악하였다고 조준, 정도전, 남은 등을 비판한 전중경 변중량을 국문(鞫問)한 예,43) 감찰 김부와 황보전이 함께 술을 마시고 조준의 집 앞을 지나며 큰 집을 소유한 것을 비판하자 이들을 극형에 처해 공신을 보호한 예,44) 일등 공신에 책록된 양광도 안렴사 조박(趙璞)이 직임을 감당할 수 없어 사임하려고 하자 이를 말린 예45) 등이 그것이다.

그리고 다섯 번째로 제왕학의 기준으로 제시되는 책이 《대학연의》였음을 기록한 기사도 있다. 조준의 전문에서, 이성계가 고려 말부터 경연에서는 《정관정요》를, 서연에서는 《대학연의》를 바치게 하여 날마다 읽게 하였다고 지적한 예,46) 간관이 상소에서 《대학연의》에는 제왕이 학문하는 근본과 정치하는 방법에 대해 상세하게 나와 있으므로 경연에서 이 책으로 성학을 강론하여 격물치지와 성의정심(誠意正心)의 학문을 다하고 수신에서 평천하까지의 효과를 볼 것을 제시하자, 이에 《대학연의》를 진강한 예를 들었다.47) 그러나 조준이 태조에게 삼왕(三王)의 지극한 정치를 법으로 삼고 양한(兩漢)의 득실을 거울로 삼아 조심할 것을 요청하였던 분위기48)나, 당시 경연을 주도하였던 유경이 사직하고 신선술을 배울 것을 청하였던 것은 아직 성리학에 기초한 정치사상의 뿌리가

---

42) 《국조보감》권1, 태조 임신 1년조. "定開國功臣 次第論功行賞 …… 功臣雖有罪 必曲原之 終上之世 功臣無一誅死者"
43) 《국조보감》권1, 태조 임신 1년조.
44) 《국조보감》권1, 태조 임신 1년조.
45) 《국조보감》권1, 계유 2년 ; 《태조실록》권3, 태조 2년 5월 임술.
46) 《국조보감》권1, 태조 임신 1년조.
47) 《국조보감》권1, 태조 임신 1년조.
48) 《국조보감》권1, 태조 임신 1년조. "侍中趙浚 上箋曰 …… 殿下法三王之至治 鑑 兩漢之得失 兢兢業業 念玆在玆 以爲億萬世聖子神孫之龜鑑"

깊지 않았음을 보여 주는 사례라고 할 수 있다.[49]

이러한 기사 외에도 불교의 사회적 폐단을 경계하는 내용[50]이나, 사신으로 가던 왜선(倭船)을 포획하여 예물을 탈취하고도 허위로 보고한 것을 엄하게 처벌하도록 지시하는 내용의 기사도 있다.[51]

태조대의 기사들에서 보이는 이러한 특징은 태종대에도 비슷하게 나타난다. 그러나 태종대에는 태조대에 나타났던 왕씨 관련 기사가 거의 등장하지 않고 태종의 덕을 드러내는 기사가 크게 증가하였다.[52] 우선 가뭄이나 수재, 기근 등 재해가 일어난 것을 반성하는 기사가 많이 보이는데, 이때 중이나 무당 등에 기대어 비를 비는 것이나 도참(圖讖)을 경계하였다.[53] 거의 해마다 기상이변으로 말미암은 재이에 대해 국왕이 자책하고 반성하는 모습을 실음으로써 끊임없이 덕을 닦는 군주의 모습을 강조하였다.

---

49)《국조보감》권1, 태조 계유 2년조. "左散騎常侍劉敬啓曰 臣蒙至恩 居顯秩 無補國家 但麋廩祿 乞辭職學仙 上曰 爾之遇知於我 非一日也 今爾忽然遁去 人將謂何 且學仙者必遺君父 爾棄我則 不忠 棄親則不孝 爾欲學仙何也"
50)《국조보감》권1, 태조 정축 6년조 ;《태조실록》권12, 태조 6년 7월 갑인.
51)《국조보감》권1, 태조 정축 6년조 ;《태조실록》권11, 태조 6년 6월 임오 ; 권11, 태조 6년 6월 기유.
52) 전왕조인 고려의 왕씨 후손에 대한 기사는 태종대에는 13년에 1번 등장한다. 여기에서 고려의 종실 왕휴에게 얼자 한 사람이 민간에 있었는데 사실로 드러났다고 하였다. 또 태조가 개국하던 초기에 왕씨들이 목숨을 보전하지 못했던 것은 태조의 본뜻이 아니며 한두 대신의 정책 탓으로 돌리고, 앞으로는 왕씨의 후예가 나타나면 편한 곳에서 거주하게 할 것을 명한 내용을 실었다.《국조보감》권4, 태조 계사 14년조 ;《태종실록》권26, 태종 13년 11월 신묘 ; 권26, 태종 13년 11월 정유 ; 권26, 태종 13년 11월 임인 ; 권26, 태종 13년 11월 을사.
53)《국조보감》권3, 태종 신사 1년조 ; 권3, 태종 임오 2년조 ; 권3, 태종 을유 5년조 ; 권3, 태종 병술 6년조 ; 권3, 태종 정해 7년조 ; 권3, 태종 기축 9년조 ; 권4, 태종 경인 10년조 ; 권4, 태종 신묘 11년조 ; 권4, 태종 임진 12년조 ; 권4, 태종 계사 13년조 ; 권4, 태종 을미 15년조 ; 권4, 태종 병신 16년조 ; 권4, 태종 정유 17년조.

이밖에도 국왕의 수덕을 드러내는 몇 가지 사례를 덧붙였다. 수창궁(壽昌宮)에 불이 나자 구언하여 권근이 상서한 예,54) 신문고를 설치하여 백성들의 사정을 알 수 있게 한 예,55) 궁궐의 벽에다 본받을 만한 일을 그리게 하여서 관성(觀省)의 자료로 삼게 한 예,56) 수 양제를 예로 들어 성색(聲色)을 경계한 예,57) 경상도 조선(漕船) 34척이 침몰한 것에 대해 자책한 예,58) 명의 황제가 요구한 제주의 동불(銅佛)에 신하들의 요청에도 절을 하지 않은 예,59) 태상왕의 훙(薨)으로 말미암은 슬픔 때문에 정사를 돌보지 않은 예,60) 고려 때에 장령을 지낸 서견(徐甄)이 금천(衿川)에 살면서 고려를 추모하는 시를 짓자 대신과 대간이 죄줄 것을 청함에 백이·숙제와 같은 무리라고 하여 그대로 둔 예,61) 해주에서 강무(講武)를 하다 계림군(鷄林君) 이승상(李升商)의 부고가 온 것을 바로 알리지 않은 것을 꾸짖은 예,62) 예빈시(禮賓寺)에서 묵은 쌀로 연못의 고기를 기르는 것을 그만두게 한 예,63) 감로(甘露)가 내렸음에도 끝내 하례를 받지 않은 예,64) 강무장을 없애고 그 곳에서 농사 짓게 한

54) 《국조보감》 권3, 태종 경진 즉위년조 ; 《정종실록》 권5, 정종 2년 12월 임자 ; 《태종실록》 권1, 태종 1년 1월 갑술.
55) 《국조보감》 권3, 태종 임오 2년조 ; 《태종실록》 권3, 태종 2년 1월 기유.
56) 《국조보감》 권3, 태종 임오 2년조 ; 《태종실록》 권3, 태종 2년 4월 을해.
57) 《국조보감》 권3, 태종 임오 2년조 ; 《태종실록》 권3, 태종 2년 6월 신사.
58) 《국조보감》 권3, 태종 계미 3년조 ; 《태종실록》 권5, 태종 3년 6월 경술. 이 기사의 경우 《태종실록》에는 사헌부에서 삼도 체찰사와 경상도 수군 절제사에게 지휘책임을 묻는 것에 대해 차분하게 태종이 삼도 체찰사 임정(林整) 등을 옹호하는 것만 제시되었다. 이에 비해 《국조보감》에는 태종이 자신에게 책임이 있음을 분명히 하여 《실록》보다 자책하는 모습을 부각하였다.
59) 《국조보감》 권3, 태종 병술 6년조 ; 《태종실록》 권12, 태종 6년 7월 을사.
60) 《국조보감》 권3, 태종 무자 8년조 ; 《태종실록》 권15, 태종 8년 5월 임신 ; 권15, 태종 8년 6월 임인.
61) 《국조보감》 권4, 태종 임진 12년조 ; 《태종실록》 권23, 태종 12년 5월 경자.
62) 《국조보감》 권4, 태종 계사 13년조 ; 《태종실록》 권25, 태종 13년 2월 무오.
63) 《국조보감》 권4, 태종 계사 13년조 ; 《태종실록》 권25, 태종 13년 6월 정묘.

예65) 등이 모두 태종이 덕을 수양하는 본보기로서 적극적으로 제시한 것이었다.

두 번째로 태종에게 간언을 올릴 것을 주문하고 이와 함께 대간의 역할도 주목한 예가 주로 선별되었다. 태종은 대간에게 자신의 과실까지 포함하여 정당하고 공정하게 말하는 것이 대간의 역할임을 가르쳤다.66) 또한 간언을 잘한 당 태종 때의 신하인 위징의 예를 들었으나 위징이 훌륭했던 것이 아니라 위징을 받아들인 당 태종이 훌륭하다고 하였다.67) 그리하여 태종은 모화루 남쪽 못을 제대로 완성하지 못한 제조관 박자청(朴子靑)을 논핵한 대신을 벌주기도 하나, 결국 대간의 기세를 누르지 못하고 다시 나오게 하기도 하였다.68) 태종 9년에도 대간의 탄핵을 잘 받아들이라는 간관 이종선(李種善)의 상소를 선별하기도 하였다.69)

세 번째로 태종대에는 태조대에 이어 제왕학의 기준으로 《대학

64) 《국조보감》 권4, 태종 갑오 14년조 ; 《태종실록》 권28, 태종 14년 윤9월 경신 ; 《국조보감》 권4, 태종 을미 15년조 ; 《태종실록》 권29, 태종 15년 4월 무자.

65) 《국조보감》 권4, 태종 을미 15년조 ; 《태종실록》 권29, 태종 15년 5월 계해 ; 《국조보감》 권4, 태종 병신 16년조 ; 《태종실록》 권31, 태종 16년 6월 병술. 강무는 조선초기의 국왕들에게는 필수적인 행사였으나 중종 이후로는 급격하게 그 횟수가 줄어들었다. 이것은 성리학을 보다 철저하게 실천하려는 사림이 등장한 이후로는 국왕들의 강무도 변화할 수밖에 없었음을 보여 주는 사례이다.

66) 《국조보감》 권3, 태종 임오 2년조 ; 《태종실록》 권4, 태종 2년 7월 갑진.

67) 《국조보감》 권3, 태종 갑신 4년조 ; 《태종실록》 권8, 태종 4년 9월 기미. 이 기사는 《태종실록》에 따르면 원래 당 태종이 손에 작은 매를 받쳐 들었다가 위징이 이르는 것을 보고 소매 속에 매를 감추었는데 위징이 이 사실을 알고 일부러 스스로 오래 머물러 매가 죽었던 것이었다. 이에 어찌 위징을 두려워하는 것이 이처럼 심하였던 것인지를 재보(宰輔)에게 물은 것이었다. 그러나 《국조보감》에는 당 태종이 매를 숨김에 위징이 일을 주달하느라고 오래 있게 되었다고 고쳐서 기록하여 위징의 간언이라는 측면보다는 태종의 신하를 받아들이는 덕을 강조하여 국왕을 높이는 방향으로 고쳤음을 확인할 수 있다.

68) 《국조보감》 권3, 태종 무자 8년조 ; 《태종실록》 권15, 태종 8년 5월 을묘.

69) 《국조보감》 권3, 태종 기축 9년조

연의》를 자주 인용하고 강조하는 것을 볼 수 있다. 물론 태종이 《중용》70)이나 《상서(尙書)》71)에 주목한 사례가 없지 않으나 그 비중은 《대학연의》에 못 미쳤다. 태종이 《대학연의》를 강(講)하면서 조고(趙高)의 일을 논하여 환관이 권력을 좌지우지하는 것을 경계한 일,72) 《대학연의》에서 후부인(后夫人)이 본받거나 귀감이 될 만한 일을 가지고 중궁 등 여러 궁인들을 가르치려고 〈제가지요(齊家之要)〉를 써서 올리게 한 일,73) 아부하는 사람을 경계한 일,74) 《대학연의》의 내용을 전벽(殿壁)에 써 두어 신하들이 보도록 한 일,75) 여희(驪姬)를 참소의 으뜸으로 삼은 일76) 등은 모두 《대학연의》를 활발하게 인용하였던 사례로서, 곧 군주학의 기준으로 적극 인용하였음을 알 수 있다.

세종대 《국조보감》의 기사 선별에서는 앞선 태조·태종대와 비슷한 면으로, 우선 세종의 덕을 높이는 내용의 기사들이 선별되었다. 특히 세종대 초반에는 장자가 아닌 몸으로 왕위에 오른 한계를 의식해서인지 태종이 세종을 칭찬하는 예라든가 세종의 총명함과 덕을 칭송하는 내용이 여러 번 등장한다.77) 또한 가뭄이나 서리 등 재해가 들었을 때 이에 대해 국왕으로서 삼가는 여러 사례를 제시하여 세종의 수덕을 증명하고자 하였다.

---

70) 《국조보감》 권3, 태종 임오 2년조 ; 《태종실록》 권6, 태종 3년 9월 정유.
71) 《국조보감》 권3, 태종 계미 3년조 ; 《태종실록》 권6, 태종 3년 윤11월 병인.
72) 《국조보감》 권3, 태종 즉위년 ; 《정종실록》 권6, 태종 즉위년 12월 신묘.
73) 《국조보감》 권3, 태종 기축 9년조 ; 《태종실록》 권18, 태종 9년 9월 병술.
74) 《국조보감》 권4, 태종 신묘 11년조. 이 기사에는 《맹자》를 강론한 것만 나오지만 같은 기사가 실린 실록의 내용을 보면 '잘못 임금을 섬기면 아부하는 자'라는 《대학연의》의 구절을 인용하면서 《대학연의》를 인쇄하게 할 것을 명하는 내용이 나온다. 《태종실록》 권21, 태종 11년 5월 경진.
75) 《국조보감》 권4, 태종 신묘 11년조 ; 《태종실록》 권22, 태종 11년 12월 신축.
76) 《국조보감》 권4, 태종 임진 12년조 ; 《태종실록》 권24, 태종 12년 10월 임신.
77) 《국조보감》 권5, 세종 경자 2년조 ; 《세종실록》 권8, 세종 2년 4월 임자.

　그러나 세종대에 달라진 점은 그 이전 어느 시기보다 정책을 제
시하거나 도서를 편찬하는 등에 관한 내용이 많이 선별되었다는
점이다. 태조대는 이제 막 건국한 시기이기도 하였지만 태종대
《국조보감》에서도 태종이 주로 의례적이고 상징적으로 행한 선한
조치만 선별된 경향이 있었다. 태종 자신이 대간의 의견을 소중히
여긴다고 여러 차례 기록하였으나 대간을 억압하는 등 대조적인
경향도 없지 않았다.

　이에 견주어 세종대의 《국조보감》에서는 세종이 시행한 여러
가지 방면의 제도정비나 도서 편찬에 관한 내용이 많이 선별되었
다. 이러한 내용은 왕실관계와 행정제도, 그리고 도서 편찬의 갈래
로 나눌 수 있다. 우선 왕실관계의 제도 정비에서는 능침(陵寢)의
곁에 절을 세우지 못하도록 한 예,78) 세자에게 성균관에서 속수례
(束脩禮)를 행하게 한 예,79) 상복에서 역월(易月)을 따르지 않은
예,80) 종친교육을 위해 종학(宗學)을 건립한 예,81) 태조와 태종의
위판(位版)을 문소전(文昭殿)에 봉안하고 제사한 예,82) 친영례(親迎
禮)를 왕자나 왕녀의 혼례에 적용하여 백성들의 향도로 삼은 예,83)
환관을 억제한 예84) 등의 기사가 선별되었다.

　행정제도와 관련하여 수령고소금지법,85) 지방관의 임기문제,86)

---

78) 《국조보감》 권5, 세종 경자 2년조 ;《세종실록》 권8, 세종 2년 7월 정축.
79) 《국조보감》 권5, 세종 신축 3년조 ;《세종실록》 권14, 세종 3년 12월 갑인.
80) 《국조보감》 권5, 세종 임인 4년조 ;《세종실록》 권16, 세종 4년 5월 병인.
81) 《국조보감》 권6, 세종 기유 11년조 ;《세종실록》 권46, 세종 11년 10월 계사.
　　 종학을 처음 세운 것은 《세종실록》 권41, 세종 10년 7월 임술 참조.
82) 《국조보감》 권6, 세종 계축 15년조 ;《세종실록》 권60, 세종 15년 5월 을묘.
83) 《국조보감》 권6, 세종 갑인 16년조 ;《세종실록》 권64, 세종 16년 4월 갑자.
84) 《국조보감》 권6, 세종 무신 10년조 ;《세종실록》 권39, 세종 10년 2월 경오.
85) 《국조보감》 권5, 세종 계묘 5년조 ;《세종실록》 권20, 세종 5년 6월 임신.
86) 《국조보감》 권6, 세종 을사 7년조 ;《세종실록》 권27, 세종 7년 2월 경신.

의창곡(義倉穀) 문제,87) 형옥(刑獄)을 신중하게 하는 문제88) 등을 다룬 기사가 선별되었다. 그리고 각종 서적의 편찬과 관련하여《효행록》, 《삼강행실도》, 《농사직설(農事直說)》, 《자치통감사정전훈의(資治通鑑思政殿訓義)》, 《명황계감(明皇誡鑑)》, 《용비어천가》, 《치평요람》, 《훈민정음(訓民正音)》 등의 기사가 선별되었다.

세 번째로 세종대에도 정치사상서로 주목된 책은《대학연의》였다. 세종 또한 즉위 초부터 경연을 열고《대학연의》를 진강하여, 국왕의 학문은 마음을 바로잡는 것이 가장 중요한 것임을 강조하였다.89) 또《대학연의》의〈운한장(雲漢章)〉의 뜻을 빌려 한재(旱災)를 근심하는 예,90) 환자(宦者)를 경계하는 일91) 등에서《대학연의》의 군주론이 활발하게 인용되었다. 세종대에는 경연에서《대학연의》말고도《통감강목》을 3년 동안 진강하였는데도 분량이 많아서 다 읽기가 쉽지 않다고 지적하는 등《통감강목》을 진강하였음을 알 수 있고,92) 또《좌전(左傳)》도 활발하게 진강하였던 사례가 인용되었다.93)

이에 따라 세종대에는 왕권을 행사하는 구체적 방법을 토론하기도 하였다. 세종 원년 중국 황제의 법도를 따라야 한다는 참찬 김점(金漸)의 문제제기에 따른 예조 판서 허조(許稠)와의 대화가 이에 해당되었다.94) 김점은 당시 중국 황제의 법도에 따라 국왕이 죄수

87)《국조보감》권5, 세종 갑진 6년조 ;《세종실록》권23, 세종 6년 2월 임자 ; 《국조보감》권6, 세종 무신 10년조 ;《세종실록》권41, 세종 10년 8월 갑신.
88)《국조보감》권6, 세종 신해 13년조 ;《세종실록》권52, 세종 13년 6월 갑오.
89)《국조보감》권5, 세종 무술 즉위년조.
90)《국조보감》권6, 세종 병오 8년조.
91)《국조보감》권6, 세종 무신 10년조.
92)《국조보감》권5, 세종 계묘 5년조 ; 권6, 세종 정미 9년조.
93)《국조보감》권6, 세종 기유 11년조.
94)《국조보감》권5, 세종 기해 1년조 ;《세종실록》권3, 세종 1년 1월 병진.

를 친히 심문하고 불교도 따라야 한다고 한 것과 달리 허조는 죄수
의 심문은 대신과 유사(有司)에게 맡기고 불교를 취해서는 안 된다
고 주장하였다. 이 기사에서 논란이 되는 문제를 육조직계제(六曹
直啓制)와 의정부서사제(議政府署事制)라는 정치체제의 대립으로도
해석할 수 있지만, 이보다는 명나라에 대한 태도를 살필 수 있다.
즉 명의 황제독재체제를 경계하고, 대신들에게 국정을 위임하는
것이 국왕의 태도라고 하는 성리학의 정치사상을 구현하려는 의도
를 확인할 수 있다.

  《대학연의》의 정치사상이 구체화되어 나타난 사례로서 인용되
었다고 할 수 있는 것은《명황계감》의 편찬이었다.[95] 이 책은 당
명황(明皇)과 양귀비의 일로 국왕의 경계를 삼으려는 의도에서 작
성된 것으로,《대학연의》에서 강조하였던 환관에 대한 경계나 종
실에 대한 단속을 강조하였던 연장선상에서 나온 것이었다.[96] 또
한 세종대에《대학연의》의 보완 작업으로 편찬된 사서인《치평요
람》이 인용되기도 하였다.[97]

  문종대에는 사헌부의 상서에서 크고 작은 일의 출납문제를 환관
에게 맡겨서는 안 된다는 것을 지적하여, 환관은 오직 등불을 밝히
고 청소를 담당하는 것이 직책이고 왕명을 출납하게 해서는 안 된
다는 점을 강조하였다.[98] 이러한 예 또한《대학연의》에서 환관의
정치참여가 가져오는 화란(禍亂)을 염려한 지적이었다.

  이와 같이《사조보감》에서 선별된 기사는 실록의 기사 가운데
서 몇 가지 공통점을 가지고 선별되었음을 알 수 있다. 네 임금 모

---

95)《국조보감》권7, 세종 신유 23년조.
96)《국조보감》권7, 세종 기미 21년조.
97)《국조보감》권7, 세종 을축 27년조.
98)《국조보감》권8, 문종 경오 즉위년조.

두에서 공통되는 것은 《국조보감》의 취지에 맞게 국왕의 가언과 선정을 선별하여 국왕의 공덕을 높이는 기사를 주로 실었다는 점이다.

정치사상의 측면에서는 모두 《대학연의》를 주목하였다. 즉 《대학연의》는 사조(四祖) 모두에게 공통적으로 제왕학의 지침서 역할을 하였음을 확인할 수 있다. 이와 같이 태조·태종·세종·문종의 《사조보감》에 인용된 실록의 기사들 가운데 국왕의 정치적 기준에 해당하는 내용은 대개 《대학연의》의 틀에서 벗어나지 않았다. 따라서 조선초에 군주학의 기준서로서 《대학연의》의 영향은 지대하였고 경연을 통해 늘 국왕에게 학습되어 이에 담긴 정치사상이 실현될 수 있었다. 《사조보감》은 후왕에게도 모범이 되어 경연에서 교재로 활용되기도 하였다. 예종 때 양성지(梁誠之)가 《국조보감》의 진강을 청하였던 예나[99] 성종 때 경연에서 진강된 사례[100] 등이 이러한 사실을 보여 준다.

그러나 이같은 공통점에도 각 왕대별로 몇 가지 다른 특징이 나타난다. 우선 태조의 경우 전왕조의 왕족인 왕씨를 처리한 기사가 많이 등장하는데, 주로 왕씨들에게 관대하였다는 내용이다. 그리고 개국공신들을 배려하여 이들을 비판하지 못하게 하는 기사 등이 선별되었다.

한편 태종대에는 가뭄 등 재해에 대해 국왕으로서 수덕하는 사례가 거의 해마다 선별되어 제시되었다. 한편으로 대간의 간언을 중요하게 여기는 태종의 태도를 부각시켰는데, 이는 자신의 정치

---

99) 《예종실록》 권6, 예종 1년 6월 신사.
100) 《성종실록》 권12, 성종 2년 윤9월 병인 ; 권12, 성종 2년 윤9월 정묘 ; 권12, 성종 2년 10월 정축.

적 부담을 다른 식으로 표현한 것으로 이해 된다. 세종대에는 정책에 관한 기사나, 각종 도서의 편찬 문제 등에 관한 기사가 많이 선별되어 세종의 업적을 드러내었다.

2) 《선묘보감》

《선묘보감(宣廟寶鑑)》은 선조 1대만을 대상으로 편찬된 보감이다. 그럼에도 앞서 편찬된 《사조보감》과 거의 같은 분량으로, 선조의 재위 연수가 41년이라는 것을 고려하더라도 적지 않다. 《선묘보감》의 내용은 1592년의 임진왜란을 기점으로 그 내용이 크게 변한다. 우선 선조 25년인 1592년 이전까지는 대체로 선조의 군덕을 선양하는 기사가 적극적으로 선별되었다. 이와 달리 임진왜란 동안에는 임진란의 경과 및 조치에 대한 기사가 많고, 임란 뒤 약 10년에 걸친 기사는 매우 소략하였다.

임진왜란 전의 기사는 《국조보감》에서 통상적으로 많이 볼 수 있는 국왕의 가언·선정에 관련한 내용 외에도 선조를 성학으로 계도하고자 경연을 시행한 내용이나 선조에게 올린 상소에 관련된 내용이 많았다. 그리고 과거를 치르지 않고 관직에 진출한 산림과 같은 처사(處士)의 등용에 관련된 내용과 신하들의 졸기가 많이 실렸다.

우선 경연 관계 기사는 《사조보감》의 내용보다 자세하고 자주 등장한다. 선조는 명종의 뒤를 잇기는 하나 적장자가 아니라 입승대통(入承大統)한 입장이었기에, 명종 말년부터 진출한 사람들이 경연에 어느 때보다도 깊은 관심을 기울였던 것이다.[101] 즉 정통성

---

101) 鄭在薰,〈明宗·宣祖년간의 經筵〉,《朝鮮時代史學報》10, 朝鮮時代史學會, 1999.

이 상대적으로 취약한 선조의 입장 때문에 유신들은 어느 때보다
도 국왕을 성리학에서 제시하는 성왕(聖王)으로 만들 수 있는 절호
의 기회가 되었던 것이다. 따라서 이와 관련된 기사가 많이 선별되
었다.

선조는 즉위년부터 경연에서 기묘·을사사화 등 선대의 일에 대
해 그 시비를 논하기도 하였고102), 《대학》을 강하여 어진 이가 삼
대 이후로는 나오지 않는 이유 또는 어진 이가 있다고 하더라도 관
직에 나가지 않은 이유에 대해 논하였다.103) 또 이준경(李浚慶)이
경연에서 선조에게 욕심을 제어하고 유신을 가까이 할 것을 요청
하는 기사나,104) 기대승(奇大升)이 주강에서 을사사화 때 화를 입
은 백인걸(白仁傑), 노수신(盧守愼), 유희춘(柳希春), 김난상(金鸞祥)
등을 등용할 것을 청하는 기사가 선별되었다.105)

선조 초년에는 특히 이황이 주강에서 천변(天變)으로 말미암은
경계의 말을 올린 기사,106) 기대승이 시강하다가 이황을 정자와
주자만 독신(篤信)하는 사람이라고 평한 기사107)가 선별되었다. 심
지어는 경연에서 신하가 진선(盡善)하지 못하더라도 임금의 허물을
간할 수 있다는 기대승의 의견이 피력된 기사108)나, 이이가 경연

---

102) 《국조보감》 권24, 선조 정묘 선조 즉위년조 ; 《선조실록》 권1, 선조 즉위년
   10월 갑진.
103) 《국조보감》 권24, 선조 정묘 선조 즉위년조 ; 《선조실록》 권1, 선조 즉위년
   11월 무진.
104) 《국조보감》 권24, 선조 정묘 선조 즉위년조 ; 《선조수정실록》 권1, 선조 즉
   위년 10월 병술.
105) 《국조보감》 권24, 선조 무진 1년조 ; 《선조수정실록》 권2, 선조 원년 1월
   신해.
106) 《국조보감》 권24, 선조 무진 1년조 ; 《선조수정실록》 권2, 선조 원년 10월
   병자.
107) 《국조보감》 권24, 선조 무진 1년조 ; 《선조실록》 권2, 선조 원년 12월 경진.
108) 《국조보감》 권24, 선조 기사 2년조 ; 《선조수정실록》 권3, 선조 2년 4월 갑술.

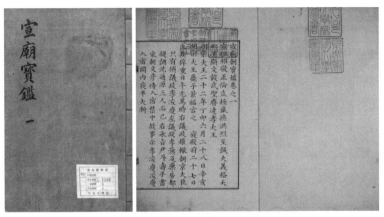

《선묘보감》

에 입시하여 유자의 말을 배제하였기 때문에 나라를 잘 다스리지
못하는 것이라고 선조를 책망109)하거나 선조가 신하들을 멸시하
고 일세를 능멸하는 것이 교만함에서 나오는 것이라고 직접 선조
를 겨냥한 기사가 선별되기도 하였다.110)

　이와 같이 경연 관계로 인용된 기사들은 대체로 선조의 성학을
염두에 두면서도 인재의 등용을 요구하거나 선조를 직접적으로 책
망하는 등 국왕에게 보다 직접적인 주문을 하는 내용이 많이 선별
되었다. 더욱이 인재의 등용을 요청하는 기사들은 선조 초년에 을
사사화로 화를 입은 사람을 복구하는 과정에서 주로 선별되었다.

　이에 덧붙여서 선조 초부터 꾸준하게 제기된 것은 학식과 덕을
갖춘 인사의 등용 문제로서, 특히 과거의 합격 여부와는 상관없이
인재를 등용할 것을 주장하는 기사도 선별되었다. 그 대표적인 인

---

109)《국조보감》권24, 선조 계유 6년조 ;《선조수정실록》권7, 선조 6년 9월 무인.
110)《국조보감》권26, 선조 무인 11년조 ;《선조수정실록》권12, 선조 11년 7월
　　경술.

사는 성혼(成渾)이었다. 성혼 이전에도 이미 처사로 조식(曺植), 성
운(成運), 이항(李恒) 등을 불렀던 사례의 기사가 선별되기도 하였
고.[111] 조식이 봉사(封事)를 올려 임금의 덕에 대해 논하였던 기사
가 선별되기도 하였다.[112]

　　그러나 성혼과 같이 선조대에 유일로 받들어졌던 인물은 유례를
찾을 수 없을 만큼 대표적인 사례로 자주 선별되었다. 선조 6년,
이이가 출신(出身)하지 못한 사람에게도 대간으로 등용될 수 있는
길을 열어놓자고 청해서 성혼을 사헌부 지평으로 삼은 기사가 선
별되었다.[113] 또한 선조가 성혼을 모른다고 하자 김우옹(金宇顒)이
임금은 사람됨을 다 알고 난 뒤에 불러서는 안 되고, 사람들이 어
질다고 하면 지성으로 보려고 하고, 본 다음에 관직을 주어야 한다
고 말했다는 기사[114]와, 이이가 성혼을 한관(閑官)으로 경연직을
겸할 것을 요청하였으나 선조가 출신이 아니라고 하여 곤란하게
여기니 김우옹이 산림의 현인은 규례 외에 특별히 대우해야 한다
고 주장한 기사도 선별되었다.[115] 성혼을 우대하는 기사는 그 뒤
에도 지속적으로 선별되어 상당히 자주 인용되었다.

　　이처럼 과거 출신이 아닌 사람을 대간이나 경연관에 임명하는
것은 이전에는 볼 수 없었던 새로운 변화였고, 이후 17세기에 본
격적으로 전개되는 산림정치의 시작을 알리는 신호였다. 그리고

---

111) 《국조보감》 권24, 선조 정묘 즉위년조 ;《선조수정실록》 권1, 선조 즉위년
　　 10월 병술.
112) 《국조보감》 권24, 선조 무진 1년조 ;《선조수정실록》 권2, 선조 원년 1월
　　 신해.
113) 《국조보감》 권25, 선조 계유 6년조 ;《선조수정실록》 권7, 선조 6년 11월
　　 정축.
114) 《국조보감》 권25, 선조 갑술 7년조 ;《선조수정실록》 권8, 선조 7년 1월 정축.
115) 《국조보감》 권25, 선조 갑술 7년조 ;《선조수정실록》 권8, 선조 7년 2월 병오.

산림의 등용과 관계된 기사에서도 알 수 있듯이 대체로 이 기사들
은 남인들이 정리한 《선조실록》보다는 서인들이 정리한 《선조수
정실록》에 실린 기사를 그대로 인용하였다. 따라서 《선묘보감》의
편찬에 서인 계열이 상대적으로 강한 영향을 주었으며 이로 말미
암아 산림의 위상이 강화되었음을 알 수 있다.

  인재의 등용과 함께 《선묘보감》에서 주목되어 선별된 것은 신
하들이 올린 상소를 국왕이 적극적으로 수용하는 기사이다. 선조
초년의 대표적인 상소로 선조 1년의 6개 조항에 걸친 이황의 상
소,[116] 선조 2년의 6개 조항에 걸친 노수신의 상소,[117] 선조 3년
의 을사사화의 위훈삭제를 청하는 홍문관의 상차[118] 등이 대표적
이다. 그밖에도 성혼이 당시 정사의 득실에 대해 올린 선조 14년
의 상소,[119] 우찬성에 제수된 이이가 당장 해결해야 할 일로 어진
사람을 등용할 것과 함께 세법의 개정, 수령을 줄이고 감사를 구임
(久任)할 것을 청하는 내용의 상소,[120] 선조 16년 계미삼찬(癸未三
竄) 때 성혼이 이이를 변호한 상소[121] 등은 모두 장문의 상소로서,
이전 《국조보감》에 실린 어느 상소보다 장황한 내용을 담고 있다.
특히 계미삼찬과 관련하여서는 진행 과정까지 상세하게 다루었다.

  신하들이 선조에게 올린 상소 이외에도 《선묘보감》에 실린 기

---

116) 《국조보감》 권24, 선조 무진 1년조 ; 《선조수정실록》 권2, 선조 원년 8월
   무인.
117) 《국조보감》 권24, 선조 기사 2년조 ; 《선조수정실록》 권3, 선조 2년 3월 을사.
118) 《국조보감》 권25, 선조 경오 3년조 ; 《선조수정실록》 권4, 선조 3년 4월 무술.
119) 《국조보감》 권27, 선조 신사 14년조 ; 《선조수정실록》 권15, 선조 14년 4월
   갑오.
120) 《국조보감》 권27, 선조 임오 15년조 ; 《선조수정실록》 권16, 선조 15년 9월
   병진.
121) 《국조보감》 권28, 선조 계미 16년조 ; 《선조수정실록》 권17, 선조 17년 7월
   경진.

사 가운데 주목되는 것은 성학 관련 저술들이 선별되었다는 점이다. 이황이《성학십도》를 올리자 선조가 학문하는 데 매우 절실한 것이라고 하여 병풍으로 만들게 한 기사,122) 노수신이 학문을 닦음으로써 나라를 다스리는 근본으로 삼도록 권면하기 위해《숙흥야매잠주해(夙興夜寐箴註解)》를 지어 바친 기사,123) 이이가《성학집요》를 지어 바친 기사124) 등이 그러한 예이다. 이렇게 군주가 갖추어야 할 성학을 이론적으로 정리한 저술이 본격적으로 등장한 것은 선조대의 특징으로써, 이러한 점은 국왕에게 제시된 성리학적 기준이 이전보다 분명해진 사실을 보여 준다.

한편 신하들의 졸기도《사조보감》과 달라진 면이 있었다. 대체로《사조보감》에서는 대신이 졸(卒)했다는 소식이 있을 때에 애도의 뜻을 표시하고 소선(素膳)을 들거나 3일 정도 철조(輟朝)하는 것이 일반적이었으며, 신하들의 죽음 자체 보다는 신하들의 죽음에 대한 국왕의 '덕 있는' 조치에 관심이 있었다고 할 수 있다.125)

이에 견주어《선묘보감》에는 대신보다는 유신에 가까운 이황,126) 백인걸,127) 이이,128) 박순(朴淳)129) 등 네 사람의 졸기만

---

122)《국조보감》권24, 선조 무진 1년조 ;《선조수정실록》권2, 선조 원년 12월 을해.
123)《국조보감》권24, 선조 무진 1년조 ;《선조수정실록》권2, 선조 원년 12월 을해.
124)《국조보감》권26, 선조 을해 8년조 ;《선조수정실록》권9, 선조 8년 9월 병신.
125) 대표적인 사례로 조영무를 들 수 있다.《국조보감》권4, 태종 갑오 14년조 ;《태종실록》권28, 태종 14년 7월 기해.
126)《국조보감》권25, 선조 경오 3년조 ;《선조수정실록》권4, 선조 3년 12월 갑오.
127)《국조보감》권26, 선조 기묘 12년조 ;《선조수정실록》권13, 선조 12년 9월 갑진.
128)《국조보감》권29, 선조 갑신 17년조 ;《선조수정실록》권18, 선조 17년 1월 기묘.
129)《국조보감》권30, 선조 기축 22년조 ;《선조수정실록》권23, 선조 22년 7월 병오.

을 실었다. 이들의 졸기는 이전보다 인물평의 기준이 명확하게 있어서 옳고 그름에 대한 평가가 분명하였다. 물론 이러한 변화는 《국조보감》에서 달라진 변화라기보다는 이미 시대의 변화에 따라 달라진 인물평의 기준이 실록에 반영된 것이라고 할 수 있다. 그러나 이러한 변화 자체도 이미 보감에 수용되어 나타날 수밖에 없었던 점을 주목해야만 한다.

4. 정치사상적 특징의 비교

앞에서 《사조보감》과 《선묘보감》의 기사 선별을 비교하였다. 이를 통해 조선초기에 편찬된 《사조보감》과 조선중기에 편찬된 《선묘보감》은 모두 국왕의 가언과 선정을 뽑은 사서이지만 일정한 차이가 있음을 알 수 있다. 이러한 차이는 일차적으로는 《국조보감》의 근거 사료인 실록의 변화에서 유래하는 것이다. 그러나 한편으로 각 시기마다 《국조보감》에 실린 기사나 내용은 이를 편찬한 사람들의 기준을 반영할 수밖에 없다.

따라서 《국조보감》은 사서임에도 국왕에 관련된 기사를 모은 특성 때문에 국왕관(國王觀)이나 군신관계에 해당하는 내용이 풍부하며 이를 바탕으로 각 시기에 국왕을 어떻게 인식하였는지 또는 군신관계가 어떻게 변하였는지를 추적할 수 있다.

세조 때 편찬된 《사조보감》과 숙종 때 편찬된 《선묘보감》에서는 《국조보감》의 본래 목적인 성왕을 추구하는 점 때문에 일반적으로는 국왕의 가언과 선정을 우선적으로 서술한 기사를 중심으로 편찬하였다. 그렇지만 《사조보감》에서 국왕이 따라야 할 전범으로 제시된 정치사상서로는 주로《대학연의》가 거론되었다. 이는 태조·태종·세종대 모두 공통되었다.《대학연의》외에도《상서》나《통감강목》·《좌전》등이 인용되기도 하나 그 비중이《대학연의》에 미치지 못했고, 제왕학의 관점에서는 더욱 부족했다.

이미 알다시피《대학연의》는 고려말 경연에서《정관정요》를 대체하여 성리학적 제왕학을 구현한 책으로 인정받았다. 따라서 국왕은 이 책을 강론하여 학문을 닦고 다스림의 효과를 얻어야만 한다고 주장하였고, 실제 이 책의 구체적인 사례를 인용하여 정치현실에 응용하기도 하였다.130)

그러나《대학연의》는 국왕에게 성리학적 제왕이 되기 위한 수덕을 강조하는 측면 외에도 당 태종과 같은 현실적인 제왕상을 긍정하기도 하였다.131) 중국의 현실을 반영한《대학연의》의 이러한 특성은 조선초 성리학의 국가주의적 성격을 반영하는 것이었다. 곧 원·명의 성리학에서 보이는 체제교학적 특징을 반영하는 것이라고 할 수 있다.

이러한 특징은 정치제도적인 문제에서도 드러났다. 세종 원년에 참찬 김점과 예조판서 허조는 국왕권을 행사하는 방식을 두고 첨예한 토론을 벌였다. 먼저 김점은 정사를 할 때에 금상황제(今上皇帝)의 법도를 따라야 한다고 주장하였으나, 이에 대해 허조는 중국의 법은 법으로 삼을 것도 있고 삼지 못할 것도 있다고 반박하였

130) 池斗煥,〈朝鮮前期《大學衍義》이해과정〉,《泰東古典硏究》10, 泰東古典硏究所, 1993 ; 池斗煥,《조선시대 사상사의 재조명》, 역사문화, 1998 ; 鄭在薰,〈朝鮮前期《大學》의 이해와 聖學論〉,《震檀學報》86, 震檀學會, 1998 ; 鄭在薰,〈朝鮮前期 儒敎政治思想硏究〉, 서울대 박사논문, 2001.
131) 李範鶴,〈眞德秀 經世理學의 成立과 그 背景〉,《韓國學論叢》20, 국민대학교 한국학연구소, 1997.

다. 또한 김점이 황제가 친히 죄수를 끌어다가 자세히 심문하는 것을 보았는데 이를 본받을 것을 주장한 데 대해, 허조는 관직을 설치하고 직책을 분담하는 데에는 각각 유사가 있기에 그들에게 일임하는 것이 마땅하다고 하였다. 결국 김점이 모든 정사를 세종이 총괄할 것을 주문한 것과 달리 허조는 어진 이를 구하여 맡기고 이를 의심하지 말아야 함을 주장하였다. 이러한 주장에 대해 세종은 허조의 의견을 받아들이고 김점의 의견은 잘못된 것으로 보았다.[132]

세종이 허조의 의견을 받아들여 대신에게 정사를 위임하는 것을 수긍하였으나 실제로는 태종 14년에 실시된 육조직계제의 틀이 유지되고 있었다. 의정부서사제가 세종 18년에 가서야 시행됨으로써 이때부터 대신에게 위임하는 성리학적 유교정치가 작동되었다. 이러한 차이는 곧 원칙적으로는 성리학적 원리를 인정하였으나 조선초의 정치현실은 이와는 일정한 거리가 있었음을 보여 주는 사례라고 할 수 있다.

군신관계에 대한 내용에서도 《사조보감》에서는 신하들의 의견이 그다지 적극적으로 반영되지 않는 면이 많다. 민개, 정도전, 권근 등의 상소가 없었던 것은 아니지만 의례적인 내용이거나 심지어 왕권에 유리한 내용일 경우가 많았다.

이러한 틈은 곧 《대학연의》의 특성이 잘 메워줄 수 있는 영역이었다. 즉 성리학적 원칙론으로 제시된 성학을 수양하는 제왕의 상을 표방하면서 실제의 정치현실에서도 적용될 수 있는 사례를 제시하였던 것은, 이 책이 황제권이 극대화되었던 원·명·청에서

---

132) 《국조보감》 권5, 세종 기해 1년조 ; 《세종실록》 권3, 세종 1년 1월 병진.

지속적으로 읽힐 수 있는 근거가 되었다. 따라서 《사조보감》에서 다른 책에 비해 유독 《대학연의》를 집중적으로 인용하여 선별한 것이다.

그러나 《선묘보감》에서는 《대학연의》를 인용한 기사가 거의 나타나지 않는다.133) 이는 《대학연의》에 나타났던 국왕관에 일정한 변화가 있었던 것을 보여 준다. 대신에 《선묘보감》에서는 경연 관계의 기사가 크게 증가하여 경연에서 국왕을 성왕으로 이끌고자 노력했음에 주목하였다. 그리고 국왕의 성학을 위해 보다 체계적으로 이론적인 탐색을 하여 성학에 관련된 저술도 활발하게 인용되었다.

이황의 《성학십도》와 이이의 《성학집요》는 이러한 성학 관련 저술의 대표적인 사례이다. 그 가운데서도 이이의 《성학집요》는 학문과 정치하는 방법을 자세히 논하였고 끝에 별도의 기질을 변화시키는 공부와 성심으로 어진 이를 쓰는 실상을 아뢰었다. 또한 선조의 과실을 지적하여 진술하였는데, 이는 적절하고 간곡하였다고 평가하였고 선조도 부제학의 말이 아니라 성현의 말씀으로 받아들인다고 하였다.134)

따라서 선조를 성학의 세계로 안내하기 위해서 인재의 등용을 요청하였고, 나아가 과거의 합격 여부와는 상관없는 미출신인(未出身人)까지 등용할 것을 요청하였다. 성혼은 이 시기 대표적인 유일

---

133) 《선묘보감》에는 《대학연의》에 대한 언급이 한 차례 나온다. 《국조보감》 권26, 선조 을해 8년조 ; 《선조수정실록》 권9, 선조 8년 10월 임인. 그밖에도 《선조수정실록》에는 《대학연의》의 강독 사실이 나오지만 《선묘보감》에는 이 내용을 생략한 채 차가운 날씨에 따라서 백성들을 염려하는 내용만 나오는 기사가 있다. 《국조보감》 권27, 선조 신사 14년조 ; 《선조수정실록》 권15, 선조 14년 1월 병인.

134) 《국조보감》 권26, 선조 을해 8년조 ; 《선조수정실록》 권9, 선조 8년 9월 병신.

로서《선묘보감》에 자주 등장하여 그 뒤 산림의 원조가 되었다.

뿐만 아니라 신하들이 올린 상소의 내용이 자세하게 인용되기도 하였고, 신하들의 졸기에서도 인물평이 자세하게 제시되었다. 이러한 점은 전적으로 국왕의 관점을 우선시하였던《사조보감》과는 달리《선묘보감》에서는 신하들의 입장이 보다 적극적으로 고려되어 국왕의 감계가 되는 내용에 포함된 것을 의미한다. 따라서 사림의 이상이라고 할 수 있는 군신공치(君臣共治)의 요소가 이미《선묘보감》의 내용에 상당히 반영되었던 것을 알 수 있다. 이런 점이 곧 조선후기의 정치현실에서 사림정치의 실현에 바탕이 되었던 것이다.

5. 국정 반성의 의미

이상에서《사조보감》과《선묘보감》을 중심으로《국조보감》에 나타난 정치사상을 살펴보았다. 앞서 말했듯이《국조보감》은 역대 군주의 가언과 선정 가운데 중요한 것을 실록 등에서 뽑아 기록한 편년체 사서이다. 가장 먼저 편찬된《사조보감》에는 태조·태종·세종·문종의 사조(四祖)가 실려 있으며 세조 4년(1458)에 편찬되었다. 이는 처음에 세종이 실록을 찬진한 뒤에《보훈》을 다시 편찬하여 근신들의 강독에 대비하였던 송대의 사례를 본받아 편찬을 시도하였다가 미완성된 것을 완성한 책이었다.

《사조보감》은 주로 실록의 기록을 선별하여 그 내용을 요약하거나 모두 싣는 형태로 만들어졌다. 대체로는 요약의 형태가 많았고, 경우에 따라서는 태조 원년 민개의 상소처럼 실록에는 없는 기사도 있다. 또 실록의 기사를 인용하면서 기사본말체(紀事本末體) 형식으로 시기를 무시하고 인용하기도 하였다. 태조대에 특히 그러한 경우가 많은데, 이는 태조의 즉위와 조선 건국의 당위를 정당화하려는 목적 때문이었다고 할 수 있다.

《사조보감》의 기사 선별을 보면 사조 모두 국왕의 공덕을 높이려는 방향에서 기사가 선별되었음을 알 수 있다. 한편으로는 각 왕대별로 기사 선별에서 약간씩 다른 특징도 나타났다. 우선 태조대에는 전왕조인 고려의 왕씨들에게 관대하게 대해주었다는 내용의 기사가 많았고, 둘째로 태종 관련 기사로 태종을 칭찬하는 기사가 많이 선별되었다. 세 번째로 개국공신을 배려하여 개국공신에게 상을 주거나 이들을 비판하지 못하게 하는 내용이 많았다. 네 번째로 제왕학의 기준으로 참고되었던 정치사상서로는 《대학연의》가 많이 인용되었다.

다음 태종대에도 기사 선별의 특징으로 나타나는 첫 번째 요소는 태종의 덕을 드러내는 기사가 크게 증가하였다는 점이다. 특히 수재나 기근 등 재해와 관련하여 태종이 반성하였다든가, 덕을 수양하는 등의 내용이 다양하게 제시되었다. 두 번째로 대간의 역할에 주목하여 대간의 적극적인 간언을 요구하는 기사가 선별되었다. 세 번째로 태조대에 이어 제왕학과 관련되어 자주 제시되었던 책은 《대학연의》였다.

세종대의 기사 선별에도 마찬가지로 세종의 덕을 높이려는 방향의 기사가 많았다. 특히 세종대 초반에는 세종이 장자가 아니었음에도 왕위에 오른 부담 때문인지 세종의 덕을 칭송하는 내용이 여러 번 선별되었다. 여기에 덧붙여 이전 어느 시기보다 정책을 제시하거나 도서 편찬 등에 관한 내용이 많이 선별되었다. 세 번째로는 세종대에도 정치사상서로서 주목받은 책은 《대학연의》였다. 이 책에서 국왕에 관련된 여러 사례를 인용하였던 것이다.

문종대 역시 환관의 역할을 청소나 등불을 밝히는 것으로 국한하고 정치 참여를 적극 제지한 기사가 선별된 것은 《대학연의》에서 환관의 역할을 경계한 내용을 염두에 둔 것이라고 할 수 있다. 이와 같이 《사조보감》에 선별된 기사를 참조해보면 국왕의 정치적 기준으로 따라야 할 내용은 대개 《대학연의》의 틀에서 벗어나지 않았음을 알 수 있다.

이러한 특징은 조선초기 정치현실을 어느 정도 반영하는 측면이 있었다. 즉 《대학연의》에는 국왕을 성리학적 제왕으로 만들기 위해 수덕을 강조하는 측면과 당 태종과 같은 현실적인 제왕상을 긍정하는 측면도 있었다. 중국적인 현실이 담긴 《대학연의》의 이러한 특성은 조선초 성리학에 나타났던 국가주의적 특성을 반영하는 것이었다. 이와 함께 원과 명으로 말미암아 체제교학화되었던 성리학을 반영하는 것이기도 했다.

조선초의 정치제도에서도 이러한 영향으로 세종은 황제가 모든 일에 직접 관여하는 명의 제도를 따르는 것보다는 유사에게 맡기고 의심하지 않는 원칙론을 수긍하면서도, 정치현실에서는 의정부서사제보다는 육조직계제의 틀을 유지하였고 세종 18년에 가서야 의정부서사제를 실시하였다.

《사조보감》에 나타난 이런 특성은 숙종 때에 편찬된 《선묘보감》과 견주어 보면 더욱 뚜렷이 드러난다. 《선묘보감》에는 《대학연의》와 관련된 기사가 거의 등장하지 않는다. 대신에 《선묘보감》에는 국왕의 성학을 진작시키기 위한 이론적 저술이 인용되었다. 이황의 《성학십도》와 이이의 《성학집요》가 이에 해당하는 성학과 관련된 저술의 대표적인 사례였다.

　이에 따라 선조를 성학으로 이끌기 위해 인재의 등용을 자주 건의하였고, 나아가 과거 합격 여부와 상관없이 산림의 유일을 등용할 것을 주장하는 기사가 선별되었다. 뿐만 아니라 신하들이 올린 상소의 내용이 장황하게 인용되기도 하였고 신하들의 졸기에서도 인물평이 자세하게 제시되기도 하였다. 이러한 점은 국왕의 관점이 우선시되었던 《사조보감》보다는 《선묘보감》에서 신하들의 입지가 보다 넓어진 것을 뜻하였다.

2부

국가운영과 의례

1장 조선시대 국가와 의례

1. 국가와 의례

조선은 성리학을 사상적 기반으로 하여 건국된 나라이다. 따라서 성리학은 조선을 움직이는 데 없어서는 안 될 존재였다. 예(禮)의 영역에서도 성리학은 지대한 영향을 미쳤다. 예는 국가적인 예와 개인적인 예로 구분할 수 있는데, 이 두 영역 모두에서 성리학과 예는 서로 깊은 관련이 있다. 국가적인 예는 주로 고대부터 '오례(五禮)'로 표현되었고, 개인적인 예는 사대부의 경우 '가례(家禮)'로 표현되었다.

우리나라에서 국가적인 예인 오례의 등장은 삼국시대부터 나타나지만 고려시대에 와서 본격적으로 시행되었다. 《고려사》〈예지(禮志)〉가 그 예이다.[1] 건국한 후 유교를 통치 이념으로 채택한 조선왕조는, 유교 윤리를 보급하고 국가 질서를 마련하기 위해 오례

---

1) 李範稷, 《韓國中世五禮思想硏究－五禮를 중심으로－》, 一潮閣, 1991 참조.

를 국가전례(國家典禮)로 규정하고, 국가의식으로 수행하였다.

이때 오례는 종묘, 사직, 산천, 기우(祈雩), 석전(釋奠), 선농(先農) 등 사직과 종묘를 비롯한 각급의 국가적 차원의 제례와 관련된 길례(吉禮), 국왕의 즉위식과 왕실의 관례(冠禮), 혼례, 책봉례(冊封禮), 존호의식(尊號儀式), 조참의(朝參儀), 문무과방방의(文武科放榜儀) 등 조선과 중국, 국왕과 왕비를 비롯한 왕실 구성원, 신하들 사이에 이루어지는 각종 행사와 축하 잔치에 관련된 내용인 가례(嘉禮), 중국과 일본 등 외국의 사신 접대의식인 빈례(賓禮)와 친사의(親射儀), 대열의(大閱儀), 강무의(講武儀) 등과 같이 군대와 관련된 군례(軍禮), 그리고 국장, 예장(禮葬) 등 상례와 장례에 관련된 내용의 흉례(凶禮)를 뜻한다.

국가전례로 내세워진 오례의(五禮儀)는 세종대에 이르러 예제의 틀을 갖추었으며 이를 바탕으로 통치체제의 완성을 추구하였다. 그 과정에서 《세종실록》〈오례〉가 결실을 맺었고, 1474년(성종 5)에는 《국조오례의》 등의 전례서를 간행하였다. 그 뒤 시대가 변함에 따라 의식(儀式)의 변화를 반영하여 1744년(영조 20)에는 《국조속오례의(國朝續五禮儀)》, 1788년(정조 12)에는 《춘관통고(春官通考)》를 편찬하였다. 또한 1897년 대한제국이 성립될 무렵에는 황제국의 위상에 맞는 전례를 제정하면서 이러한 내용을 담은 《대한예전(大韓禮典)》을 편찬하였다.

국가전례는 곧 국가의 의례 가운데 법전과 같이 구속력을 지니는 의례를 지칭하는 말이다. 국가나 왕실 차원의 예의 실천은 의식행사로 집약되는데, 이때 의식행사와 절차를 자세하게 규정한 것이 '의(儀, 의례)'이다. 이러한 의례는 어떤 의미에서는 법령보다 더 근본적인 규범으로써 법적 구속력까지 가졌다. 세조대에 〈오례의〉

를《경국대전》의〈예전(禮典)〉에 부속시키려고 시도하였던 것은 국가전례와 법전 사이의 관계를 분명하게 보여 주는 사례이다.

이와 같은 사례는 전례서의 편찬이 곧 예를 정리하는 데에만 국한된 것이 아니라는 사실을 말해 준다. 국가의례서의 편찬은 당대(當代) 법전의 편찬 과정과 밀접하게 관련되었다. 성종대의《국조오례의》는 바로《경국대전》의 편찬과 관련이 있었고 영조대《국조속오례의》의 편찬도《속대전(續大典)》의 편찬과 관련이 있었다. 이지영의 《국조오례통편(國朝五禮通編)》을 저본(底本)으로 편찬된 정조대의《춘관통고》또한《대전통편(大典通編)》의 편찬과 관련이 있었다. 황제국 체제를 지향한 고종대에 만들어진《대한예전》도《대전회통(大典會通)》과 깊은 관련이 있다고 할 수 있다. 이들 전례서들은 대체로 조선초기 왕조의 형성기와 조선후기 왕조의 재정비기에 국가의례를 정리하였다는 점에서 공통점이 있고,《대한예전》은 황제국의 의례라는 점에서 특징이 있다.

전례서는 시대가 변하면서 새롭게 만들어지기도 했지만 예에 대한 이해와 실천에 따라 새롭게 편찬된 측면도 있었다. 특히 중국의 예(禮)에 영향을 받기도 하였고, 국가적인 예만이 아니라 사례(士禮)인《주자가례》의 이해와 실천이 영향을 주기도 하였다.

곧 국가의 의례인 오례와《주자가례》를 기본으로 하는 민간의 사례(四禮, 관·혼·상·제례)와의 관련성은 검토해 볼 문제이다. 또 오례에《주자가례》적인 성격이 섞이는 문제도 검토의 대상이다. 한편 조선의 의례는 중국의 의례를 전범으로 삼은 경우가 많았는데 과연 중국과는 어떠한 차이가 있는지도 살펴보아야 한다. 조선의 의례가 반드시 제후국의 의례만을 되풀이 하였는지 아니면 조선의 독자적인 의례를 만들었는지도 따져 보아야 한다.

최근 우리나라에서는 예학(禮學)에 관한 연구가 매우 크게 늘어났다. 학술적인 연구뿐만 아니라 구체적으로 조선시대에 행해진 국가적인 의례가 재현되는 경우가 늘어났다. 그 결과 조선시대의 국가전례와 관련된 용어사전의 편찬이 시도되고 있다.2) 따라서 '조선시대의 국가와 의례'라는 주제는 조선시대 국가의 위상을 의례를 통해 살펴본다는 데서 의미가 있다고 하겠다.

2. 《세종실록》〈오례〉

1) 태조~태종 연간의 의례 정비

건국 이후 조선초에는 국가적인 측면에서 각종 제도와 의례를 정비할 필요가 있었다. 따라서 이와 관련된 논의가 적지 않았는데, 조선왕조실록에 제도의 정비나 의례의 정비와 관련된 내용이 자주 등장하는 것에서 알 수 있다.

우선 조선초에는 고려의 제도와 당의 제도를 주로 따랐다. 고려의 제도를 따른 것은 태조의 즉위 교서에서도 나타나듯이 "의장(儀章)과 법제는 한결같이 고려의 고사에 의거"한다고 표방한 바와 같다.3) 당의 제도, 그 가운데서도 의례를 따른 것은 두우(杜佑)의 《통전(通典)》을 전범으로 삼아 인용하는 것에서 알 수 있다.4) 《통

---

2) 서울대학교 규장각한국학연구원에서는 2005년 9월부터 2008년 8월까지 3년에 걸쳐 조선시대 국가전례사전 편찬팀(琴章泰 교수 외 20명)을 구성하여 국가전례에 관련된 사전의 편찬 작업이 수행되었다.

3) 《태조실록》 권1, 태조 1년 7월 정미.

4) 《통전》만을 인용한 것은 아니지만 예조에서 제사에 사용하는 幣帛의 제도를 상정하는 논의에서 이 책을 먼저 언급하고 있다. 《태종실록》 권22, 태종 11년 8월 갑인.

전》은 왕권을 중심으로 하는 오례를 체계화한 《정관례(貞觀禮)》와 그 뒤를 이은 《개원례(開元禮)》의 내용이 정리되어 수록된 문헌으로써, 황실의 권위를 중심으로 국가를 운영하겠다는 의지가 담긴 책이었다. 따라서 조선에서 《통전》을 인용한 사실은 《대당개원례(大唐開元禮)》를 인용하였음을 의미하는 것이었다.5)

그리고 《통전》뿐만이 아니라 원 마단림(馬端臨)의 《문헌통고(文獻通考)》와 남송 주자・황간(黃幹) 등의 《의례경전통해속(儀禮經典通解續)》, 명의 《홍무예제(洪武禮制)》도 두루 인용되고 있다. 그러나 고려의 예서인 《고금상정례(古今詳定禮)》는 적극적으로 인용되지 않았다. 이 가운데 《문헌통고》는 《통전》과 정초(鄭樵)가 편찬한 《통지(通志)》에 이어 주로 당송의 제도를 수록하여 송나라의 제도를 참고하는 데에 유용하였다. 주자와 그 제자인 황간이 저술한 《의례경전통해속》은 태종대에 자주 이용되었지만 단편적으로 참조되는 정도였다.6)

《홍무예제》는 명 태조의 명으로 만들어졌는데, '시왕(時王)의 제도'로 인식되어 태종과 세종대에 집중적으로 인용되었다. 다만 이 책은 각종 제사와 관련된 규식(規式)이나 의주(儀註)에 관한 규정이 간단하며, 종묘나 문묘와 같은 중요한 국가적 제사에 관한 내용은 포함되지 않았다. 주로 지방관이 지켜야 할 사항을 규정하였다.7) 따라서 《홍무예제》는 점차 비판의 대상이 되었고, 세종 22년에 명으로부터 《명집례(明集禮)》의 구입을 시도하면서 차츰 《홍무예제》는 인용되지 않았다.8)

---

5) 李範稷, 〈國朝五禮儀의 成立에 대한 一考察〉, 《歷史學報》 122, 歷史學會, 1989, 16쪽 참조.
6) 鄭景姬, 〈朝鮮前期 禮制・禮學 研究〉, 서울대 박사논문, 2000, 52~53쪽.
7) 金海英, 《朝鮮初期 祭祀典禮 研究》, 集文堂, 2003, 46~66쪽.

태조대에는 의례를 정비하는 데에 제도적으로 고려의 틀을 이으면서 새로운 틀을 모색하였다. 태조대에는 오례와 관련되어 특히 길례에서 환구제(圜丘祭)의 준행(遵行)을 둘러싼 논의에서 특징적인 모습을 보인다. 환구제는 제사의 등급에서 대사(大祀)에 속할 뿐만 아니라 하늘[天]에 제사지내는 것으로, 천자로부터 명을 받은 제후로서는 원칙적으로 지낼 수가 없는 것이었다. 그러나 예조에서는 삼국부터 내려온 전통임을 내세워 경솔하게 폐지하지 말고 원단(圜壇)으로 그 이름을 바꾸어 지속할 것을 주장하였다.9) 원래 이 환구제는 고려 때에도 대사로 지냈는데 태조대에 와서 신하들 사이에 이견이 제시된 것이었다. 즉 이전부터 지내던 환구제를 제후국의 명분에 맞게 폐지하자는 의견에 대해 전통을 내세우면서 명칭을 바꾸어 존속시킨 것이었다. 그러나 대사로써의 환구제에 비판적인 견해가 대두하였다는 점이 이전과는 달라진 점이다.

흉례에서는 태조의 비(妃)였던 신덕왕후 강씨(神德王后 康氏)의 상을 치르는 데에서 특징적인 면이 드러난다. 즉 세자가 부친인 태조가 살아있는데도 재최삼년복(齊衰三年服)을 한 것은 당제나 송제를 근간으로 하였던 고려의 예제를 따른 것이었으며, 백관들의 백일(白日) 제복(除服) 또한 고려의 상제에서 영향을 받은 것이었다.10) 따라서 태조 연간에는 고려 때부터 시행된 오례의 틀을 크게 벗어나지 않으면서 국왕의 통치권을 높이는 방향으로 그대로 시행하려고 하였던 것을 알 수 있다. 다만 환구제의 사례에서 볼 수 있듯이 기존 오례의 쓰임에 문제를 제기하는 신하들이 나타났다는 점에서

---

8) 《세종실록》 권88, 세종 22년 1월 신해.
9) 《태조실록》 권6, 태조 3년 8월 무자.
10) 鄭景姬, 앞의 글, 56~58쪽 참조.

변화의 가능성이 내비치는 시기이기도 했다.

태종대에는 국가의례의 정비가 본격적으로 시도되었다. 이러한 의례의 정비는 오례를 운영하는 데서 살필 수 있다. 태종대에는 의례상정소(儀禮詳定所)라는 특별 기구를 만들어서, 건국 초의 정치적 불안정이 제거된 뒤 본격적으로 의례의 정비에 나섰다. 원래 오례와 관련된 일은 예조에서 주관하였으므로 예조의 건의가 대다수를 차지하였다. 세종대까지 포함하기는 하지만 의례상정소보다 예조에서 오례와 관련된 논의를 훨씬 더 많이 한 까닭은 예조가 의례를 주관하는 기관이었기 때문이다.11) 그러나 특별 기구까지 설치하였으므로 의례상정소는 예에 관련된 논의를 주도하였으며, 예조와 더불어 예를 논하기도 하였고, 그 가운데 오례에 관련된 것이 많은 것으로 보아 의례에 관련된 중요한 문제를 다루고 있었음을 알 수 있다.

태종대에는 이렇게 예조와 의례상정소를 중심으로 국가적인 의례를 정비하여 운영하게 된다. 태종대 오례 운영에서 나타나는 특징은 길례의 경우 제사의 등급을 조정하여 이후《세종실록》〈오례〉나《국조오례의》등 사전(祀典) 체계의 기틀을 마련하였다는 점이다.12) 특히 태종대에는 오례 가운데서 길례에 해당하는 예의 정비가 두드러졌다.

태종대의 오례에서 보이는 또 다른 특징은 흉례의 경우《주자가례》의 영향이 적지 않다는 점이다. 태종대의 흉례는 태종 8년(1408)에 태조가 승하함에 따라 나타난다. 예조에서는 계를 올려

---

11) 崔承熙,〈集賢殿研究(上・下)〉,《歷史學報》32・33, 歷史學會, 1966・67. 이 논문에 따르면 세종대에 오례에 관련해서 예조에서는 61회, 의례상정소에서는 14회에 걸쳐 언급이 있었으므로 예조에서 훨씬 더 많은 논의를 했음을 알 수 있다.
12)《태종실록》권25, 태종 13년 4월 신유.

서 '치상(治喪)은 한결같이 《주자가례》에 따를 것'을 주문하였고,
이에 더하여 《문헌통고》와 명의 〈예부상례방문(禮部喪禮榜文)〉을
인용하고 있다.13) 이러한 특징은 《주자가례》를 기본으로 채택하
면서도 당시 명나라에서 썼던 국상제도 함께 참고하였던 것을 보
여 준다.

 구체적인 절차에서도 태종의 최질(衰絰)은 전적으로 《주자가례》
를 따랐고, 태종이 여막(廬幕)에서 매일 《주자가례》를 읽은 사실은
《주자가례》가 기본이 되었음을 증명한다. 또 경·외관의 성복(成
服)인 포과사모(布裹紗帽)·참최직령(斬衰直領)·생마대(生麻帶)·백화
(白靴)·포과립(布裹笠)·백립(白笠) 등이 송대의 성복 복장과 유사
한 점, 경·외관복에 연제(練祭, 13일), 상제(祥祭, 25일), 담제(禪祭,
27일)의 변복(變服) 절차를 규정하여 송나라의 이일역월제(以日易月
制)와 같은 점, 성균생원(成均生員)·생도(生徒)·승도(僧徒), 조예(皂
隷)·나장(螺匠), 서민남녀의 소의(素衣)·소대(素帶) 삼일복(三日服)
도 송나라의 사·민·부인·군사의 삼일복과 같은 점 등은 송나라
제도의 영향을 받았음을 보여 준다. 명나라 제도의 영향도 구체적
으로 경관복과 외관복이 한결같이 27일 뒤부터 백의(白衣)·오모
(烏帽)·흑대(黑帶)로 삼년을 마치는 것에서 일치한다.14)

 한편 태종대에 《주자가례》가 크게 영향을 미치자 이에 반발하
여 왕례를 강조하는 경향까지 나타났다. 태종 8년에 태조의 신주
를 종묘에 모시는 예를 만들면서, 예조에서는 부묘례를 상정하기
위해 고제를 참고하려고 하였으나 《의례(儀禮)》와 《주자가례》에는
사례(士禮)만 실려 있어서 국가의 예는 상고할 만한 것이 없다고 하

---

13) 《태종실록》 권15, 태종 8년 5월 임신.
14) 鄭景姬, 앞의 글, 60~63쪽.

였다. 그래서 태조의 신주를 부묘하는 제사는 정현(鄭玄)의 '삼년상을 마친 뒤에 행한다'는 설에 근거하여 대상(大祥)을 기다린 뒤에 행할 것을 주장하였다.[15] 이런 점은 태종대에 《주자가례》를 중요한 기준으로 생각하면서도, 국왕의 흉례는 사대부의 의례와는 차이가 있어야 함을 주장한 것이었다.[16]

여기에서 조선초에 국가의 예인 오례를 정비하는 것이 지니는 의미를 되짚어 볼 필요가 있다. 왜냐하면 오례는 대체로 모든 권력이 군주에게 집중되도록 제정한 국가의례이기 때문이다. 조선초에 오례가 국왕 중심의 국가의례로서 만들어졌는지를 파악하는 것은 조선초 예의 성격을 규명하는 데에도 필요한 일일 뿐더러 조선초 국가의 성격을 이해하는 데에도 기여할 수 있을 것이다.

2) 《세종실록》〈오례〉의 편찬과 세종 연간의 의례 정비

세종대에 들어 국가의 예인 오례를 정비하려는 노력은 최종적으로 실록의 〈오례〉로 구현된다. 비록 세종의 사후에 《세종실록》에 부록으로 실리게 되었지만 실록의 〈오례〉는 고려의 《고금상정례》 이후 조선에서 최초로 정리한 오례서이며, 이와 함께 조선초 오례의 이해와 활용이 충분히 나타난 책이었다.

《세종실록》〈오례〉(이하 〈오례〉)의 특징은 다음과 같다. 우선 세종대에는 태종대와 마찬가지로 예조와 의례상정소가 중심이 되어 국가의 의례를 정비하였다. 이때 무엇보다 전문적인 관원의 확보가 필요하였는데, 이를 위해 세종은 집현전 학사들을 참여시켜 국가의례 정비의 수준을 한 단계 높였다. 특히 세종 17년 의례상정

---

15) 《太宗實錄》 권16, 태종 8년 9월 경신.
16) 李範稷, 《韓國中世禮思想硏究》, 一潮閣, 1991, 266~267쪽.

소가 혁파된 뒤 예조와 집현전을 중심으로 본격적인 정비가 이루어졌다. 편찬과정에서 〈오례〉는 《주례(周禮)》나 《고려사》〈예지〉 및 《국조오례의》의 오례항목 순서(길·흉·군·빈·가)와는 달리 길·가·빈·군·흉례의 순서로 구성된 것에서 《대당개원례》나 《송사》의 〈예지〉를 참작하였음을 알 수 있다.

또한 〈오례〉에는 《고려사》〈예지〉에는 없는 《주자가례》의 내용이 많이 보완되어 왕실 의례에 주자성리학에 따른 의례가 보충되었음을 알 수 있다. 예를 들어 가례에서는 '왕자혼례(王子婚禮)', '왕녀하가의(王女下嫁儀)', '종친급문무관일품이하혼례(宗親及文武官一品以下婚禮)' 등의 항목을 설정하여 친영(親迎)을 행하였음을 보여 준다.[17] 또 상례의 절차에서도 우제(虞祭)와 졸곡 등이 중시되고, 복제(服制)에서 '부재위모기제(父在爲母期制)' 등이 더해져 《주자가례》의 삼년상제가 서서히 받아들여지고 있음을 보여 준다.

하지만 〈오례〉에는 사례(士禮)가 누락된 측면이 있었다. 사례 가운데 혼례만 일부 제시되었을 뿐 많은 부분을 차지하는 상·제례는 누락되었다. 원래 《개원례》에서도 그러하듯이 왕실의 의례가 중심이었던 오례 체제에서도 왕례에 일부 사례를 첨가하는 것이 일반적이었다. 그럼에도 〈오례〉에서 사례의 대부분이 누락된 것은 〈오례〉가 사례(四禮)보다는 왕례에 관심이 더 많았다는 점을 반영한다.

그러나 길례에서 당 《개원례》나 《세종실록》에 나오는 배릉의(拜陵儀), 별묘의(別廟儀), 독제의(纛祭儀), 여제의(厲祭儀), 대부사서인시향의(大夫士庶人時享儀) 등이 〈오례〉에 누락된 사례 등은 왕권

---

17) 《세종실록》 권133, 〈五禮〉 '王子昏禮', '王女下嫁儀', '宗親及文武官一品以下婚禮'

이 일방적이지만은 않았다는 점을 반영한다. 환구제가 실리지 않은 것은 더욱 확실한 증거이다. 곧 세종과 관료 사이에 의견이 좁혀지지 않은 의례일 가능성이 높기 때문이다.18)

전체적으로 본다면 〈오례〉는 조선이 건국된 이후 국가의 의례를 정비한 것으로, 왕실 중심의 의례를 주된 내용으로 하였다. 그러나 세종대에 완성되지 못한 채 세종의 사후인 문종 때에 편찬이 이루어졌는데, 이 역시 오례 가운데 포함되는 사례의 많은 부분이 누락된 미완성본이었다. 따라서 전체 국가질서를 염두에 두고 편성을 시도하였음에도 〈오례〉에는 예론(禮論)이 충분히 예전(禮典)으로 갖추어지지 못하게 되었다. 다만 〈오례〉에 국왕 중심의 왕례가 주로 정비되었음에도 《주자가례》의 가례 논리가 일정하게 수용된 사실은 고려말 이래 성장한 사대부들의 영향을 짐작하게 해 준다.

따라서 세종 연간에 이루어지는 오례의 실천에는 몇 가지 측면이 한꺼번에 존재하였다. 우선 중국의 역대 왕조에서 실천하였던 예를 활용하였다. 〈오례〉에는 두우의 《통전》과 명의 《홍무예제》 및 고려의 《고금상정례》 등이 두루 인용되었는데, 이는 곧 세종대에 이들 의례가 활용되던 사정을 반영한다. 이 가운데 대체로 당·송제의 비중이 높았으며, 명제의 영향은 상대적으로 크지 않았다. 《홍무예제》가 주로 참고되었지만 이 경우에도 한정적으로 인용되는 편이었다.

송대의 예학이 적극적으로 반영된 것은 대상(大喪: 太宗 喪)과 내상(內喪: 世宗妃 喪)에서 중국과 우리나라에서 오랫동안 지속된 관행인 역월제를 혁파하였던 점에서 드러난다. 이는 송대의 예학을

---

18) 李範稷, 앞의 책, 306~322쪽.

적극적으로 수용하여 실천한 결과였다. 나아가 계조모복(繼祖母服), 계증조모복(繼曾祖母服), 계고조모복(繼高祖母服) 등 중국에는 없던 상복을 새롭게 정하기도 하였다.[19]

한편 세종대에는 국가적인 의례로 왕조례(王朝禮)를 실천하는 과정에서, 왕실의 권위를 높이려는 의례도 적지 않게 시행하였다. 단군·기자(箕子)·고려 태조 등 역대 왕조 시조제(始祖祭: 中祀)의 강화, 대상(大喪)을 지낼 때 친자복(親子服)과 친손복(親孫服)을 동복(同服)으로 정한 점, 명나라 황제상제(皇帝喪祭)의 정비, 능침 삭망제(陵寢 朔望祭)의 창설, 환구제의 시행, 취각령(吹角令)의 시행 등이 그러한 예로써 〈오례〉나 《국조오례의》에 수록되었다.

이러한 점들을 종합하여 본다면 《세종실록》〈오례〉는 기본적으로 《주자가례》를 이론의 중심에 놓고 국가의례의 중심인 오례의 기본 이론으로 활용하였음을 알 수 있다. 곧 국왕 중심의 오례를 강화하는 것으로 《주자가례》의 가례 질서를 활용하였다고 볼 수 있겠다. 이는 오례와 가례가 중국에서는 출발점이 왕례와 사례로서 달랐으나 고려말 조선초에는 서로 깊은 영향을 주었다는 점에서 중국의 경우와는 사정이 달랐음을 보여 주는 것이었다. 이러한 측면은 성종 때에 완성되는 《국조오례의》 단계에서는 더욱 뚜렷하게 나타난다.

---

19) 《세종실록》권77, 세종 19년 5월 기유 ; 권82, 세종 20년 7월 을사.

3. 《국조오례의》와 《경국대전》 〈예전〉

《세종실록》 〈오례〉가 문종대에 만들어진 뒤 오례를 정리하는 작업은 세조 2년에 추진되었다. 세조는 양성지의 요청에 따라 하위지(河緯地)에게 집현전에 나가 오례의 의주(儀注)를 책으로 만들도록 명령하기도 하였다.[20] 그러나 집현전이 혁파되는 등의 이유로 완성되지는 않았다. 결국 오례의를 정리하는 작업은 성종대로 이어져 성종 5년(1474) 강희맹(姜希孟), 정척(鄭陟), 이승소(李承召), 윤효손(尹孝孫), 신숙주 등이 《국조오례의(國朝五禮儀)》로 완성하였다.[21]

이 과정에서 세조는 정리한 오례를 독립된 예전으로 삼으려고 하지 않고, 자신이 가장 관심이 있었던 《경국대전(經國大典)》의 편찬에 덧붙여 〈예전(禮典)〉의 부속으로 삼으려고 하였다. 실제 《국조오례의》 서문에도 이와 같은 과정을 강희맹이 증언하고 있다. 그러나 이러한 시도는 세조의 훙서(薨逝)로 중단되었다.

《국조오례의》는 《세종실록》 〈오례〉를 기본적인 내용으로 삼아 《통전》, 《홍무예제》, 《고금상정례》 등을 모두 검토하고 참조하여 만들어졌다. 오례의 순서는 《세종실록》 〈오례〉와 마찬가지로 길·가·빈·군·흉이다.

《국조오례의》에는 《주자가례》의 내용이 《세종실록》 〈오례〉보다도 더 많이 반영되었다. 예를 들어 길례에는 종묘와는 별도로 국왕 가묘(家廟)로 만들어진 문소전에 대한 의례인 '사시급속절향문

---

20) 《세조실록》 권3, 세조 2년 3월 정유 ; 권4, 세조 2년 5월 갑오.
21) 《국조오례의》 卷首 姜希孟, 〈국조오례의서〉.

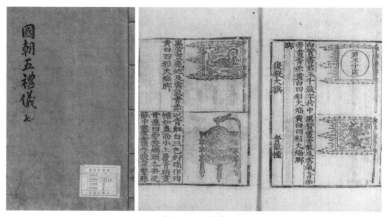

《국조오례의》

소전의(四時及俗節享文昭殿儀)' 같은 의례가 보완되었다. 상례에서도
'위외조부모거애(爲外祖父母擧哀)'가 추가되었으며, 가례에서 '왕세
자관의(王世子冠儀)'나 '문무관관의(文武官冠儀)'가 더해져 《주자가
례》의 영향이 증가된 것을 확인할 수 있다. 또 '대부사서인사중월
시향의(大夫士庶人四仲月時享儀)'와 '대부사서인상의(大夫士庶人喪儀)'
의 항목이 있는 것은 《송사》〈예지〉에 '대부사서인례(大夫士庶人
禮)'의 항목이 없는 것과는 비교가 된다. 또 《국조오례의》에는 '주
현포제의(州縣酺祭儀)'와 '주현려제의(州縣厲祭儀)' 등 주현의 의식과
'향음주의(鄕飮酒儀)', '향사의(鄕射儀)' 등 향촌의 예까지 포함하고
있다. 이런 점은 《세종실록》〈오례〉보다는 예를 적용한 범위가 더
욱 확대된 것을 의미한다.22)

　《세종실록》〈오례〉와 비교하여 《국조오례의》에서 달라진 예
(禮)를 정리하면 〈표 1-1〉과 같다.

22) 池斗煥, 〈한국예학의 변천과 예서 편찬〉, 《韓國儒學思想大系 Ⅲ》, 哲學思想
　　下, 한국국학진흥원, 2005 참조.

표 1-1. 《世宗實錄》〈五禮〉와 《國朝五禮儀》 내용 비교

구분	《세종실록》〈오례〉	《국조오례의》
서례 (書例)	- 오례(五禮)의 각 항목 앞에 있음	- 의식절차와 관계없이 別冊으로 편집함 - 圖說이 매우 상세함
길례 (吉禮)		- 永寧殿·文昭殿·懿廟의 親享儀, 攝事儀 분화 - 祭州縣名山大川儀 등 州縣관련 祭儀 추가 州縣酺祭儀, 久雨州縣禜祭城門儀, 纛祭儀, 纛祭先告事由及移還安祭儀, 厲祭儀, 州縣厲祭儀 - 王世子가 주체가 된 의례 추가 王世子酌獻文宣王入學儀, 王世子釋奠文宣王儀 - 大夫士庶人四仲月時享儀 추가
가례 (嘉禮)		- 常參朝啓儀 추가 - 王世子冠儀, 文武官冠儀 등 冠禮 추가
빈례 (賓禮)		변동 없음
군례 (軍禮)	- 취각령(吹角令) 있음	- 취각령(吹角令) 누락
흉례 (凶禮)		- 爲皇帝擧哀儀, 成服儀, 擧臨儀, 除服儀 등 明皇室에 대한 喪制 등장 - 爲外祖父母擧哀儀, 爲王妃父母擧哀儀, 爲王世子及夫人公主翁主擧哀儀, 爲內命婦及宗戚擧哀儀, 爲貴臣擧哀儀, 臨王子及夫人公主翁主喪儀, 遣使吊王子及夫人公主翁主喪儀, 遣使榮贈王子儀, 遣使致奠王子及夫人公主翁主喪儀, 王妃爲父母祖父母擧哀儀, 成服, 除服, 王世子爲外祖父母擧哀儀, 臨師傅貳師喪儀, 遣使致奠外祖父母嬪父母師傅貳師喪儀, 王世子嬪爲父母擧哀儀, 成服, 除服, 大夫士庶人喪儀 등 추가

〈표 1-1〉에서 알 수 있듯이 길례에서는 환구제의(圜丘祭儀)가 누락되어 있다. 이 의례가 세조 연간에 다시 시행되었던 사실을 고려해 볼 때 《세종실록》〈오례〉와 같이 누락시킨 것은, 비록 왕권을 수식하는 면이 강하였던 오례에서조차 중국과 동등한 예가 수

용되기 힘들었던 당시 상황을 반영한다. 또 길례에서 왕세자가 주체가 되어 행하는 예가 보완되었고, 주현에서의 제의 또한 증가하였던 점을 알 수 있다. 또 흉례에서 '위황제거애의(爲皇帝舉哀儀)'와 같이 명 황실에 대한 상제가 등장한 점과 왕자의 외가나 종실의 상제가 보완된 점, '대부사서인상의(大夫士庶人喪儀)'가 보완된 점 등이 특징이다. 이런 점을 고려해 보면《국조오례의》는《세종실록》〈오례〉에 견주어 왕례가 주체가 되는 오례에 사대부와 서인까지 포괄하는 점이 특징적으로 나타난다.23)

고려 때 의례와의 차이를 구체적으로 문묘 관련 의례로 살펴보면, 고려시대의 문묘 관련 의례는 '작헌문선왕시학의(酌獻文宣王視學儀)', '유사석전문선왕의(有司釋奠文宣王儀)', '주현석전문선왕의(州縣釋奠文宣王儀)'의 세 종류만 확인된다. 이에 견주어《세종실록》〈오례〉에는 '시학작헌문선왕의(視學酌獻文宣王儀)', '왕세자석전문선왕의(王世子釋奠文宣王儀)', '유사석전문선왕의(有司釋奠文宣王儀)', '주현석전문선왕의(州縣釋奠文宣王儀)'가 수록되어 왕세자의 석전제(釋奠祭)가 추가되었고,《국조오례의》에서는 '향문선왕시학의(享文宣王視學儀)', '작헌문선왕시학의(酌獻文宣王視學儀)', '왕세자작헌문선왕입학의(王世子酌獻文宣王入學儀)', '왕세자석전문선왕의(王世子釋奠文宣王儀)', '유사석전문선왕의(有司釋奠文宣王儀)', '문선왕삭망전의(文宣王朔望奠儀)', '문선왕선고사유급이환안제의(文宣王先告事由及移還安祭儀)', '주현석전문선왕의(州縣釋奠文宣王儀)', '주현문선왕선고사유급이환안제의(州縣文宣王先告事由及移還安祭儀)'의 9종으로 늘어나 고려 때와는 사뭇 다르게 문묘 관련 의례가 증가된 것을 알 수 있다.

---

23) 李範稷, 앞의 글, 22~26쪽.

단지 문묘와 관련된 의례가 늘어난 것만이 변화의 전부가 아니었다. 늘어난 의례에서 시행되는 의절(儀節)은 곧 문묘의 위상과 밀접한 관계가 있다. 세세한 의절이 만들어지는 과정이나 이와 관련된 토론은 곧 문묘의 위상과 직접적으로 관련이 있다. 국왕이 문묘에 행차하여 직접 석전을 주관할 때에도 초헌관(初獻官)으로서 공자의 신위에만 술잔을 올리고, 나머지 배위(配位)에서는 배위 초헌관을 두었던 것은 국왕으로서의 위상을 드러내는 예이기도 하다.

문묘 의례와 관련하여 고려 때와의 차이뿐만이 아니라 같은 시기 중국과의 차이도 주목이 된다. 곧 중국보다 조선에서는 왕세자 관련 의례가 증가하였다. 중국은 왕세자와 관련된 의례가 거의 없거나, 있어도 시행되지 않았던 것으로 보인다. 그러나 조선에서는 왕세자가 직접 성균관에 입학하는 입학례(入學禮)를 거행하였으며, 입학에 앞서 문묘에 작헌(酌獻)하는 것을 당연하게 여겼다. 이러한 현상은 중국과는 다른 문묘의 위상을 보여 주는 것으로써, 다음 시기의 국왕인 왕세자를 유학의 도통 안에서 길러야 한다는 현실적인 합의를 보여 주는 사례인 것이다. 왕세자가 배례(拜禮)를 하는 대상이 누구인지에 관한 문제, 곧 문묘에 누가 모셔지는가의 문제는 매우 현실적인 측면을 내포하고 있었다.

그런데 성종대에는 《국조오례의》가 편찬되었음에도 그 규정들이 그대로 지켜서 행해진 것은 아니었다. 실제 성종 때 시행된 예종의 상제는 삼년상을 지내야 하지만 기년(朞年)의 단상(短喪)으로 치렀다.[24] 또 내상(內喪)의 경우 백관들의 삼년상제도 별다른 근거 없이 제정되었다. 성종 14년에 정희왕후(貞熹王后)의 상에 《국조오

---

24) 《성종실록》 권7, 성종 1년 8월 계해.

례의》의 기년상제 규정과는 달리 삼년상제가 채택되었다.25) 그밖에도 적지 않은 사례가 발견되는데, 이는 《국조오례의》가 편찬된 뒤에도 세조대에 왕권을 높이는 쪽으로 정해졌던 예제가 아직 전면적으로 바뀌지 않았던 분위기를 반영하는 것이다.

한편 《국조오례의》의 편찬과 함께 성종대에는 《경국대전》이 완성되었는데, 여기에 포함된 〈예전〉에도 국가의례에 관련된 내용이 적지 않았다. 세조대에 오례를 수정하여 《경국대전》의 〈예전〉에 포함하려는 시도가 있었다는 사실은 앞에서 지적한 바와 같다. 비록 오례가 포함되지는 않았지만 〈예전〉에는 기본적으로 준수해야 할 관련 의례들이 수록되었다.

예를 들어 〈예전〉의 '오복(五服)'을 규정한 조목을 《주자가례》와 《대명률(大明律)》과 비교한 연구에 따르면 대체로 《경국대전》 〈예전〉은 《대명률》보다는 《주자가례》를 따르고 있다. 즉 〈예전〉의 총 101조목 가운데 《주자가례》의 복제 규정과 다르게 추가하거나 개정한 경우는 6조목에 지나지 않았다. 다만 4대(代)를 종족 구성의 한계로 설정하는 《주자가례》와는 달리 사대부가(家)의 제의에서 동증조의 소종으로 3대까지 봉사하도록 한 규정은 고려의 예제를 반영하는 것이었다.26)

25) 《성종실록》 권153, 성종 14년 4월 계해.
26) 張東宇, 〈《經國大典》 〈禮典〉과 《國朝五禮儀》 〈凶禮〉에 반영된 宗法 이해의 특징에 관한 고찰〉, 《조선 건국과 경국대전체제의 형성》, 혜안, 2004 참조.

4. 예학의 발달

조선이 건국된 후 15세기에는 국가적인 의례를 정비하고 시행하는 일이 꾸준히 이루어졌고, 이에 따라 의례를 수정, 보완하는 일이 거듭되자 오례를 중심으로 예제상의 변화가 이루어졌다. 이 과정에《주자가례》가 많은 영향을 끼친 점은 앞에서 살펴본 바와 같다.《주자가례》는 왕실에도 적용되는 예로서 적극 활용하였지만《주자가례》자체는 사례(士禮)로써 출발한 것이기에 사대부들도 이를 이해하고 적용하는 데 깊은 관심을 가졌다.

그런 관심 속에서 국가는《주자가례》를 보급하려고 하였고, 사대부 또한《주자가례》를 이해하기 위한 글을 저술하기도 하였다. 권근의《예기천견록(禮記淺見錄)》과 어효담(魚孝瞻)의《예기일초(禮記日抄)》와 같은《예기》와 관련된 저술도 있었고 김숙자(金叔滋)의 〈제의(祭儀)〉, 〈축문(祝文)〉, 〈묘제의(墓祭儀)〉 등도 저술되었다. 〈제의〉에서 제사는《주자가례》를 근본으로 삼으라고 하였다. 이런 점은 그의 아들인 김종직(金宗直)이 간행한《이존록(彝尊錄)》의 〈선공제의(先公祭儀)〉 항목에서 더욱 보완되었다.

16세기가 되면《주자가례》를 이해하고 실천하는 폭은 더욱 넓어졌다. 16세기 초에는 이현보(李賢輔)의《제례(祭禮)》, 이언적의《봉선잡의(奉先雜儀)》, 송기수(宋麒壽)의《행사의절(行祀儀節)》 등 예와 관련된 저술이 등장하였다. 이 가운데 이현보의《제례》는 그가 이황과 서신을 교환하며 자문을 구하여 저술한 것으로, 그 항목들이《주자가례》와 같으며 설명은《주자가례》를 간단히 요약하였다. 따라서《제례》는《주자가례》를 거의 따르면서 다만 당시의 풍속에서 필요한 부분만 참조하여 만든 예서라고 할 수 있다.

　이언적의 《봉선잡의》는 상·하권 1책으로 이루어져 있는데, 상권은 《주자가례》〈통례(通禮)〉의 '사당'과 '제례'를 중심으로 서술되었고, 여기에 《사마씨서의(司馬氏書儀)》, 정이(程頤)의 〈제례(祭禮)〉와 속례(俗禮) 등을 참조하여 서술되었다. 다만 하권은 《예기》를 기본 항목으로 하여 정이, 황간, 장재(張載), 사마광(司馬光), 진호(陳澔), 주희 등 많은 송대 학자들의 견해를 주로 서술하여 《주자가례》를 보완하였다. 송기수의 《행사의절》은 그의 5대조인 송유(宋愉)가 《주자가례》를 참작하여 만들어 유교(遺敎)로 전해지던 것을 보완하여 저술한 예서이다. 이 책도 《주자가례》의 항목을 그대로 따르고 있으며, 각 항목마다 《주자가례》에 있는 설명을 간단히 요약하여 서술하였다.

　이와 같이 16세기 전반에 나온 예서들은 《주자가례》를 기본으로 하면서도 보충해야 하는 것은 《예기》나 다른 학자의 견해들로 보완하였다. 16세기 중반으로 가면 본격적으로 제례서가 출현하면서 예에 대한 학문적인 관심도 증폭되었다. 대표적인 인물인 서경덕(徐敬德), 김인후(金麟厚), 이황, 조식 등이 모두 《주자가례》를 실천하는 데에 적극적인 관심을 보였다.

　서경덕은 인종 1년에 중종의 대상이 고례(古禮)에 맞지 않는다는 점을 지적하였다. 곧 고례에 따라 사(士) 이상의 신하들은 참최삼년복을 입고, 졸곡 뒤에 백의와 백립을 벗을 것을 주장하여 후대에 정구의 칭송을 받기도 하였다. 서경덕의 문인(門人)인 박지화(朴枝華) 또한 예에 관심이 많았다. 사례서(四禮書)의 체제인 《사례집설(四禮集說)》을 저술한 것으로 보아 상당한 수준에 도달하였으리라고 추정된다. 이중호(李仲虎)도 서경덕의 문인으로서 예에 조예가 있었다.

김인후는 〈가례고오(家禮考誤)〉를 지었다. 두 쪽 밖에 되지 않는 짧은 글이지만, 《주자가례》에서 의문나는 곳을 나름대로 수정한 최초의 예서이다. 이전에 편찬된 예서들이 대체로 생활에서 지켜야 하는 규범으로 받아들이고자 저술되었다면, 이 글은 《주자가례》를 학문적 탐구의 대상으로 삼았다는 점에서 의미가 있다. 이이는 《격몽요결(擊蒙要訣)》을 지으며, 〈제례〉를 보완하기 위해 〈제의초(祭儀鈔)〉를 지었다. 유성룡(柳成龍)의 형인 유운룡(柳雲龍)은 고례를 좋아했으며, 관혼상제는 《주자가례》를 모두 따랐다고 한다. 그가 지은 〈추원잡의(追遠雜儀)〉는 크게 보아서는 《주자가례》를 쉽게 참고하여 제사지내는 데 도움이 된다.

16세기 후반에는 제례뿐만 아니라 상례에까지 관심의 폭이 넓어진다. 이에 따라 심수경(沈守慶)의 《상제잡의(喪制雜儀)》, 유희경(劉希慶)의 《상례초(喪禮抄)》, 신의경(申義慶)·김장생의 《상례비요(喪禮備要)》, 김성일(金誠一)의 《상례고증(喪禮考證)》, 이정암(李廷馣)의 《상례초(喪禮抄)》, 유성룡의 《상례고증(喪禮考證)》 등이 저술되었다. 유희경은 천얼(賤孼) 출신으로 가례에 조예가 있었으며, 갖가지 예서에 정통하여 사대부가 상을 당할 경우 그를 초청하여 상례를 주관하게 할 정도였다.

신의경은 《상례비요》를 저술했는데, 이 책은 《주자가례》를 기본으로 하여 여러 학자들의 예설을 보완하고 시속(時俗)의 제도를 덧붙여 만들었다. 이 책을 김장생이 선조 16년(1583)에 자세하게 교정하고 가감하여 최종적으로 만들었는데, 특히 상례와 관련된 본문을 중심으로 예경과 여러 학자들의 해석을 참고하여 초상(初喪)에서 장제(葬祭)에 이르는 모든 예절을 정리하여 서술하였다. 나

중에 이 책은 김장생의 아들인 김집이 교정하여 인조 26년(1648)에 재간행되었다. 비록 분량이 2권 1책으로 많지 않았지만 상례와 관련해서는 김장생·김집 부자가 요령 있게 설명함으로써 평판이 자자했다.

김성일은 이황의 제자로서 《상례고증》 등을 지었다. 이 책은 《주자가례》의 항목과 같고 소항목은 《주자가례》의 항목에 해당하는 내용을 《예기》에서 발췌하였다. 소항목을 설명하는 데에 전체적인 과정보다는 용어를 설명한 것이 많으며, 기본적으로는 《주자가례》를 참조하였으나 동일한 것은 아니었다. 이황 문하의 유성룡도 김성일의 그것과 같은 제목의 《상례고증》을 저술하였다. 유성룡의 《상례고증》은 김성일의 《상례고증》보다 《주자가례》의 항목에 더 가까운 편이다.

16세기 말에는 상례 이외에도 관혼상제를 다루는 사례서(四禮書)가 많이 등장하는데, 송익필(宋翼弼)의 《가례주설(家禮註說)》과 김장생의 《가례집람(家禮輯覽)》이 대표적이다. 비교적 완벽한 체제와 내용을 갖춘 본격적인 가례의 주석서는 송익필의 《가례주설》에서 시작하였다. 송익필은 천인이라는 불우한 출신 배경 때문에 뛰어난 재주를 지녔으나 합당한 대우를 받지 못했다. 그럼에도 문장과 학문에 조예가 깊어 많은 학자와 학문을 논하였으며, 김장생이나 김집, 정엽, 서성(徐渻), 정홍명(鄭弘溟), 송이창(宋爾昌) 등을 제자로 키웠다.[27] 그러나 그가 직접 지은 저술은 많지 않고, 《가례주설》도 영조 38년에 《귀봉집(龜峯集)》이 간행될 때 비로소 수록되었다.

---

27) 鄭在薰, 〈沙溪 金長生의 學問과 經世思想〉, 《역사문화논총》 3, 역사문화연구소, 2007 참조.

이후 17세기에는 이전의 예학이 더욱 발전하여 예학에 관한 논쟁까지 일어났다. 이 과정에서 중국의 예학에서 벗어나 조선의 현실을 반영하는 예학이 표면화되었다. 이때에는 서인과 남인의 붕당 사이의 경쟁도 치열하였는데, 이러한 대립은 예설에서도 나타났다. 남인인 정구는 《오선생예설분류(五先生禮說分類)》를 저술하였는데, 여기에 주희의 예설을 다른 송유(宋儒)들과 같은 비중으로 목차에 따라 편집해 넣음으로써 서로 비교할 수 있게 하였고, 동시에 《주자가례》 일변도의 흐름에서 벗어나려 하였다. 이러한 시야의 확대는 다시 고례인 《예기》나 《의례》에까지 거슬러 올라가, 다음 세대인 허목(許穆)과 윤휴(尹鑴)까지 연결되었다. 그러나 다섯 학자인 정호(鄭灝), 정이, 사마광, 장재, 주희 가운데 주희의 해석이 대부분이었던 점은 시대 분위기와 무관할 수 없었던 측면으로 이해할 수 있다.

남인의 한 사람이었던 조호익(曺好益)은 《가례고증(家禮考證)》을 저술하였다. 《주자가례》 가운데 해석되지 않는 문자나 어려운 사물에 대해 그 출처를 상고하여 밝히고, 경사(經史)를 인용하여 증거하고 사이사이에 의견을 덧붙여 이해하기 쉽게 고증하였다. 사례 가운데 관례와 혼례는 조호익이, 상례의 성복 이하 제례는 그 제자인 김육(金堉)이 고증한 것이다. 이 책은 남인 계통의 학자가 만든 최초의 《주자가례》 연구서라고 할 수 있으며, 그 뒤 입문서의 기능을 하기도 하였다. 그밖에도 이황의 문인인 신식(申湜)이 《주자가례》의 완벽한 번역서인 《가례언해(家禮諺解)》를 저술하여 우리말로의 번역이 완료되었다.

서인에서는 예학의 대가인 김장생의 《가례집람》을 김집과 그 동문들이 교정하여 숙종대에 간행하였다. 《가례집람》은 김장생의

가례 연구에서 가장 중요한 기점을 이루는 저작이다. 그는 이전에 상례와 제례에서 출발하여 가례 전반에까지 관심을 확대하여 기존의 논의를 정리하는 의미로 이 책을 지었다. 송시열은 이 책의 후서(後序)에서 주자가 만년에 뜻을 다한 것은 예서뿐이므로 후학들이 여기에 마음을 다해야 한다고 하면서, 김장생이 《상례비요》와 《의례문해(疑禮問解)》를 지어 상변(喪變)에 대비하였다고 하였다. 이어 김장생이 《주자가례》에 문제가 있다고 보아 이를 조목조목 해석하고, 장구(章句)를 구별하고, 빠지거나 소략한 내용을 보완하고 잘못된 것은 바로 잡았으며, 의심나는 것은 빼버렸다고 평가하였다.[28]

《가례집람》에는 국내 학자들의 예설에 대한 성과를 풍부하게 인용하였다. 인용한 횟수를 보면 이황(32회)이 가장 많고, 김인후(8회), 이언적(7회), 송인(宋寅, 7회), 송익필(5회), 정구(4회), 정경세(2회), 이이, 신식, 한백겸(韓百謙), 심수경, 정렴(鄭磏) 등을 인용하였다. 이로써 송대에 다 갖추지 못한 가례를 조선에서 완비한 것이다. 결국 《가례집람》은 《주자가례》에 대한 조선식의 학술적인 증보판이었다. 《가례집람》에 대해 "《주자가례》를 미완성으로 간주하고 여러 예가(禮家)의 설을 모아 조목별로 해석·보충하였다"[29]는 연보(年譜)의 평가는 바로 이런 점에서 나온 것이다. 송시열이 《가례집람》을 황간의 《가례속편(家禮續編)》에 빗댄 것은 주자에게서 발원한 예학의 적통이 이이와 김장생을 거치면서 김집을 통해 자신에게 이어진 점을 말한 것으로, 이 또한 주자의 예학을 조선에서 완성한 것에 초점을 둔 지적이다.

---

28) 《사계전서》 권50 〈가례집람후서〉
29) 《사계전서》 권43·권44 〈연보〉

한편 김장생이 가진 예에 대한 견해를 국상 의례의 관점에서 보면, 졸곡제 후 백립을 하는 제도가 사림의 주장으로 점차 확립되어, 흑립을 하는 졸곡 단상제를 거부하고 졸곡을 하나의 상례절차로 여기는 실질적인 삼년상제가 확립되어 가는 것을 의미하였다. 중종대에서 선조대까지 확립되어 온 의례 정비는《국조오례의》에서 부족했던 사항을《주자가례》의 원칙에 따라 수정해야 할 필요를 제기하였고, 이러한 논의가 지속되었다. 그 결과《국조오례의》를 개정하는 대신 17세기 초에 김장생의 《가례집람》·《상례비요》, 신식의《가례언해》등의 형태로 추구되었던 것이다. 즉 국상에서도 사대부와 공통되는 예로써 대체되는 것을 뜻한다.

김장생은 예학에서《주자가례》에 고려나 조선의 시속을 활용하여 보완함으로써 사대부의 예를 총정리하였다는 점에서 의미가 있다. 더욱이 김장생은《상례비요》에서부터 상례에 관심을 가졌고, 《가례집람》도 상례에 가장 큰 비중을 두면서 학문적인 접근을 하였기 때문에 실천과 이론 두 측면에서 상례에 가장 정통하였다. 그 결과 그는 인조반정 이후 전례(典禮) 문제에까지 자문을 하게 되었고, 이를 왕례에까지 넓히려고 하였다. 곧 왕례의 특수성을 고려할 경우에도 사례(士禮)의 보편성이 전제된 위에서 왕례가 의미를 지닌다는 점을 주장함으로써 사대부 예의 보편성을 왕례보다 우선하였던 것이다. 예학을 보는 이러한 관점은 경학에서 사대부 보편의 이(理)를 중심으로 이해한 경향과 비슷하다.30)

김장생의 아들인 김집 또한 부친의 뜻을 이어 국가의 예로 지켜 유지되어 온《국조오례의》의 예제를 바꾸어야 한다는 시대적 요

---

30) 鄭在薰, 《朝鮮前期 儒教政治思想研究》, 태학사, 2005 ; 정재훈, 《조선시대의 학파와 사상》, 신구문화사, 2008 참조.

구를, 예제의 수정과 예론을 통해 새롭게 제시하였다. 예를 들어 《국조오례의》에 드러난 국왕의 흉례 내용에서 문제가 되는 부분은 주자의 《의례경전통해(儀禮經傳通解)》를 원용하여 《주자가례》의 관점을 보완하였다. 즉 김집의 예학과 예론에서 주요한 관점은 사례인 《주자가례》의 이론을 왕실의 예와 조화시키는 것이었다.31)

18세기가 되면 이전까지의 사례(四禮)에 대한 연구를 종합하여 시행하는 데에 실제 참고할 만한 책으로 이재(李縡)의 《사례편람(四禮便覽)》이 등장한다. 이 책은 사례에 관한 깊이 있는 이해를 바탕으로 《주자가례》의 허점을 보완하여 이를 현실적으로 응용하기 편리하도록 엮은 것이다. 《사례편람》은 그의 손자인 이채(李采)가 보완하고, 19세기에 가서야 간행되어 많은 영향을 끼쳤다.

이와 같이 살펴보면 16세기 이후 사대부들에게 사례(士禮)를 실천하기 위해 《주자가례》를 이해하고 실천하는 일은 매우 필요한 현실적인 문제였음을 알 수 있다. 15세기에도 《주자가례》는 이해와 실천의 대상이기는 하였지만 본격적으로 연구되지 못하였다. 그러나 16세기 이후 사림이 정계의 중심을 차지하고, 향촌 사회에서도 사족으로서 실질적인 지배자가 되자 사례(四禮)의 이해와 실천은 곧 필수적인 문제로 등장하였다. 《주자가례》를 중심으로 예학을 깊이 있게 이해하고 실천서적을 간행한 것은 이러한 문제를 해결하고자 등장한 것이었다. 이러한 과정에서 점차 사례(士禮)의 운영 원리는 왕례의 운영 원리와 부딪히지 않을 수 없었다. 17세기에 나타난 예송논쟁은 사례의 깊이 있는 실천이 곧 왕례와 갈등을 겪을 수밖에 없던 현실을 보여 준다.

---

31) 李範稷, 〈愼獨齋 金集의 禮學—愼獨齋의 國家典禮思想〉, 《朝鮮時代 禮學研究》, 國學資料院, 2004 참조.

따라서 왕실 또는 국가에서는 새로운 예제를 정비하고자 시도해야만 했다. 왕례의 상징이었던 오례를 정비한 《국조오례의》의 속편인 《국조속오례의》의 편찬과 《국조상례보편(國朝喪禮補編)》의 편찬, 그리고 나아가 《춘관통고》의 편찬은 이러한 맥락에서 시도된 재정비로 이해할 수 있다.

5. 《국조속오례의》와 《춘관통고》

《국조오례의》가 만들어진 이래 왕례의 실천에 《주자가례》의 원리가 깊은 영향을 미친 것은 앞서 지적한 바와 같다. 특히 17세기 예송논쟁까지 겪으며, 왕례의 실천에 신하들의 의견이 적극 개입되면서 왕례의 재정비가 필요한 상황이 되었다. 더욱이 시대의 변천에 따라 《국조오례의》의 내용 가운데 부적합한 부분이 적지 않게 발생하였으므로 이의 개정이 요구되었다.

《국조속오례의(國朝續五禮儀)》가 간행되는 계기가 되었던 영조대의 경연에서는, "숙종 때에 임금과 신하의 복제를 수의(收議)한 것은 《주례》이후 처음 있었던 일"이라고 하면서 이에 관해 실린 책이 없음을 간행의 이유로 들었다.32) 이 책은 영조 17년(1741) 6월에 간행을 명한 지 3년 뒤에 완성되었는데, 《속대전》과 같은 시기에 편찬되었다.

《국조속오례의》를 《국조오례의》와 비교하여 보면, 길례에 관해 《국조오례의》에 누락되었거나 덜 갖추어진 의식으로 서계의(誓戒

---

32) 《영조실록》 권51, 영조 16년 6월 임신.

儀)·전향축의(傳香祝儀) 등 국왕이 친림(親臨)하는 의식 절차와, 종
묘와 영녕전을 배알하는 의식으로 세자·왕비·세자빈 등의 알종
묘영녕전의(謁宗廟永寧殿儀)가 있다. 또 영희전의(永禧殿儀)·장녕전
의(長寧殿儀)·행릉의(幸陵儀) 등 궁궐 안에서 영정을 봉안하거나 제
사를 지내는 의식을 규정한 것도 많다.

가례에는 국왕·대왕대비·왕비·왕대비 등의 존호를 올리는 존
호책보의(尊號冊寶儀)를 비롯해 납비(納妃)에 대한 친영의(親迎儀)와
궁중의 경사 때 베푸는 진연의(進宴儀), 왕이 직접 유생에게 시행하
는 유생전강의(儒生殿講儀) 등이 추가되었다. 군례에는 대사례(大射
禮)에 추가한 대사의(大射儀)를 비롯해 노포(露布)와 일식(日食)에 대
한 의식이 보완되었다. 흉례에는 복제(服制)·재궁(梓宮)·발인(發
靷)·영가(靈駕) 등에 대한 절차와 망곡(望哭)·천릉(遷陵)·복위(復
位) 등의 의식이 추가로 보완되었다. 이와 같이 추가로 보완되거나
변화된 의절은 변증(辨證)을 하여 〈국조오례의고이(國朝五禮儀考異)〉
라고 하였다.33)

다만 상례 가운데는 줄여 없애거나 이정(釐正)한 것이 많아서 이
를 《국조상례보편》으로 다시 정리하였다. 이 책은 《국조오례의》
의 의주(儀注) 가운데 없어진 것이나 달라진 것을 중점으로 정리하
였다.34) 따라서 이 책에는 소상의주(小喪儀注) 전문을 덧붙여 넣거
나, 효장세자(孝章世子)의 빈이었던 현빈(賢嬪)의 상(1751)이나 의소
세손(懿昭世孫)의 대·소상, 인원왕후(仁元王后)의 상(1757) 때에 거
행된 의식 등도 보완하였다. 특히 《국조상례보편》에는 왕실에서
도 실질적인 삼년상제를 치를 것이 주장되어 관련된 상례를 모아

---

33) 池斗煥, 앞의 글 참조.
34) 《영조실록》 권77, 영조 28년 6월 경자.

정리한 점에서 의미가 있다. 조선전기에 흑립을 하는 졸곡 단상제를 졸곡에 백립을 하는 삼년상을 지향함으로써, 이전까지 왕실에서 연제(練祭) 상제를 형식적으로 치렀던 것에서 변화한 것이었다.

영조 때 만들어진《국조속오례의》나《국조상례보편》에 이어서 정조대에는《춘관통고》가 편찬되었다.《춘관통고》는 정조 12년(1788), 유의양(柳義養)이 왕명을 받아《춘관지(春官志)》,《국조오례통편(國朝五禮通編)》등을 바탕으로 예조가 관장하는 모든 예제와 예무(禮務)를 길·가·빈·군·흉의 오례로 나누어 총정리하여 편찬한 책으로, 모두 96권 합 62책의 방대한 분량이다.《춘관통고》는 예조에 소관되는 각종 예제와 연혁 등을 조선초부터 정조 초기까지 서술하고, 이에 관한 고실(故實)·의주·도설(圖說)·도식(圖式)·원의(原儀)·속의(續儀)·보의(補儀)·증의(增儀) 등을 포괄적으로 각각 붙여서 조선시대에 시행된 모든 예제를 일목요연하게 이해할 수 있게 하였다.

《춘관통고(春官通考)》는 이전과는 다른 의례는 '금의(今儀)'의 형태로 정리하였다. 따라서 이 금의만 보더라도 조선후기에 달라진 의례를 짐작할 수 있다. 오례를 통틀어 대체로 궁·원(園)·묘(墓), 진연(進宴)·하례(賀禮), 어진(御眞)·진전(眞殿), 경연(經筵), 사례(射禮)·조련(操練) 등의 의절 등이 많이 추가되었다. 이들은 모두 국왕이 직접 행하는 의례와 관련된 것으로 국왕의 권위를 드높이는 방향의 것이었다. 본래 국가전례는 국가의 정점에 서 있는 국왕과 관련된 의례가 대부분을 차지할 만큼 국왕이 친히 시행하는 의례가 많을 수밖에 없는 것이 일반적이다. 그렇지만 조선후기에 들어 특별하게 국왕 또는 그 직계에 해당하는 세자나 세손, 왕비 등이 주체가 되어 행하는 의절이 증가하였다는 사실은 새롭게 분석될

수 있다.[35)]

한 가지 사례로 조선전기에는 없다가 《춘관통고》에 수록된 의절 가운데 기신친향제릉의(忌晨親享諸陵儀)는 조선전기와 조선후기의 변화된 의례를 뚜렷하게 보여 준다. 조선전기에는 선왕의 기신일(忌晨日)에 왕릉으로 가서 제사를 하는 경우가 없었다. 이런 의절은 바로 조선후기의 특성을 보여 주는 바 조선전기의 기신의가 불교적 성격이 가미된 것에서 벗어나 왕릉에서 직접 제사를 지냈다는 데에서 의미가 있다.[36)]

정조대에 만들어진 《향례합편(鄕禮合編)》도 정조가 이병모(李秉模) 등 규장각의 각신(閣臣)에게 명하여 향례에 관한 것을 모아서 엮은 책이다. 이 책은 의례의 향음주례(鄕飮酒禮), 향사지례(鄕射之禮)와 사관(士冠), 사혼(士昏)의 의례에 여씨향약(呂氏鄕約) 등을 모아 풀이를 덧붙여 백성들이 보고 실행하기에 편하도록 엮었으며, 대체로 위의 의례를 설명하면서 《예기》부터 당·송·명의 예와 《국조오례의》 및 《주자가례》 등을 다양하게 인용하여 설명하였다. 사실 이러한 특징은 정조대에 일반적으로 나타나며, 경학에서도 비슷한 양상이 보인다. 《국조속오례의》에서 왕권을 높이는 방향으로 왕실의 의례를 정비한 것과 비슷하게 향례, 즉 사대부의 예까지 국가의례의 울타리 안으로 포괄하려는 의도에서 정리한 것으로 추정된다.

---

35) 김지영, 〈18세기 후반 國家典禮의 정비와 《春官通考》〉, 《韓國學報》 114, 일지사, 2004 참조.

36) 鄭在薰, 〈조선후기 왕실 忌晨祭의 설행과 운영〉, 《규장각》 31, 서울대 규장각 한국학연구원, 2007 참조.

6. 《대한예전》

《대한예전(大韓禮典)》은 모두 10책으로 이루어진 대한제국의 국가전례서이다. 이 책은 1897년 대한제국이 출범한 지 불과 1년 여의 시간이 지난 1898년에 편찬된 것으로 추정된다.[37] 이 예전은 대한제국의 창건에 따라 과거의 예제를 고쳐 독립된 제국에 맞게 예를 시행하고자 만들었다. 따라서 기존의 예전을 저본으로 하여 보충하거나 산삭(刪削)하였는데, 주로 명칭이나 제도에서 바뀐 내용이 많았다.

이 예전의 특징을 보면 우선 왕·왕비·왕대비·왕세자 등을 황제·황후·황태후·황태자 등으로 그 호칭을 바꾸었다. 또 근정전을 태극전(太極殿)으로, 전(箋)을 표(表)로, 교서(敎書)를 조서(詔書)로, 재계(齋戒)를 서계(誓戒)로, 오사(五祀)를 칠사(七祀)로 바꾸었다. 신설된 제도로는 황제의 즉위식을 원구단(圓丘壇)에서 시행하였고, 마찬가지로 제천 의식도 원구단에서 시행하였다. 또 원구에 대한 등가(登歌)와 궁가(宮架), 문무(文舞)와 무무(武舞)를 신설하였다. 뿐만 아니라 면복(冕服)과 관복(官服)의 제도를 증설하였으며, 황자와 황녀의 혼서식(婚書式)을 새로 정하기도 하였다.

한편 폐지된 제도는 정월과 동짓달 및 중국 황제의 탄일(誕日)에 궁중에서 중국 쪽을 향해서 행례(行禮)하던 망궐행례(望闕行禮)와 천추절(千秋節)에 행하던 망궁행례(望宮行禮), 조서와 칙서를 받던 영

---

37) 편찬시기와 관련해서는 정확하게 알 수 있는 기록이 남아 있지 않다. 곧《고종실록》이나《일성록》,《승정원일기》등의 연대기류의 기록이나 다른 기록을 보아도 관련 기사가 나오지 않기 때문이다.

조(迎詔), 영칙(迎勅)의 절차, 표문(表文)을 올릴 때 행하던 배표(拜表)의 절차, 중국 사신을 접대하고자 행하던 영조정사(迎朝廷使)의 절차, 중국 황제의 죽음을 거애(擧哀)하던 위황제거애(爲皇帝擧哀)의 절차 등이었다.

《대한예전》의 편찬을 위해 사례소(史禮所)를 설치하였다. 편찬 과정에는 의정부 참정(參政)이자 내부대신인 남정철(南廷哲)이 총괄하였고, 장지연(張志淵) 등이 참여하였다. 그러나 《대한예전》의 편찬이 채 끝나지도 않은 상황에서 사례소가 해산되었는데, 장지연은 이에 굴하지 않고 완성하여 고종에게 올린 것으로 보인다.[38] 《대한예전》이 만들어진 뒤 황제국의 전례대로 얼마나 시행되었는지는 자세하게 알려져 있지 않다.

7. 조선시대 국가와 의례의 의미

조선시대에는 비교적 발달한 국왕 중심의 중앙집권제의 운영 원리에 따라 국가전례가 활발하게 시행되었다. 사례(士禮)와는 달리 오례를 중심으로 운영된 국가전례는 조선시대 국가와 의례 사이의 관계를 살피는 데 매우 유용한 징표가 된다.

대체로 국왕을 중심으로 한 국가에서 국가적 의례는 곧 법전과 같이 반드시 지켜야만 하는 의례로 인식하여 전례로 간주되었다. 국가전례서에 해당하는 《세종실록》〈오례〉(세종)-《국조오례의》(성종)-《국조속오례의》(영조)-《춘관통고》(정조)-《대한예전》(고종)

---

38) 金文植, 〈장지연이 편찬한 《대한예전》〉, 《문헌과 해석》 2006년 여름호, 문헌과해석사, 2006 참조.

의 편찬이 《경국대전》(세조)-《속대전》(영조)-《대전통편》(정조)-
《대전회통》(고종)의 편찬과 밀접하게 연관된 것은 전례의 중요성을
말해 준다.

한편 조선의 국가적인 의례를 편찬하고 실행하는 데에는 중국의
의례에서 많은 영향을 받았다. 조선과 같은 시기의 명나라나 청나
라도 참고할 수 있었지만 많은 경우 당·송의 예제를 참고하였다.
특히 조선초기에는 송나라에서 사례의 하나로 발달한 《주자가례》
를 적극 수용하여 왕례인 오례에 원용하기도 하였다. 조선초기에
는 전반적으로 국왕의 권위를 높이려는 형태로 전례를 운용하였지
만, 《주자가례》를 적극적으로 실천하는 데에 왕실이 앞장섰다는
점에서 중국과는 다르다고 하겠다.

이후 조선에서는 사림이 등장하여 《주자가례》와 《의례》에 대한
관심이 높아지고 예학이 발달하였다. 그 결과 국왕의 의례를 둘러
싼 예송논쟁이 일어나기도 하였다. 이러한 논쟁은 결국 왕례인 오
례에도 영향을 끼쳐 전례서를 보완하도록 하여 새로운 전례서가
출현하는 계기가 되었다. 한편 국왕을 중심으로 한 새로운 질서를
모색하는 가운데, 특히 전례에서도 국왕 중심의 새로운 전례를 추
가하고 보완하여 활용하였다. 대한제국이라는 제국의 체제를 갖추
게 되는 고종대에 이러한 필요성이 더욱 커지게 되는 점은 말할 나
위도 없다.

이처럼 조선의 국가와 의례는 중국의 예를 끊임없이 참조하면서
도 조선의 현실 속에서 새롭게 변화시켰던 많은 사례 가운데 하나
라는 사실을 확인시켜 준다.

2장 강무(講武): 국왕 의례의 변화

1. 국왕 의례의 종류와 변천

조선시대에는 성리학을 이념으로 삼고, 실제 정치 또한 이를 바탕으로 한 예악(禮樂)의 정치를 시행하려고 하였다. 이러한 예악이 구체적으로 표현되는 것은 국가에서는 전례(典禮)이며, 개인에게는 사례(士禮)이다. 사례는 사대부의 예로써, 관(冠)·혼(婚)·상(喪)·제(祭)의 사례(四禮)를 말한다.

이와 달리 전례는 국가의 공식적인 의례(儀禮)를 말하는 것으로, 한 국가가 추구하는 이념적 지향과 도덕적 가치를 일정한 틀로 구체화한 것이다. 조선시대의 공식적인 의례는 오례(五禮)로 규정되었다. 오례란 길례(吉禮)·가례(嘉禮)·빈례(賓禮)·군례(軍禮)·흉례(凶禮)의 다섯 가지 국가의례를 말하는 것으로, 일반 민간 의례가 관·혼·상·제의 사례(四禮)로 구성되는 것과 차이를 보인다.

조선왕조는 오례가 곧 왕권과 국가 체계에 필요한 틀을 모두 갖추고 있었기 때문에 오례를 바탕으로 한 예제를 운영하여 이를 '국조오례'라고 표현하였다. 여러 예제가 그 틀을 하나하나 찾아가는 세종대부터는 왕조 초기에 설정하였던 정치적 목표를 계승하여 더욱 심도 깊은 학술적 연구를 병행하면서 오례를 운영하고자 노력하였다.

이러한 과정을 거쳐 완성된 《세종실록오례의》부터 시작되어 성종대의 《국조오례의(國朝五禮儀)》, 《국조오례의서례(國朝五禮儀序例)》, 영조대의 《국조속오례의(國朝續五禮儀)》, 《국조속오례의서례(國朝續五禮儀序例)》, 《국조속오례의보(國朝續五禮儀補)》, 《국조속오례의보서례(國朝續五禮儀補序例)》, 정조대의 《춘관통고(春官通考)》, 고종대의 《대한예전(大韓禮典)》 등 각 왕조별 국가전례를 담고 있는 전례서(典禮書)들이 존재한다.

이들 전례서에 수록된 예는 그 규모에 따라 대중소로 나눌 수 있다. 예를 들어 제례(祭禮)의 경우 대사(大祀)·중사(中祀)·소사(小祀)로 구분할 수 있는 것이다. 이때 대사와 중사에는 국왕이 참여하여 주도하는 의례가 많았다.[1] 국왕이 참여하는 의례는 국가의 전례 가운데서도 가장 격이 높은 것이라고 볼 수 있다. 전례서에 실린 많은 예가 이에 해당하지만 전례서에 실린 모든 의례에 국왕이 참여하는 것은 아니었다.

앞서 말했듯이 의례의 주인공은 국왕이 아닌 비, 세자 등도 될 수 있으며, 때에 따라서는 국왕을 대신하여 신하가 의례를 대행할 수도 있었다.[2] 그러나 국왕이 의례에 직접 참여하는가의 여부는

---

1) 《국조오례의》에 의해 大祀·中祀·小祀에 해당하여 제사의 대상이 되는 곳은 다음과 같다. 대사: 社稷·宗廟·永寧殿, 중사: 風雲雷雨·岳海瀆·先農·先蠶·雩祀·文宣王·歷代始祖, 소사: 靈星·老人星·馬祖·名山大川·司寒·告牧·馬社·馬步·禡祭·榮祭·酺祭·七祀·纛祭·厲祭.

2) 비가 의례의 주체가 되는 경우는 中宮正至命婦朝賀儀·中宮正至會命婦儀·中宮

의례의 격이나 비중을 고려한다면 매우 중요한 문제일 수 있다. 따라서 현재 전례서에 수록된 의례 가운데 국왕이 참여하는 의례를 구분하고 그 변화를 살피는 것은 국왕이 국가의 전례에서 차지하는 비중을 살필 수 있는 중요한 기준이 될 수 있다.

이러한 기준으로 국왕 의례를 국왕이 참여하여 시행하는 의례로 규정하고 살펴보자. 전통시대에 의례와 따로 독립하여서 국왕 의례라고 구분한 것은 아니지만, 굳이 개념을 설정하여 구분해 본다면 '국왕이 참여하여 주체가 되어 시행하는 의례'라고 정의할 수 있다. 이러한 관점에서 보면 국왕 의례는 그 수가 매우 많다. 대표적인 것으로는 오례(五禮)에 포함되는 국왕 의례를 들 수 있다. 오례의 길례·가례·빈례·군례·흉례에 국왕 의례는 적지 않다.

이 가운데 대표적인 사례로서 길례(吉禮)에 해당하는 제례를 보자. 조선왕조는 그 출발에서부터 오례를 중시하면서 고려의 전통도 중시하였다. 예를 들어 태조는 고려의 길례를 그대로 준행하였는데, 천신(天神)과 지기(地祇)에 환구(圜丘)나 방택(方澤)을 따르도록 한 것이다.

하늘에 제사지내는 원구(圓丘)는 원래 천자가 하늘에 제사를 지내는 것으로 제후가 시행하는 예는 아니었다. 따라서 고려의 예를 따라 원구를 시행하는 것에는 반대의 목소리가 나오게 되었다.[3] 그러나 이에 대해 삼국시대 이래로 원구단에서 하늘에 제사를 올리고 기곡(祈穀)과 기우(祈雨)를 행한 지가 오래되었으므로 경솔하게 폐지해서는 안되며, 원단(圓壇)이라고 고쳐서 부를 것을 제안하

正至王世子朝賀儀 등이 있고, 왕세자가 주체가 되는 경우는 王世子酌獻文宣王入學儀·王世子冠儀·王世子納嬪儀 등이 있으며, 종친이나 신하가 주체가 되는 경우는 宗親文武官一品以下昏禮儀 등이 있다.

3)《태조실록》권1, 태조 1년 8월 경신.

는 의견도 있었다.[4]

이후 원구제는 태조와 태종, 세종, 세조대까지 국가적 의례로서 준행되었다. 원구제가 왕이 직접 천명을 받들어 제사를 지냄으로써 왕권의 상징적 권위를 높이는 기능을 하였던 것으로 볼 때 원구제의 존재는 국왕의 권위와 직접 연결된다고 할 수 있다. 또 중국의 천자와의 관계를 고려하면 조선초기에 중국에 대해 취하고 있던 자주의식을 확인할 수도 있다.

그럼에도 원구제는 세종의 오례의와 《국조오례의》에는 수록되지 않았으며, 세조 이후로는 시행되지 않았다. 광해군이 원구제를 시도하였으나 신하들의 반대에 부딪쳐서 실현되지 못하였다.[5] 결국 제후의 예에 따라 하늘에 제사지내는 원구제는 시행되지 않았으며, 고종이 황제국을 표방하며 대한제국 황제로 즉위한 1897년에 가서야 다시 시행될 수 있었다.[6]

원구제뿐만 아니라 국왕의 행차인 거둥 또한 국왕의 권위를 보여 주는 상징적인 의례였다. 거둥은 궁 밖으로 국왕이 행차하는 것으로서 여러 가지 목적으로 실시되었다. 예를 들어 종묘나 사직의 제사, 또는 기우제, 능행(陵幸)이나 진전(眞殿), 묘궁(廟宮) 등의 행사를 위해 행차하였다. 이러한 행차는 궁궐 안에만 존재하는 최고 지배자가 아니라 현존하는 정치적 최고 지배자라는 상징으로써 국왕의 권위를 마음껏 드러낼 수 있는 좋은 기회였다. 더구나 행차의 목적이 국왕의 권위를 높이는 내용의 행사와 연관되어 있는 경우

---

4) 《태조실록》 권6, 태조 3년 8월 무자.
5) 平木實, 〈圜丘壇 祭祀儀禮를 통해서 본 王權과 官僚制의 일측면〉, 《東洋 三國의 王權과 官僚制》, 국학자료원, 1999 참조.
6) 이욱, 〈근대 제천의례를 통해 본 민족정체성 연구〉, 《國學硏究》 11, 국학연구소, 2006 참조.

그 효과는 더욱 극대화되었다.[7]

국왕이 참여하는 의례 가운데 어떤 경우에는 의례는 남아 있으나 국왕이 직접 참여하는지의 여부가 역사적으로 변화한 사례도 있고, 또 의례 자체가 거의 시행되지 않는 경우도 있다. 전례서에 수록된 의례가 구체적으로 시행되는지의 여부에서 나타나는 이와 같은 변화는 곧 국왕에 대한 인식의 변화, 또는 국왕 위상의 변화와 관련된 것으로 보인다. 따라서 이러한 사례에 대한 구체적인 분석은 국왕의 실체를 이해하는 데에 도움이 될 수 있을 것이다.

이 장에서 주목하는 강무(講武)의 경우 국왕 의례의 관점에서 볼 때 매우 흥미로운 사례이다. 사대부에게 활쏘기가 덕을 살피는 것[觀德]으로서 중요시되었다면, 강무는 왕정(王政) 가운데서도 큰 것으로 국가를 무(武)로써 지키는 핵심적인 의례가 된다. 그럼에도 조선전기에는 매우 자주 시행되는 군례(軍禮)의 하나였던 강무가 조선중기로 오면서 시행되는 횟수가 급격하게 줄어들었다. 그 뒤 아주 드물게 시행된 것으로 보이기는 하나 거의 시행되지 않은 사례 가운데 하나이다. 왜 이러한 현상이 나타나게 되었을까? 국왕이 참여하는 중요한 군례인 강무가 중단된 이유는 무엇일까? 이 문제를 중심으로 국왕 의례의 변화에 대한 약간의 시사를 얻으려고 한다.

---

7) 국왕의 행차에 대해서는 김지영, 〈朝鮮後期 국왕 行次에 대한 연구−儀軌班次圖와 擧動記錄을 중심으로−〉, 서울대 박사논문, 2005 참조.

2. 조선전기의 강무

강무(講武)란 조선시대에 무비(武備)가 해이해지는 것을 막기 위해 국왕의 친림(親臨) 아래 농한기를 이용하여 실시하는 군사 훈련이다. 강무가 조선에서 처음 시행된 것은 아니었다. 강무의 원형으로는 삼국시대부터 행해진 왕의 수렵(狩獵)행사를 들 수 있다. 짐승을 사냥하는 행사이기는 하였지만 수렵 행위를 통해 집단적인 군사 훈련이 자연스럽게 가능했을 것으로 추정해 볼 수 있다.[8] 임금이 행하는 사냥 행위로는 타위(打圍)도 있었다. 하지만 타위는 군사를 동원하지 않고 약간의 수행원만을 거느리고 행하였기에 강무와는 구별된다.

고려시대에는 강무에 관한 기록이 충분하지 않기 때문에 자세하게 알 수는 없다. 다만 조선초의 기록과 일부 남아 있는 《고려사》의 기록을 종합하여 보면 고려시대에도 강무라고 하는 구체적인 명칭을 사용한 행사가 있었음을 알 수 있다.[9] 다만 강무가 얼마나 활성화되었는지의 여부나 강무에서 사냥을 하였는지에 대해서는 자세하게 알려져 있지 않다.

조선이 건국된 뒤에 중앙군과 지방군의 대대적인 정비가 이루어졌다. 대체로 그 방향은 고려말 이래 흐트러진 질서를 다시 바로잡는 것이었는데, 사병(私兵)을 혁파하는 등 중앙집권적인 체계에 맞추어 정비하였다.

---

8) 朴道植, 〈朝鮮初期 講武制 에 관한 一考察〉, 《朴性鳳敎授回甲紀念論叢》, 경희대 출판국, 1987, 390~391쪽 참조.
9) 朴道植, 위의 글, 391~395쪽 참조.

군사 조직의 정비와 함께 군사 훈련을 정비하려는 시도 또한 나타났다. 그 전범을 주(周)나라의 제도에서 찾았는데, 정도전(鄭道傳)이 제시한 〈오행진출기도(五行陣出奇圖)〉와 〈강무도(講武圖)〉는 주의 병법(兵法)이나 사마법(司馬法)을 활용하여 만들었다.[10] 이후 태조 대에는 차츰 군사 훈련의 절차를 정비하는 논의가 지속되었다. 그러다가 태조 5년에 의흥삼군부(義興三軍府)에서 본격적으로 강무와 관련하여 군사 훈련을 건의하였다.

　　의흥 삼군부(義興三軍府)에서 상소하였다.
　　"삼가 역대의 강무 제도(講武制度)를 상고하옵건대, 주[成周]나라 시대에는 봄과 여름에는 군막(軍幕)에서 군병을 훈련하고, 가을과 겨울에는 군사를 크게 사열(査閱)했다 합니다. 사철 언제나 교련하므로 그 익히는 것이 정교하였고, 안팎으로 다 가르치므로 그 쓰임이 이로웠으니, 이것이 주나라가 나라를 유지하고 지키는 도리를 얻은 이유입니다.
　　서한(西漢) 때에는 임금이 융로(戎輅)에 올라서 쇠뇌[弩]를 잡고, 비단을 가지고 무관(武官)에게 주어서 손무(孫武)·오기(吳起)의 법을 익히고, 싸우고 진(陣)치는 제도를 연습하였는데, 오영(五營)의 군사들을 모아서 팔진법(八陣法)을 시켰으니, 이것이 경사(京師)에서 강무(講武)하는 것으로서 승(乘)이라고 이름한 것입니다. 여러 고을[郡]에서 군수(郡守)와 도위(都尉)가 있으니 도시(都試)의 성적을 매기고, 모든 수레 타고 말 타는 재관(才官)과 누선(樓船)이 모두 다 익히고 연습하게 하니, 이것은 군국(郡國)의 강무(講武)하는 것으로

---

10) 鄭道傳, 《朝鮮經國典》 下, 敎習條 참조.

서 도시(都試)라고 명명한 것입니다.

한(漢)나라 고제(高帝)는 군중(軍中)에 출입(出入)하면서 이병(利病)을 깊이 연구하여 그 자손을 위한 규모(規模)가 지극하였습니다. 진(秦)나라가 강무하는 제도를 잃어버렸기에 군사를 훈련하는 법이 겨우 중국에서 행해졌으나, 안팎으로 가르치는 것이 모두 없어졌습니다. 대개 부강(富强)한 힘으로 천하를 웅시(雄視)하였지만, 필부(匹夫)가 난을 일으키매 함곡관(函谷關)을 지키지 못한 것은 대개 강무의 제도를 잃었기 때문입니다.

동한(東漢)도 위(尉)·후(侯)의 벼슬을 파(罷)하고 도시(都試)의 일을 없애어, 수레와 말 타는 재관(才官)과 누선(樓船)의 군사들을 폐해 버렸습니다. 그 뒤에는 관(官)에서도 경계하고 잡는 것이 없어서, 이것이 오랑캐가 융심(戎心)을 내도록 열어 준 것입니다. 한 번이라도 전란이 있게 되면 백성들에게 방위를 시켜, 그 활 쏘고 말 타는 법을 미처 가르치지 못한 상태로 강한 적병에게 몰아넣었기에 매번 싸울 때마다 항상 지게 되었습니다. 가르치지도 않고 싸움을 시키는 것은 백성을 버리는 것이니, 그 화패(禍敗)의 원인을 추구하면 광무제(光武帝)인들 어찌 그 책임을 면할 수 있겠습니까?

삼가 생각하옵건대, 전하께서는 신무(神武)의 자질로 왕업(王業)의 터전을 처음 마련하셔서 예문(禮文)의 일은 차례로 마련하시면서 강무(講武)의 일만은 오직 행하지 않으시니, 어찌 성대(盛代)의 궐전(闕典)이 아니겠습니까? 엎드려 바라옵건대, 중외(中外)에 강무(講武)의 일을 명령하시어 편안할 때에도 위태함을 잊지 않는다는 경계를 보이십시오. 그 강무의 제도와 드물게 하고 자주 하는 절목은 시대와 사세(事勢)가 다르오니, 옛날 제도에다가 더하기도 하고 덜기도 하여 사냥하여 강무하는 그림[蒐狩講武圖]을 만들어서, 서울

에서는 사철의 끝달에 강무하여 짐승을 잡아서 종묘(宗廟)와 사직
(社稷)에 제물로 올리며, 외방에서는 봄·가을 양철에 강무하여 짐
승을 잡아서 그 지방의 귀신에게 제사지내게 하면, 무사(武事)가 익
숙해지고 신(神)과 사람이 화(和)할 것입니다. 강무할 때에 어가(御
駕)가 친히 거둥하시는 것과 대리로 행하는 의식(儀式), 외방 관원들
이 감독하고 성적을 매기는 법을 예관(禮官)으로 하여금 상정(詳定)
하여 아뢰게 하소서."11)

　위의 상소에서 드러나듯이 강무는 군사 훈련과 밀접하게 연관이
있다는 사실을 역대의 제도들을 고증하여 논하고 있다. 이에 태조
는 그대로 따랐다고 하였으므로 중국의 제도를 참조하여 조선초에
강무 제도를 정비하였음을 알 수 있다.
　그러나 태조대에 제도 정비가 완료된 것은 아니었고, 태종대를
거치면서 《세종실록》의 강무의(講武儀)로 정비되었다. 그 내용을
정리하면 다음과 같다.

　• 강무의(講武儀, 軍禮): 병조에서 약속한 날의 7일 전에 여러 백
성들을 불러서 사냥하는 법[전법(田法)]을 따르게 하고, 사냥할 들판
을 지정하여 표시한다. 당일 새벽에 깃발을 사냥하는 곳 뒤편의 적
당한 곳에 세우고, 여러 장수들이 각각 사졸(士卒)을 거느리고 깃발
아래에 집합하여 소란스럽지 않게 한다. 병조에서 사냥을 시작하는
명령을 알리면 에워싸서 사냥을 시작한다.
　양쪽에 있는 장수는 모두 깃발을 세워 에워싸는데 그 앞쪽을 비

---

11)《태조실록》권10, 태조 5년 11월 갑신.

운다. 임금이 탄 가마가 북을 치면서 에워싼 빈 곳에 들어가면 유사 (有司)가 북을 어가의 앞에 진열한다. 동남쪽에 있는 사람은 서향하고, 서남쪽에 있는 사람은 동향하여 모두 말을 탄다. 여러 장수들은 모두 북이 울리면 가서 에워싼 곳에 이르고, 이에 몰이하는 기병을 배치한다. 임금이 말을 타고 남향하면 유사가 뒤따르고, 대군 아래의 관원이 모두 말을 타고 궁시(弓矢)를 가지고 어가의 앞뒤에 진열한다. 유사가 짐승을 몰이하여 임금의 앞으로 나온다. 처음에 한 번 몰이하여 지나가면, 유사가 궁시를 앞으로 정돈하고, 두 번째 몰이하여 지나가면 병조에서 궁시를 올리고, 세 번째 몰이하여 지나가면 임금이 짐승을 쫓아가 왼쪽에서 화살을 쏜다.

임금이 화살을 쏜 뒤에 여러 군(君)들이 화살을 쏘고, 여러 장수와 군사들이 차례로 쏜다. 이를 마치고 짐승을 몰이하는 기병이 그친 뒤에 백성들에게 사냥을 허락한다. 사냥을 마치려고 하면 병조에서 깃발을 사냥 구역의 안에 세워서 어가(御駕)의 북과 여러 장수들의 북을 크게 치면, 사졸들이 고함을 치고, 잡은 여러 짐승들을 깃발 아래에 바치고 깃발 왼쪽에 선다. 큰 짐승은 관에 바치고 작은 짐승은 자기 소유로 한다. 사자(使者)를 보내어 잡은 짐승을 종묘에 올리고, 다음에는 악전(幄殿)에서 연회하고 종관(從官)에게 술을 세 순배 내린다.[12]

강무는 조선초기부터 지속적으로 시행되었다. 그러나 태조대에는 강무에 대해 논의만 있을 뿐 본격적으로 시행되지는 않았다. 양

---

12) 위에서 정리한 강무의는 《세종실록》 권133의 군례(軍禮)에 실린 강무의를 토대로 작성한 것이다. 이 내용은 《국조오례의》 권6, 군례 '강무의'와 거의 차이가 없다.

주의 목장에서 강무한 기록이 한 차례 확인되며,13) 몇 차례 사냥을 한 기록도 있다.14) 그런데 실록의 기사에는 이 사냥이 매사냥인지 간단한 사냥인지 분명하게 드러나지 않았다. 태조는 사냥을 몹시 좋아하였고, 실제로 활쏘기에도 탁월한 능력이 있었기에 단순한 사냥은 아니었을 가능성이 있다.

그러나 실록의 기록을 참고하여 보면 더 이상 자세하게 태조가 사냥을 한 기록을 확인하기는 어렵다. 더욱이 사냥에서 강무를 시행하였다는 기록 또한 확인되지 않는다. 정종 때에도 재위 기간이 짧은 탓인지 강무의 시행은 이루어지지 않았다. 다만 정종이 평주(平州)의 온천에 거둥하려고 하니 낭사(郎舍)에서 반대하기에 이를 변명하면서 정종은 자신이 강무를 위해 가는 것이 아니고 병 치료를 위해 가는 것이라고 하였다. 또 자신이 기껏해야 1년에 한 번 밖에는 사냥을 하지 않음을 강조하였다.15) 이 기사로 미루어보면 강무는 거의 시행되지 않았으며, 신하들의 반대도 적지 않았음을 확인할 수 있다.

태종대에는 본격적인 강무가 시행되었다. 태종은 2년에 처음으로 강무를 시행하겠다는 의사를 밝혔다. 태종도 정종과 같이 종기를 치료하고자 평주의 온천에 거둥하려고 하였는데, 사간원에서는 이를 사냥을 하기 위한 빌미로 받아들여 반대 의사를 표시하였다.16) 이러한 사간원의 반대에 태종은 몹시 화가 나서 자신이 굳

---

13) 《태조실록》 권12, 태조 6년 12월 계사.
14) 《태조실록》 권6, 태조 3년 10월 기사 ; 권9, 태조 5년 2월 정미 ; 권9, 태조 5년 3월 경오 ; 권11, 태조 6년 2월 기축 ; 권11, 태조 6년 3월 계유 ; 권12, 태조 6년 10월 경진.
15) 《정종실록》 권6, 정종 2년 10월 갑오.
16) 《태종실록》 권4, 태종 2년 9월 기해.

이 강무의 법이 정해져 있는데도 온천에 가는 것을 핑계 삼아 사냥을 할 필요가 없음을 지적하고, 그렇다면 강무를 시행하겠다고 하였다. 결국 평주에 가서 태종은 사냥을 하였으나 강무까지 시행하지는 않은 것으로 보인다.[17]

본격적인 강무의 시행은 태종 3년부터 시작되었다. 그 뒤로 태종대에는 태조의 초상기간(태종 8~9년)을 제외하고는 거의 매년 봄과 가을에 시행되었다.[18] 태종대의 강무는 10일 안팎으로 시행되었는데, 이 기간 동안 강무의 본래 목적이었던 군사훈련과 사냥, 그리고 민심의 파악 등이 이루어졌다. 특히 강무가 본격적으로 시행되던 초기에 사병을 혁파하고 군권(軍權)을 확립하려는 움직임과 관련하여 강무는 국왕의 권위를 높이려는 의도로 지속적으로 시행하였다고 할 수 있다.

세종대에도 강무가 지속적으로 행해졌다.[19] 세종대에는 초기에 태종이 강무를 주도하였고, 세종 4년 태종이 사망한 이후 세종 6년부터는 세종의 주도로 이루어졌다. 태종대와 마찬가지로 10일 안팎으로 강무가 진행되었는데, 재위 기간인 31년 동안 30회의 강무가 시행되어 연평균 1회 정도였으며, 봄에 시행되는 경우가 압도적으로 많았다.

세종대의 강무 시행에서 보이는 중요한 특징은 강무장이 정해졌다는 점이다. 태종대에는 강무가 일정한 장소에서 행해지지 않고, 황해도·경기도·강원도·충청도 등 여러 도에 걸쳐 이루어졌다. 강무장으로 선정되는 것은 지방의 입장에서 보면 여러 가지 불편

---

17) 《태종실록》 권4, 태종 2년 9월 정미.
18) 李珦秀, 〈조선초기 講武 施行事例와 軍事的 기능〉, 《軍史》 45, 전사편찬위원회, 2002, 239~241쪽 참조.
19) 세종대의 강무는 李珦秀, 앞의 글 242~245쪽을 참조.

한 사항이 발생하는 일이었다. 강무장으로 설정되면 그 안에서는 새로운 개간이나 벌목, 개인의 수렵 활동 등이 금지되었다. 따라서 이러한 불편에 따른 불만의 소지가 있었다. 이에 세종은 강무장을 일정한 지역, 곧 경기도의 광주(廣州)·양근(楊根)에서 1곳, 철원(鐵原)·안협(安峽)에서 1곳, 강원도의 평강(平康)·이천(伊川) 등지에서 1곳, 횡성(橫城)·진보(珍寶) 등에서 1곳 등으로 경기도와 강원도에 걸쳐서 4곳을 지정하였다.[20]

문종과 단종대에는 재위 기간이 짧아 선왕(先王) 복상 기간을 채 마치지 못했으므로 강무를 시행할 수 없었다. 이후 세조대에는 이전보다 강무가 축소되어 시행되었다.[21] 세조의 재위기간인 14년 동안 9회에 지나지 않았으며, 강무가 시행된 일수도 평균 2~5일로 크게 축소되었다. 또한 세조는 강무장을 세종대의 강무장보다 더욱 줄이는 조치를 취하였다.[22] 실제로 세조대에 강무는 강원도에서 한 경우도 있으나 거의 경기도 일대에서 시행되었으며, 결국 강원도의 강무장은 혁파하여 경기도만 남았다.[23] 세조가 강무를 시행하는 데 적극적이지 않았던 이유에는 무엇보다도 세조의 정치적 부담이 고려될 수 있다. 세조는 백성들의 부담을 줄이는 것을 명분으로 하여 단종을 폐위시킨 부담에서 벗어나는 방편으로 삼았을 수 있다.

성종대에도 강무는 더욱 줄어들었다. 성종의 재위 기간인 25년 동안 6차례의 추등 강무만 시행되었을 뿐이다. 성종대에 강무의 시행이 급격하게 줄어든 이유는 우선 성종이 회피한 것을 들 수 있

---

20) 《세종실록》 권7, 세종 2년 2월 경신.
21) 세조대의 강무는 李珦秀, 앞의 글, 245~247쪽을 참조.
22) 《세조실록》 권9, 세조 3년 10월 정미 ; 권9, 세조 3년 10월 임자.
23) 《세조실록》 권22, 세조 6년 11월 무인.

다. 성종은 처음에는 3년상이나 배릉(拜陵), 벼락을 맞은 말 등을
이유로 삼아 강무를 중지시켰다. 그 뒤에도 흉년이나 기상 악화 등
을 핑계로 대어 강무를 정지하였다. 성종이 강무를 기피하는 정도
가 심해지자 강무를 정지할 것을 요청한 승정원의 상소에 대해 여
러 신하들은 일부의 흉년이 강무를 정지하는 이유가 될 수 없다고
하여 강무의 시행을 권고할 지경이었다.[24] 성종 18년, 명 헌종(憲
宗)의 상(喪)을 이유로 성종이 강무를 기피하자 대부분의 신하가 시
행을 청할 정도였다. 성종도 마지못해 기간을 임시로나마 줄여서
시행할 것을 지시하였다.[25] 그러나 그 뒤에도 강무의 시행은 자주
이루어지지 않았다.

성종은 여러 가지 핑계를 대면서 강무를 기피하였으나, 정확한
이유를 설명하기는 쉽지 않다. 개인적인 이유도 있을 수 있으며,
무엇보다 오랜 기간 평화로운 시기가 지속됨으로써 군사 훈련의
중요성이 상대적으로 줄어든 것이 이유가 될 수 있다. 또 국왕이
지니는 보수성으로 말미암아 조선초기의 국왕이 상대적으로 무(武)
에 관심이 있었던 것과는 달리 문(文)적인 요소가 증가하였던 점
또한 이유로 상정해 볼 수 있다.

성종 이후 연산군대에도 강무는 거의 시행되지 않았다. 연산군
은 재위 기간 동안 한 차례의 강무도 제대로 시행하지 않았다. 연
산군은 강무 대신에 타위(打圍)를 행하여 사냥만을 즐겼다.[26] 강무
의 군사적 기능은 거의 사라지고 유희적 기능만 남은 것이다. 이러
한 경향은 중종대에도 그대로 이어졌다. 중종 2년 9월에 살곶이에

---

24) 《성종실록》 권83, 성종 8년 8월 갑자.
25) 《성종실록》 권207, 성종 18년 9월 을축.
26) 《연산군일기》 권39, 연산군 6년 10월 기해.

서 추등 강무를 시행하나 하루 만에 그친 것으로 보아 본격적인 강
무로 보기는 어렵다.27) 이후 강무의 시행에 대한 논의가 약간 있
었으나 역시 흉년이나 민폐를 이유로 하여 연기하거나 사정을 기
다릴 것만을 논의하였을 뿐 실제 시행에 이르지는 않았다.

3. 조선중·후기의 강무

중종 이후 강무는 거의 시행되지 않았다. 실록의 기록에 따르면
명종대에는 명종이 친행(親行)하지는 않았지만 장수를 시켜서 시행
하기도 하였다. 명종은 농사를 그르쳐서 강무를 시행할 수 없다면
대신 타위라도 하려고 하였다.28) 그러나 이 또한 신하들의 반대에
부딪쳐서 끝내 시행하지 못하였다. 명종은 강무 시행에 대한 의지
를 접지 않고 강무장을 마련하려는 시도를 하기도 하나, 직접 시행
하지는 못한 것으로 보인다.29)

선조대에 와서 성종대 이래로 시행되지 않았던 강무가 비로소
행해졌다. 임진왜란이 일어난 3년 뒤인 선조 28년(1595)에 서교

---

27) 《중종실록》권4, 중종 2년 9월 병진. 이 기사에서는 분명 살곶이에서 강무를
　　시행한 것으로 기록되어 있다. "上講武于箭串, 軍數甚少, 左議政朴元宗啓曰: "今
　　之習陣, 用廢朝陣書, 以小角, 指揮軍士, 故軍容擧止輕忽, 請用成宗朝陣書." 傳曰:
　　"所啓甚當. 其問于領, 右相." 回啓曰: "祖宗朝凡事, 務崇周密, 故雍容不迫, 廢朝則
　　簡忽是尙, 故凡事刻急, 元宗之啓甚當." 申時還宮." 그런데 중종 3년 10월의 기사
　　에 따르면 중종이 즉위한 이래 강무를 시행한 적이 없다는 기록이 있어 서로 상
　　충된다. 《중종실록》권7, 중종 3년 10월 기사. "傳曰: 講武爲鷹禽也, 爲鍊兵也,
　　自予卽祚, 一不行焉. 今年欲行, 勿用遠方軍士, 只以京畿軍士, 命將行之." 실제 시
　　행 여부는 확인하기 어려우나 기사의 전후로 보아 중종 2년 9월의 기사는 본격
　　적인 강무로 보기에는 어려움이 있다.
28) 《명종실록》권21, 명종 11년 9월 신유.
29) 《명종실록》권31, 명종 20년 4월 임술.

(西郊)에서 선조가 강무를 직접 거행하였다.[30] 이는 사관의 평에서
도 나오듯이 왜란을 당한 뒤 그사이 소홀히 하였던 군정(軍政)을 정
비하고, 군사 훈련을 정비하는 과정에서 이루어진 것이었다.

그런데 이때의 강무를 이전의 강무와 동일한 것으로 보기는 힘
들다. 《선조실록》의 기록에는 분명히 "上親臨講武於西郊"라고 하
여 강무를 시행한 것으로 되어 있지만 이때의 강무는 열무(閱武)에
가까운 행사였던 것으로 보인다. 왜냐하면 강무한 뒤에 대장 이하
장관(將官) 등에게 상을 주었는데, 이는 평소 교습(敎習)한 것에 대
한 포상이었다. 또한 사관(射官)과 포수(砲手)에게 짝을 지어 시재
(試才)하도록 하고, 또 살수(殺手) 아동들에게 마상재(馬上才)를 시험
하여 포상하였기 때문이다. 이것은 전형적인 강무가 아니고 열무
를 하는 과정을 보여 준 것이라고 할 수 있다. 따라서 '강무(講武)'
라고 표현하였지만 열무를 강무로 쓴 것으로 보인다.

열무는 이미 성종대부터 활발하게 시행되었다. 서교에서 열무를
시행한 기록도 보이는데, 이때 서교는 곧 모화관(慕華館)을 가리켰
다.[31] 성종대에 열무가 활발하게 시행되는 것은 강무가 줄어든 것
과 관련이 될 수 있다. 특히 성종대부터 열무가 서교에서 시행되었
으므로 선조 28년에 시행된 강무는 열무로 해석하는 것이 옳은 것
으로 보인다.[32] 선조대에는 국가의 방비를 위해 강무에 힘쓰라는
홍문관의 차자가 있기도 하였지만 그 뒤에 강무를 시행한 기록은
찾기 어렵다.[33]

선조대 이후 광해군과 인조, 효종, 현종 때까지는 강무에 대한

---

30) 《선조실록》 권67, 선조 28년 9월 기묘.
31) 《명종실록》 권20, 명종 11년 5월 경신.
32) 성종대에만 모화관에서 열무한 기록이 《성종실록》에서 35차례 확인된다.
33) 《선조실록》 권155, 선조 35년 10월 신묘.

관련 논의조차 찾기 힘들다. 다만 효종대에 '근래 강무(講武)나 타위(打圍), 구금(驅禽) 등을 하지 않았는데 가을에 시행할 것을 준비하라'는 비망기(備忘記)의 기록이 《승정원일기》에 있다.[34] 그러나이 또한 실제로 시행되지는 않은 것으로 보인다.

숙종대에는 강무에 대한 논의가 있었다. 숙종 14년(1688)에 병조판서 이사명(李師命) 등이 입시하여 올린 의견 가운데 해마다 능행(陵幸)을 하고 돌아오는 길에 열무를 하여 백성들이 적지 않은 피해를 입는다는 점을 지적한 것이 있었다.[35] 능행 자체가 적지 않은 거리여서 피곤한데다 백성들이 구경하다가 다칠 우려가 있음을지적한 것이었다. 결국 능행에서 전알(展謁)할 때에는 강무를 중지하고 봄, 가을에 강무를 시행할 것을 주문하였고, 숙종도 이를 인정하였다. 여기에서도 강무는 주로 열무를 가리키는 것으로 열무와 강무는 혼용하여 쓰였고, 조선전기에 시행된 사냥을 포함한 군사 훈련의 성격보다는 열무 자체만을 지칭한 것으로 보인다.

---

34) 《승정원일기》 150책, 효종 9년 6월 2일(무진).
35) 《승정원일기》 327책, 숙종 14년 1월 12일(병술). "大臣·備局堂上引見入侍時, 兵曹判書李師命所啓, 臣有區區所懷, 每欲一陳筵中, 而未易從容, 至今未達矣. 自前陵幸還宮時, 例有閱武之規, 而或四五十里, 或六七十里往來之際, 不但人馬疲困, 多有致傷之患, 園陵展謁, 旣有霜露之感, 則歸路觀兵, 事亦未安, 古者農隙, 則天子, 亦有講武巡狩之事, 卽今輦下軍兵, 其數近萬, 若於每年二三月, 八九月間, 或一巡, 或兩巡, 親臨閱武, 而陵幸時閱武, 不爲設行, 則非但事理爲宜, 將士, 亦無勞苦之患, 大臣, 今方入侍, 下詢定奪, 何如? 上曰, 大臣之意, 何如? 領議政南九萬曰, 園陵展謁, 固多感愴之懷, 如漢明帝之事, 可見矣. 閱武之擧, 未必爲觀美, 而傾城士女, 塡滿觀光, 以此謁陵歸路, 仍行閱武, 群下之意, 皆以爲未安矣. 然而講武, 亦是國之大事, 有不可廢, 古者四時農隙, 皆有講武, 四時雖不盡行, 而春秋, 別爲講武, 似合事宜, 今後, 停止謁陵後閱武, 而春秋仲月, 令兵曹, 例爲稟旨擧行講武之禮, 何如? 李師命曰, 露梁·良鐵里·沙阿里三處操場, 皆可容軍兵, 而若每設行於一處, 則左右陵谷之勢, 軍兵坐作之節, 有同死法, 元無活套, 此三操場內, 臨時落點以行, 何如? 上曰, 自前陵幸還宮時, 例有閱武之事, 而兵判之言, 事理誠是, 此後, 則春秋別爲閱武, 陵幸時, 則勿爲設行, 兵曹, 以二三月, 八九月, 取稟擧行, 而三場中, 落點事, 亦依爲之, 可也. 訓局謄錄"

그런데 열무와 능행이 관련된 것이 숙종 때부터가 처음은 아니 었던 것으로 보인다. 왜냐하면 이미 효종 때부터 교외로 능행할 때 에 국왕은 융복(戎服)에 소모자(小帽子)를 쓰는 것을 제도로 삼았기 때문이다.36) 이는 곧 능행의 행차를 군사 훈련과 겸하여 시행하는 것으로 삼았음을 뜻한다. 북벌 의지가 있었던 효종으로서는 국왕 의 행차도 군사를 훈련할 수 있는 기회로 여겼던 것이다.

능행과 관련하여 강무를 시행하는 여부에 대한 논의는 영조대에 도 지속되었다. 태종(太宗)의 헌릉(獻陵)에 전알(展謁)하고 돌아오며 열무를 시행하였는데, 이때 바람이 불고, 비가 오며 천둥치고 우박 이 쏟아지는 등 기상 이변이 있었다. 이에 신하들은 능행 때에는 열무를 중단하고, 봄과 가을에 날을 정해서 따로 할 것을 요청하였 다.37) 이때에도 강무와 열무를 혼용하여 쓰고 있으나 열무를 일컬 었다.

영조는 신하들의 견제나 반대에도 봄과 가을에 강무를 행하는 것은 예전(禮典)에 기록된 것이므로 가급적 시행하려고 하였다.38) 다만 영조도 강무에서 전렵(田獵) 곧 사냥에만 마음을 쏟으면 문제 가 있음을 인정하고, 인재를 잘 얻는 것이 중요하다는 의견에 동의 하고 있다.39) 따라서 영조는 조선초와 같이 사냥을 겸한 강무를

---

36) 김지영, 앞의 글, 주 251)《일성록》정조 10년 1월 22일(정묘) 참조.
37)《승정원일기》765책, 영조 9년 9월 12일(경인) ;《영조실록》권35, 영조 9년 9월 경인.
38)《승정원일기》795책, 영조 11년 2월 18일(기미). "司諫李光溥疏曰, 臣之父病 沈重, 猥陳至懇, …… 稍待豐餘, 農暇而行之, 實合事宜矣. 答曰, 省疏具悉, 春秋講武, 禮典所載, 嗣服之後, 始乃退行古事, 何可曰頻行乎? 至於豫大二字, 予雖涼學, 心常 自勉者矣. 爾其勿辭察職.
39)《승정원일기》805책, 영조 11년 7월 23일(경신). "乙卯七月二十三日酉時, 上 御宣政殿, 夕講入侍時, 特進官尹陽來, 同知事宋眞明, 參贊官金浩, 侍講官趙迪命, 檢討官兪健基, 假注書徐海朝, 記注官李錫祿, 記注官金廷鳳, …… 健基曰, 瞻彼洛矣, 雖是閱武之事, 而福祿萬年之祝, 其意深矣. 昇平安泰之時, 人心恬憘, 易於忘戰, 此

완전히 회복하는 것보다는 봄과 가을에 열무를 전례(典禮)대로 시
행하려고 노력한 것으로 보인다. 이에 따라 숙종대에 이어 영조대
에도 열무를 시행하였다는 기록이 자주 보이며, 일기가 좋지 않다
는 이유로 열무의 시행을 중지할 것을 청하는 신하들에 대해 영조
는 단호하게 시행 의지를 보이기도 하였다.40)

한편 신하들의 반대에도 영조는 열무를 능행과 연관하여 지속적
으로 시행하였다. 영조대의 열무는 〈표 2-1〉에서 보는 바와 같이
능행을 한 뒤에 시행한 경우가 많았다.

영조 이전에 열무를 시행한 사례는 숙종대에 비교적 자주 보인
다. 그런데 숙종대에는 반드시 능행과 관련해서 열무가 시행된 것
은 아니었다. 능행하고 나서 시행되기도 하였으나 더 많은 경우 노
량진이나 모화관, 심지어 춘당대에서 열무가 시행되었다. 따라서
영조대에 능행과 관련하여 열무가 본격적으로 이루어진 것은 국왕
의 권위를 높이려는 거둥과 관련하여 주목이 된다.41)

정조대에도 강무로 시행된 것은 열무였으며, 이 또한 초반인 정
조 2년 8월에 노량진에서 한 차례 시행되었다.42) 그 뒤로 열무 의

國家大戒也. 故閱武之政, 寓於朝會之餘, 苞桑之戒, 存於平常之時, 此所以能福祿萬
年, 保其家室者也. 上曰, 雖然, 詰戎以戒不虞, 則善矣, 若出於豫大之心則荒矣. 健基
曰, 誠如上敎, 徒以豫大爲武, 則是黷武也. 田獵, 所以講武, 而後世之田獵, 荒亡而已.
上曰, 此與昨日筵席, 今樂古樂之說同矣. 田獵豈有古今之異哉? 或爲閱武, 或爲遊戱,
其心異也. 健基曰, 近來軍政, 虛疎甚矣, 苟能得人, 以盡操閱之政, 則必有他日得力之
效矣. 上曰, 裳裳者華, 與蓼蕭相似, 似是聖王時詩. 健基曰, 此蓋聖王之事, 而第未知
當時所作, 或後人追述也. 迪命曰, 似是追述之語耳. 上曰, 以注疏觀之, 朱子蓋直以爲
周家盛世詩也.

40)《영조실록》권40, 영조 11년 2월 신유.

41) 영조대에 국왕의 행차가 이전에 비해 크게 증가한 것으로 확인된다. 17세기
초 인조의 경우 세 달에 한 번 꼴로 거둥한 것에 비해 영조는 매달 2회 이상
궁 밖으로 행차하였다. 김지영, 앞의 글, 109~110쪽 참조.

42)《춘관통고》권76, 〈군례〉, '大閱-講武' "當宁二年戊戌八月, 兵曹啓曰大閱處所
露梁沙阿里梁鐵坪三處中而何處定行乎敢稟. 傳曰以露梁定敎場."

표 2-1. 영조대 열무

시기	장소	능행관련여부	비고
영조 3년 2월 2일	전천(箭川) 들	의릉(懿陵)전알(展謁) 후	경종 관련
영조 9년 9월 11일	동교련장(東敎鍊場)	헌릉(獻陵)전알 후	태종
영조 10년 9월 16일	노량진(鷺梁津)	장릉(章陵) 작헌례(酌獻禮)	원종
영조 11년 2월 21일	노량교장(露梁敎場)		황단대제(皇壇大祭)와 비로 연기
영조 14년 8월 19일	살곶이[箭串]	강릉(康陵)전알, 태릉참배	문정왕후, 명종
영조 18년 8월 16일	살곶이[箭串](?)	선릉(宣陵)전배례, 정릉(靖陵) 전알	성종, 중종
영조 19년 8월 20일	사리평(沙里坪)	정릉(貞陵) 작헌례	태조계비
영조 29년 8월 9일		건원(乾元)릉, 목릉(穆陵)·휘릉(徽陵)·혜릉(惠陵)·숭릉(崇陵)·의릉(懿陵)	태조, 선조, 인조계비, 경종 원비, 현종, 경종
영조 31년 8월 4일	동교(東郊)	순강원(順康園)	선조후궁 인빈
영조 35년 9월 30일	사하리(沙河里)	의릉(懿陵)	경종

식은 거의 시행되지 않았다.[43] 다만 이때 정조는 병조에 명하여
열무 의식을 정비하도록 하였다.[44] 이때 정조가 열무 의식을 재정

---

43) 《승정원일기》 1768책, 정조 20년 10월 14일(병술). "丙辰十月十四日辰時, 上
御誠正閣. 大臣·備局堂上引見入侍時, 行左承旨洪義榮, 假注書吳羲周, 事變假注書
鄭淳民, 記事官吳泰曾·金履永, 右議政尹蓍東, 判敦寧府事金持默, 行上護軍李柱國,
行兵曹判書鄭好仁, 判中樞府事沈頤之, 行禮曹判書閔鍾顯, 刑曹判書李得臣, 行大護
軍李敬懋, 戶曹判書李時秀, 吏曹判書沈煥之, 行護軍徐有大·李漢豐, 執義宋翼孝,
司諫李羽逵, 獻納曺喜有, 校理洪秀晩, 正言尹涵, 副修撰尹益烈, 以次進伏訖. ……
涵曰 …… 且況講武, 又是所不可廢者, 而我國之俗, 玩愒成習, 架牽以過, 其所停廢,
已多年所. 雖緣連歲歉荒, 而至於今年, 則八路均豐, 民生稍蘇, 久廢之政, 惟宜及此
時修擧, 而一例停止, 諸路同然. 若謂必待屢豐而後, 始可議爲, 則來歲之事, 又何可
知, 而莫大之政, 將無時可擧耶. 請另飭列邑, 軍器之朽敗者, 茸而新之, 以爲緩急之
用. 亦令道臣, 每於巡到時, 親自檢閱, 如未整修, 論罪邑倅. 至若習操, 今年則節已晩
矣, 雖不可擧論, 而自明年以後, 則苟非大歉, 循例擧行, 以示一日不可忘之意焉. 上
曰, 依啓.
44) 《정조실록》 권6, 정조 2년 8월 경오.

비한 중요한 이유는 오위(五衛)의 회복에 있었다. 핵심 내용은 조선
후기의 군영이었던 오영(五營)과 같이 병렬적인 형태가 아니라 이
를 총지휘하는 형태의 지휘자가 필요함을 지적한 것이다. 따라서
열무 의례의 개선도 이와 같이 삼군(三軍)을 통솔할 지휘부가 있는
형태로 추진할 것을 요구하였던 것이다.

《춘관통고》에는 '대열의(大閱儀)'가 수록되어 있는데 대열(大閱)
에 대한 고사(故事)를 살피면서 부제로 '강무(講武)'를 넣은 것은 강
무와 열무를 다르게 보지 않았음을 알려 주며, 조선후기에 주로 시
행된 열무가 조선전기에 시행된 강무의 연장선으로 이해되고 있음
을 보여 준다.45)

정조가 열무를 시행하지 않더라도 능행을 군사 훈련의 기회로
삼은 것은 이전과 같았다. 효종 이후 능행할 때의 국왕의 복장이
융복(戎服)이었음은 앞서 지적한 바와 같다. 또한 의도적으로 수행
하는 군사들에게 충돌하는 훈련을 시켰는데, 불시에 이를 시행하
기도 하였다. 또 훈련 장소도 숙소나 산성이 선택되기도 하였다.
수원의 화성(華城)에서 이루어진 성조(城操: 군사 훈련)와 야조(夜操:
야간 군사 훈련)는 그림으로 남아 있을 정도로 성대하게 치러졌
다.46)

그나마 정조대부터 드물게 시행되었던 열무는 순조대에는 내열
무(內閱武)라고 하여서 춘당대에서 2~3회 시행되는 것으로 더욱
축소되었다.47) 헌종대에도 한 차례 모화관에서 열무를 시행하였으

---

45)《춘관통고》권76,〈군례〉'大閱-講武' 참조.
46) 정조의 능행과 군사훈련에 관해서는 김문식,〈18세기 후반 正祖 陵幸의 意義〉,
《한국학보》88, 일지사, 1997 참조.
47) 순조대에 춘당대에서 열무가 시행된 것은 순조 11년 8월에 두 차례, 9월에 한
차례이며, 이외에 순조 3년에 모화관에서 열무를 한 경우가 있다.

며, 철종대에도 세 차례 모화관에서 열무를 시행하였다.[48] 고종대
에도 세 차례 열무를 시행한 것으로 보인다.[49]

---

48) 헌종때에는 헌종 8년 3월에, 철종 때에는 3년 8월, 5년 8월, 12년 2월에 각각
   열무를 시행하였다.
49) 고종 5년 3월, 6년 3월과 9월에 각각 관소(館所: 모화관으로 추정), 융무당,
   융문당에서 열무를 하였다.

3장 기신제(忌辰祭): 조선후기 왕실 기신제

1. 기신제의 의미

기신제(忌辰祭)는 죽은 사람의 기일에 지내는 제사이다. 기일에 지내는 제사는 시대에 따라 또는 유행하는 종교나 사상에 따라 다른 형태로 치러졌다. 불교가 지배하던 시대에는 기신재(忌晨齋)의 형태로 왕실에서 선왕과 선후(先后)의 기일을 맞아 이를 추모하여 지낸 불교식 기제사(忌祭祀)가 있었다. 이와 달리 유교식의 기제사에는 불교와는 다른 형태로 봉행하는 기신제가 있다. 이 둘은 불교와 유교라는 종교적인 차이만 있는 것이 아니라 시행하는 방법과 장소 등에서 다른 점이 많았다. 예를 들어 불교식의 기신재는 무덤에서 지내지 않고 사원에서 이루어졌고, 유교의 기신제는 기본적으로는 사당에서 지냈으며, 왕의 경우 능에서 지내기도 하였다.

제사를 지내는 장소만 달랐던 것은 아니다. 제사 또는 재를 지내는 방식도 불교식의 기신재는 영산재(靈山齋)의 형태를 띠었으나 유교식의 기제사는 철저하게 제사를 지내는 방식을 취하였다. 이러한 통칭의 기신제는 신라 이래로 우리 역사에서 지속된 것으로, 시기에 따라 다른 형태로 나타났다. 곧 불교가 지배하는 시대에는 불교의 방식대로, 유교가 지배하던 시기에는 유교의 방식대로 행해진 것이다.

조선은 성리학을 이념적 지향으로 삼았다. 그러나 조선의 모든 의례가 조선초부터 성리학에 따라 시행된 것은 아니었다. 조선초부터 유교식, 성리학의 방식대로 시행된 예도 있지만 상당한 시간이 경과된 후에야 유교의 방식대로 변화된 의례도 있었다. 기신제가 바로 이에 해당하는 경우로써, 조선전기까지 불교식인 기신재의 형태로 거행되다가 중종 때에야 혁파되었다. 이후 기신제는 유교의 방식대로 지내게 되었으나 조선후기에는 왕릉에서 지내면서 특별한 의미를 지니게 되었다.

사실 왕실에서 왜 이렇게 늦게까지 불교식의 기신재에 집착하였는지에 대해서는 좀 더 많은 성찰을 필요로 한다. 조선전기부터 성리학적 질서가 추구되었으나 여기에 왜 기신재는 포함되지 않았는지에 대해서는 좀 더 살펴볼 여지가 있는 것이다. 이 점은 기신재를 혁파하자는 논의를 둘러싼 갈등을 통해 확인할 수 있다.

또 유교식으로 치러지는 기신제의 경우 일반적으로 기제(忌祭)는 삼년상을 치른 다음 기일부터 제사를 치렀다. 제사의 경우 《주자가례》에 따르면 사당(가묘)에서의 사시제(四時祭)가 주된 것이었으며, 기제사는 기일에 집에서 치르고, 묘제(墓祭)는 3월 상순에 택일하여 1년에 한 차례 묘제를 거행하는 것이 주였다.[1] 따라서 기일에 묘소에 가서 지내는 묘제는 유교적인 방식에서 볼 때 일반적인

---

1) 《주자가례》 권7, 〈제례〉 '四時祭', '忌日', '墓制'.

것은 아니었다.

그럼에도 임진왜란 이후 왕릉에서 기신제가 치러진다. 불교식의 기신제가 혁파된 뒤 왕릉에서의 능기신제(陵忌辰祭)가 시행된 것이다. 대체로 신하를 보내어 기신제를 치르나 영조와 정조 때에는 국왕이 직접 친행(親行)하는 능기신제도 치러졌다. 이런 사례는 조선왕조에서 일반적인 것이 아니었으며, 영조와 정조 시기에만 나타나는 특이한 현상이다. 국왕이 직접 능에 행차하게 되자 능이나 원(園)에서 행하는 여러 관련 의례의 정비 또한 잇따르게 되었다. 《춘관통고》에 반영된 여러 관련 의절은 이러한 사정을 반영한다.

2. 조선전기 왕실 기신제의 이중 구조

조상숭배와 관련하여 돌아가신 이의 기일에 제사를 지내는 기제사의 전통은 매우 오래 전부터 행해진 것으로 보인다. 유교식으로 삼년상을 치른 경우 기신제의 기일은 그 이후이므로 이때부터 제사를 지냈다.

고려시대에는 왕실의 조상숭배와 관련하여 몇 가지 형태가 있었다. 상고시대부터 계승된 능, 불교식 예제에 전적으로 의존하는 진전(眞殿), 중국의 유교적 예제에 바탕을 둔 태묘(太廟), 그리고 불교와 유교의 예제를 절충한 경령전(景靈殿) 등이 그것이다.[2] 이 가운데서 기신제와 관련된 것은 왕과 왕비의 초상화를 모신 진전(사원)이다. 진전에서 진영을 모시고 기일마다 불교식 재(齋)를 올려서

---

2) 허흥식, 〈佛敎와 融合된 王室의 祖上崇拜〉, 《高麗佛敎史硏究》, 일조각, 1986 참조.

복을 빌었던 것이다. 대체로 진영을 모신 진전이 있었던 사원인 진전사원은 왕릉 부근에 위치하였으며, 기일에 국왕이 행차하였으므로 시설과 장식이 화려했고, 따라서 사찰 가운데서도 가장 중요하게 여겨졌다.

이러한 전통은 조선시대에도 이어졌다. 조선에서는 유교식 상례에 따라 부모의 상례를 3년 동안 치르고 나서 기일에 제사를 지내는 기제사를 치르는 것이 일반적이었다. 그러나 조선초부터 기제사가 충실하게 시행된 것은 아니었다. 조선초 왕실에서는 오례를 바탕으로 한 국휼(國恤)을 운영하여 왕실의 위엄을 과시하고 왕권을 강화하는 수단으로 삼았으나, 사대부들은 《주자가례》의 사례 가운데 하나인 상·제례의 운영을 통해 사회질서를 유지하고, 명분을 실현하는 교화 수단으로 삼았다.

기신제와 관련해서도 왕실에서는 이중적인 구조의 기제가 고려와 같이 유지되었다. 즉 고려시대에는 기제사와 진전제가 동시에 언급되는데, 이를 보면 기신제가 이중적으로 지내졌음을 추측할 수 있다.3) 이런 경향은 조선에도 이어져 초기에는 원묘(原廟)에서의 기신제와 진전에서의 기신재가 이중으로 시행되었다.

먼저 왕실에서는 기일에 사원에서 재를 지내는 기신재를 조선전기 내내 시행하였다. 이에 대해서는 이미 선행 연구에서도 밝혀졌듯이 세종대에 기신재를 혁파해야 한다는 논의가 있기는 하였다.4) 그러나 중종 때에 혁파되기 전까지 기신재가 이어졌다.5) 세종 때 왕후의 기신재에 천여 명이나 참여할 정도로 대규모로 지내지자

---

3) 《고려사》 89권 열전 제2 후비 명덕태후 홍 ; 89권 열전 제2 후비 희빈 윤씨.
4) 한우근, 〈世宗朝 禪敎兩宗에로의 整備〉, 《儒敎政治와 佛敎》, 일조각, 1993 참조.
5) 심효섭, 〈조선전기 忌晨齋의 設行과 儀禮〉, 《佛敎學報》 40, 동국대학교 불교문화연구원, 2003 참조.

일부 신하들 사이에서는 규모를 축소시키려는 움직임이 있기도 하였다.[6]

기신재의 절차는 다음과 같이 추정된다.

1. 기일이 되기 전날 저녁에 스님들을 불러 선왕과 선후의 영혼을 불러들이는 의식을 치러 신주(神主)에 모신다. 이때 영혼을 부르는 방법은 중들이 소리쳐 임금의 이름을 부르는 것이다.

2. 다음날 아침에 신주를 깨끗이 목욕시킨다.

3. 아무런 장식이 없는 평상 위에다 목욕시킨 신주를 놓는다. 이 평상은 사방으로 종이돈을 둘러 장식한다.

4. 신주가 놓인 평상을 들고 옆문을 통해서 불상이 놓인 곳으로 갖다 놓는다. 이 때 스님들이 둘러서서 징과 북을 요란하게 두드리며, 신주를 맞아들인다.

5. 신주를 사용하여 부처에게 예배하는 시늉을 내게 한다.

6. 미리 준비된 소문(疏文)을 읽어 복을 빈다. 이때 음식물과 예물을 불상 앞에 놓는다.

7. 의식이 모두 끝난 뒤 의례에 사용된 음식물을 먼저 스님들께 공양드린다. 그 뒤 또다시 유교식으로 제사를 지낸다.[7]

기일에 지내는 제사는 불교식의 기신재만이 아니라 원묘에서도 지내졌다. 대표적인 원묘인 문소전은 기제를 지내는 곳이었다. 태종 17년, 태조와 신의왕후의 기신에 불사(佛祠)에 재를 베풀고 원

---

6) 《세종실록》권16, 세종 4년 5월 병인.

7) 金鐸, 〈朝鮮前期의 傳統信仰 −衛護와 忌晨齋를 중심으로−〉, 《종교연구》6-1, 韓國宗敎學會, 1990, 60~61쪽.

묘에 제사를 지내는 것을 생략해서는 안 된다는 변계량의 건의에 따라 제사를 지내게 된 것이다.[8] 그런데 문소전은 원래 선왕의 진영을 모신 진전의 성격이 강했다가 세종대에 가서야《주자가례》에 입각한 국왕 가묘로서의 성격을 갖게 되었다.[9] 따라서 그 뒤에는 기제를 문소전에서 지내게 되면서 문소전에서의 '기신제의'를 갖추게 되었다.[10] 원묘의 문소전이 처음에는 진전의 성격을 지녔지만 차츰 가묘의 성격을 띠게 되자 자연스럽게 국왕기신제는 기신재와 기신제[忌辰(晨)祭]의 두 가지가 공존하는 형태로 치르게 된 것이다.

이때 정리된 기신제는 후에《국조오례의》에 수록된다.[11] '문소전기신의(文昭殿忌晨儀)'는 재계(齋戒)-진설(陳設)-행례[行禮(初獻-亞獻-終獻)]의 순으로 치러진다.

기신제가 문소전에서 행해지는 유교식으로 정리되었으나 불교식 기신재는 중종대까지 지속된다. 중종대에 기묘사림의 등장으로 집중적인 공격을 받게 된 기신재는 중종 11년 혁파된다. 기신재의 혁파는 이미 성종대에도 이루어진 것으로 보인다. 제삿날에 문소전에만 제사하고 기신재를 혁파하였다는 기록이 성종대에 보이기 때문이다.[12] 그러다가 중종 초에는 경위가 분명하지는 않지만 다시 시행된 것으로 보인다. 중종반정 이후 기신재의 혁파 논의가 활발하게 일어난 것에서 기신재가 다시 시행되었음을 알 수 있다.

기신재를 혁파하려는 주장에는 몇 가지 논리가 있다. 의례 과정

---

8)《태종실록》권34, 태종 17년 9월 기사.
9) 지두환,《朝鮮前期 儀禮硏究》, 서울대 출판부, 1994, 86~90쪽.
10)《세종실록》권60, 세종 15년 5월 경신 "禮曹啓文昭殿忌晨祭儀注……."
11)《국조오례의》권1, '文昭殿忌晨儀'
12)《성종실록》권87, 성종 8년 12월 임인.

에서 선왕을 모독하는 절차가 있는 등 불교 의례에 대한 부정적 인
식이 널리 퍼졌으며, 사대부의 기제도 이미 《주자가례》에 따라 가
묘에서 이루어지고 있는 분위기 등과 관련이 깊다. 또한 기신재는
내수사(內需司)의 장리(長利)를 혁파하는 문제와 관련되어 궁중 세
력과 깊숙하게 연관되어 있으므로 이에 대한 혁파 논의는 후비나
내명부 등의 궁중 세력을 견제하려는 의도와도 관련이 있었다.[13]

기신재는 중종 11년(1516)에 혁파되었고, 이에 따라 문소전·연
은전(延恩殿)에서 거행하던 선왕·선후의 기신에 거행되는 제사는
그대로 두고, 기일에 중국의 예에 따라 능침에서 제사를 지내게 되
었다.[14] 그 뒤 기신재는 명종 때 문정왕후의 영향으로 일시적으로
복설(復設)되기도 하나 선조 이후에는 더 이상 시행되지 않았다.

3. 조선후기 왕실 기신제의 설행

선조 이후에는 불교식의 기신재를 대신하여 왕릉에서 기신제가
행해진 것으로 보인다. 그런데 이때에도 반드시 기신제가 왕릉에
서만 시행되지는 않은 것으로 추측된다. 중기에 들어 문소전은 혁
파되었지만 선조대에 선조의 첫째 왕비인 의인왕후(懿仁王后)의 대
상(大喪) 후 첫 번째 기신제는 효경전(孝敬殿)에서 시행하는데 원묘
에 견줄 수는 없지만 《국조오례의》의 문소전 기신제에 따라 거행
하기도 하였다.[15] 또 예조에서는 이를 건의하면서 평소의 국가의

13) 李秉烋, 〈朝鮮前期 內佛堂·忌晨齋의 革罷論議와 그 推移〉, 《九谷黃鍾東教授停
    年紀念史學論叢》, 간행위원회, 1994, 363~366쪽.
14) 《중종실록》 권25, 중종 11년 6월 병인.
15) 《선조실록》 권161, 선조 36년 4월 무술.

기제를 원묘에서 거행하는 것을 당연시하고 임진난 이후 어쩔 수
없이 능에서 거행하였다고 언급하였다. 한편 광해군 때 국왕의 생
모 공빈(恭嬪) 김씨를 추숭하여 봉자전(奉慈殿)을 세우고 여기에 기
신제를 드리는 의례를 마련하기도 하였다.[16] 이러한 사례로 보면
기신제는 왕릉과 원묘, 또는 원묘에 해당하는 사당에서 지내기도
하였음을 알 수 있다.

　왕릉에서 지내는 기신제가 본격적으로 정비된 것은 영조대의 일
이다. 영조는 26년에 진전의 작헌례(酌獻禮)를 지내는 절차에 대해
의논할 것을 명하였다. 이러한 주문을 한 영조의 실제 의도는 원릉
(園陵)에 친제(親祭)를 하려는 것으로 보인다.[17] 실제로 영조 때에
는 능원제(陵園制)가 정비되었는데, 능원제는 사실 중국에도 없었
던 새로운 묘제였다.[18] 묘제에는 원래 왕의 무덤인 능과 사대부의
무덤인 묘만이 존재할 뿐 능과 묘 사이에 해당하는 묘제가 분리되
어 있었던 것은 아니었던 셈이다.[19]

　그런데 인조 때 인조의 사친(私親)인 정원군(定遠君)을 왕으로 추
존하기 전에 묘를 승격시키는 과정에서 그 명칭을 흥경원(興慶園)
이라고 하여 원제(園制)를 시행한 적이 있었다. 그러나 정원군이 원
종(元宗)으로 추존되고, 원호(園號) 또한 능호(陵號)로 격상되자 원
제는 자취를 감추었다. 영조는 바로 이러한 원제를 활용하여 사친
의 묘(廟)와 묘(墓)를 궁원(宮園)으로 승격시켰던 것이다.[20] 이에 따

---

16)《광해군일기》권27, 광해군 2년 윤3월 무진.
17)《영조실록》권63, 영조 22년 5월 정유.
18) 鄭景姬,〈朝鮮後期 宮園制의 성립과 변천〉,《서울학연구》23, 서울학연구소,
　　2004 참조.
19)《증보문헌비고》권71, 禮考4, 園墓.
20)《승정원일기》영조 29년 6월 25일 기유.

라 영조는 궁과 원에 관련된 제도와 의절을 정리한 각종 《궁원식
례(宮園式例)》와 관련된 책자를 펴내기도 하였다.[21]

　기신제 또한 영조가 친행한 사례가 영조 37년(1761)에 보인
다.[22] 이전까지 신하들을 보내 지내던 기신제에서 제사의 주체가
국왕으로 변하게 되면서 새로운 의절을 마련하지 않을 수 없었다.
이렇게 마련되어 《춘관통고》에 반영된 기신제와 관련된 새로운
의절은 다음과 같다.

> 기신친향제릉의(忌晨親享諸陵儀)
>
> 기신왕세자향릉의(忌晨王世子享陵儀)
>
> 기신친향영우원의(忌晨親享永祐園儀)
>
> 기신향영우원의(忌晨享永祐園儀)
>
> 기신친제순강원의(忌晨親祭順康園儀)
>
> 기신친제소령원의(忌晨親祭昭寧園儀)
>
> 기신제순강원의(忌晨祭順康園儀)
>
> 기신제소령원의(忌晨祭昭寧園儀)

　이러한 의절들은 모두 《춘관통고》에 새롭게 등장한 '금의(今儀)'
여서 이전에는 없던 것이었다. 능행과 관련하여 금의로 추가된 것
은 거의 국왕의 친행과 관련되거나 왕세자 또는 왕세손이 제사의
주체가 된 경우가 대부분이다. 기신제를 제외하고 능원과 관련하
여 추가된 의례는 다음과 같다.

---

21) 《궁원식례보편》(奎 2068, 2069)
22) 《영조실록》 권98, 영조 37년 8월 경진.

　　왕세자배릉의(王世子拜陵儀)

　　친향제릉의(親享諸陵儀)

　　배릉시왕세자아헌의(拜陵時王世子亞獻儀)

　　배릉시왕세손아헌의(拜陵時王世孫亞獻儀)

　　능원친향시왕세손수가입참의(陵園親享時王世孫隨駕入參儀)

　　배영우원의(拜永祐園儀)

　　배영우원시왕세자아헌의(拜永祐園時王世子亞獻儀)

　　배영우원시왕세손아헌의(拜永祐園時王世孫亞獻儀)

　　왕세자배영우원의(王世子拜永祐園儀)

　　왕세손배영우원의(王世孫拜永祐園儀)

　　사시급속절향영우원의(四時及俗節享永祐園儀)

　　소령원친향시왕세손아헌의(昭寧園親享時王世孫亞獻儀)

　　배순강원의(拜順康園儀)

　　배소령원의(拜昭寧園儀)

　　위의 의절들은 능에서의 의절과 관련하여 《국조오례의》에서는 배릉의(拜陵儀)와 사시급속절삭망향제릉의(四時及俗節朔望享諸陵儀)밖에는 없던 것에 비추어 현저하게 증가된 것이다. 영조 때 영조의 친행으로 행해진 왕릉 기신제는 곧 원(園)에서 이루어진 기신제에 국왕이 친행하여 기신제를 지낼 수 있는 근거가 될 수 있었다. 영조의 경우 생모인 숙빈 최씨의 묘인 소령원(昭寧園)에 친행하여 기신제를 지낼 수 있었던 것이다.

　　이와 같이 능침에 대한 영조의 관심이 높아져 기신제만큼은 아니지만 능원에서 제품(祭品)에 사용되는 쌀이 영조 24년 이후 4천

수백 석이 되었다고 지적할 만큼 능원에서 이루어진 행사가 많아
졌다.23) 기신제에 대한 관심이 높아지자 신하들 가운데서는 단종
비인 정순왕후(定順王后)의 능에 중신(重臣)을 보내 제사를 섭행(攝
行)하려는 영조에게, '조천(祧遷)한 왕릉에서는 기신제를 행하지 않
는 것이 일반적인 예'라고 지적하며 인정은 다함이 없다고 하더라
도 예의에는 절차가 있음을 강조하는 의견을 제출하는 일도 생겨
났다.24)

4. 조선후기 왕실 기신제 운영의 실상

조선후기 기신제는 왕릉에 직접 가서 능에서 지내는 기신제가
대표적인 예가 되었다. 이에 따라 능에서 치러진 기신제는 진설(陳
設), 행례(行禮)의 순서로 진행되었는데, 대표적인 사례로 기신친향
제릉의를 들면 다음과 같다.

- 진설(陳設): 제삿날 전 1일 전설사(典設司)는 대차(大次)를 능소
(陵所)의 재실(齋室)에, 소차(小次)를 능침(陵寢)의 측면에 설치한다.
능사(陵司)는 소속 인원을 이끌고 능침의 안과 밖을 청소한다. 집례
(執禮)는 전하 판위(版位)를 능침의 동쪽 계단의 위에, 아헌관(亞獻
官)과 종헌관(終獻官)의 위(位)를 동쪽 계단의 아래에, 집사자(執事
者)의 위를 헌관(獻官)의 뒤쪽에, 집례의 위를 계단의 아래 신도(神
道)의 왼쪽에, 찬자(贊者) · 알자(謁者) · 찬인(贊引)의 위를 남쪽의 조

---

23) 《정조실록》 권13, 정조 6년 6월 무인.
24) 《영조실록》 권97, 영조 37년 3월 계묘.

금 물린 위치에, 문관은 동쪽에, 무관은 서쪽에 설치한다. 제삿날 당일 축시(丑時) 5각(刻) 전에 전사관(典祀官)과 능사는 소속인원을 이끌고 신좌(神座)를 능침의 북쪽에, 축판(祝板)을 신위의 오른쪽에 올린다. 향로(香爐)와 향합(香盒)은 모두 신위 앞에 불을 붙이고, 제기(祭器)를 규식에 따라 설치한다.

  • 행례(行禮): 행사 전 5각에 전사관과 능사는 찬구(饌具)를 차린다. 행사 전 4각에 모든 향관(享官)과 배향관은 모두 천담복(淺淡服)과 오사모(烏紗帽), 흑각대(黑角帶)를 차려입고 능침의 남쪽에 나간다. 찬자와 알자, 찬인은 계단 사이의 배위(拜位)에 나가 서서 사배를 마치고 각자의 정한 자리로 나아간다[취위(就位)]. 행사 전 3각에 모든 향관은 관세(盥帨)하고, 감찰·전사관·대축·축사·재랑은 들어와서 계단 사이의 배위에 선다. 집례의 말에 따라 감찰 아래 모두 사배한다. 마치면 감찰과 모든 집사는 제 자리로 취위한다. 아헌관과 종헌관도 들어와 취위한다. 전사관과 능사가 선(膳)을 올리고 마치면 좌통례(左通禮)가 소차 앞에 이르러 중엄(中嚴)을 계청한다. 3경(更) 5점(點)에 좌통례는 또 바깥 준비가 다 되었음[외판(外辦)]을 아뢴다. 임금은 익선관과 참포(黲袍), 오서대(烏犀帶), 백피화(白皮靴)를 갖추고 관세(盥帨)하고 나온다. 임금은 여(輿)를 타고 홍문(紅門) 밖에 이르러 여에서 내린다. 임금은 동쪽 계단을 올라 판위에 이르러 서향하여 선다. 집례의 예를 행하라는 말에 따라 임금은 국궁·사배·흥·평신을 한다. 자리에 있는 사람도 같이 한다.

  • 초헌(初獻): 집례의 말에 따라 임금은 존소(尊所)에 이르러 서향하여 선다. 집존자(集尊者)는 멱(冪)을 들고, 근시 1인이 술을 따르면 1인이 잔에 받는다. 임금이 신위 앞으로 나가 북향하여 선 후 찬례의 계청에 따라 무릎을 꿇고 자리에 있는 사람들 모두 무릎을 꿇

는다. 근시 1인이 향합(香盒)을 받들고 1인은 향로를 받들고 무릎을 꿇고 찬례의 계청에 따라 임금은 세 번 향을 올린다[삼상향(三上香)]. 근시가 안(案) 위에 향로를 올리고, 또 근시가 무릎을 꿇고 술잔을 올린다. 찬례의 계청에 따라 임금이 잔을 들어서 올려 근시에게 주어 신위 앞에 올린다. 다시 부작(副爵)을 근시에게 주어 왕후(王后)의 신위 앞에 올린다. 임금은 찬례의 계청에 따라 부복·흥하고 약간 물러나서 북향하여 무릎을 꿇는다. 대축이 신위의 오른쪽으로 나가 무릎을 꿇고 축문을 읽는다. 마치면 찬례의 계청에 따라 임금은 부복·흥·평신하고 자리에 있는 사람들 모두 따라 한다. 임금이 문을 나와 원래의 자리로 돌아간다[복위(復位)]. 다시 찬례의 인도로 임금은 소차로 들어간다.

• **아헌(亞獻)**: 집례의 말에 따라 알자의 인도로 아헌관은 존소에 올라가서 서향하여 선다. 집사자가 멱을 들어 집사자 1인은 술을 따르고 1인은 잔에 술을 받는다. 아헌관은 알자의 인도로 신위의 앞에 북향하여 섰다가 무릎을 꿇는다. 아헌관은 집사자에게 술잔에 술을 받아 다시 집사자에게 주어 신위 앞에 술잔을 올린다. 아헌관은 집사자에게 부작을 받아 다시 집사자에게 주어 왕후의 신위 앞에 술잔을 올린다. 아헌관은 부복·흥·평신하고 내려와 복위한다.

• **종헌(終獻)**: 집례의 말에 따라 알자의 인도로 종헌관은 예를 행하기를 아헌관과 같이 한다. 찬례의 인도로 임금은 소차에서 나와 동쪽 계단으로 올라가 복위하여 국궁·사배·흥·평신한다. 자리에 있는 사람들 모두 따라 한다.

• **망료(望燎)**: 임금은 찬례의 인도로 망료 위에 가서 북향하여 선다. 집례는 찬자를 이끌고 망료 위에 가서 서향하여 선다. 집례의 말에 따라 대축은 축판을 요소(燎所)에서 태운다. 찬례가 예가 끝났

음을 아뢰면 임금은 돌아와 소차로 들어간다. 아헌관·종헌관은 알자의 인도로 나가고, 배향관은 인의의 인도로 홍문 밖에 취위하고, 감찰과 모든 집사는 찬인의 인도로 배위에 복위하여 사배한 후 나간다. 알자와 찬자도 배위에 나아가 사배하고 나간다. 전사관과 능사는 각 소속 인원을 거느리고 예찬(禮饌)을 거두고 물러간다.[25]

조선후기에는 기신제의 운영에서 주로 능기신제를 간략하게 지내는 여부가 중요한 쟁점으로 부각되었다. 인조 때에 예조에서 각 능의 기신제를 간략하게 설행할 것을 청한 사례가 있고[26], 또 분향만으로 기신제를 거행하기도 하였다.[27] 또 재해가 들었을 때는 기신제에 사용하는 물품을 줄이자는 의견이 제시되기도 하였다.[28]

영조 때에도 제수(祭需)를 줄이는 문제에 대해 의견이 분분하였다. 대체로 제수가 많은 것이 문제였는데, 영조는 반드시 줄이려는 의도는 아니었지만 신하들의 상소에 따라 제수를 줄였다.[29]

한편 기신제의 운영과 관련해서 주목되는 점은 기신제와 다른 제사가 같은 날인 경우 처리하는 방식이다. 광해군 때에 안순왕후(安順王后)와 성종의 기신제와 납향 대제(臘享 大祭)가 겹치게 되었다. 예조에서의 건의는 납향은 대제이고 기신제는 별제(別祭)이므로 납향을 지내는 것이 좋을 듯하지만, 납향은 태묘에 함께 제향하고 기신은 왕릉에서 지내서 다른 제사와는 다르므로 폐할 수가 없기 때문에 기신제를 지낼 것을 청하였다.[30] 대신들의 의논 결과,

---

25)《춘관통고》권23〈길례·능침〉
26)《인조실록》권15, 인조 5년 3월 갑신.
27)《인조실록》권34, 인조 15년 2월 갑신.
28)《숙종실록》권13, 숙종 8년 12월 정축.
29)《영조실록》권104, 영조 40년 8월 신사 ; 권104, 영조 40년 8월 임진.

후대로 오면서 기일을 더욱 중시하게 되어 기신제를 폐지하기 어렵게 되었으므로 기신제를 지내는 것으로 결론내렸다.

이러한 결과는 사대부들의 경우에도 조선전기부터 《주자가례》를 실천하였음에도 《주자가례》에서 가장 중요하게 여긴 사시제보다는 기일제에 더욱 중점을 둔 현상과 매우 비슷하다. 광해군 1년의 논의에서도 경중을 따지면 납향을 지내야 하지만 인정을 고려하여 기일제사를 폐지할 수 없다는 쪽으로 진행된 것은 이것과 같은 방향의 의견이었다고 할 수 있다.

현종 6년(1665)에 동지와 중종의 기신제가 겹치게 되자 기신제만 거행한 사례[31]나 정조 20년(1796)에 종묘와 경모궁(景慕宮)의 납향이 선릉(宣陵)의 기신제와 겹친 경우에 납향을 대리로 지내게 한 사례[32]도 비슷한 경우에 해당한다.

고종대가 되면 기신제는 망곡례(望哭禮)로 거행하게 된다. 직접 능에 행차하지는 않고 편전의 계단 위에서 망곡례로 치르는 사례가 여러 차례 시행된 것이다.[33]

5. 조선후기의 왕실 기신제

이상에서 조선후기에 왕실에서 지낸 기신제의 설행과 운영에 대해 간략하게 살펴보았다. 돌아가신 이의 기일에 지내는 제사인 기신제는 제사 가운데 대표적인 예이다. 오늘날에도 명절의 차례나

---

30) 《광해군일기》 권23, 광해군 1년 12월 을축.
31) 《현종실록》 권11, 현종 6년 10월 신미.
32) 《정조실록》 권45, 정조 20년 10월 계사.
33) 《고종실록》 권35, 고종 34년 5월 16일.

한식 또는 추석 때의 성묘 등 다양한 형태의 제사가 있으나, 기제
사의 비중은 여전히 매우 높다고 할 수 있다.

일반적으로 불교가 지배적이었던 고려 때에는 제사를 사찰에서
올리는 재의 형태로 행했으며, 특히 부모의 기일재는 절에 올라가
는 것을 금지할 때에도 예외적으로 허용할 만큼 중시하였다. 국왕
의 경우에도 왕실에서 기신재를 치를 때는 선왕이나 선후의 진영
(초상화)을 모신 진전사원에서 거행하는 것이 일반적인 예였다.

이러한 고려 왕실의 기신재는 조선전기에도 영향을 미쳤다. 원
래 《주자가례》에서 가장 중요하게 여긴 제사는 사계절의 중간달
(음력 2·5·8·11월)에 4대조까지의 조상에게 합동으로 제사를 지
내는 사시제이다. 이와 달리 기일제사는 조상이 돌아가신 날이므
로 시제와 같은 길례에 적합하지 않아 공자 때에는 없다가 송나라
때에 시작되었는데, 사시제 보다는 비중이 적었다. 그럼에도 조선
에서는 기일에 지내는 제사가 사시제보다 중시되었다.

이런 현상은 왕실에서도 고려 때 형태의 기신제가 유지되었던
것에서 비슷한 측면이 보인다. 조선왕조의 의례가 불교식에서 유
교식으로 변화하였음에도 기일에 지냈던 기신재만은 상당히 오랫
동안 유지되었던 것이다. 다만 조선전기에는 불교식의 기신재와
함께 문소전과 같은 원묘에서의 기신제가 치러지는 이중적인 형태
로 시행되었다. 문소전에서의 제사도 초기에는 진전의 성격이 강
하다가 국왕 가묘로서의 성격을 띠게 되면서, 문소전에서의 기신
제의는 《국조오례의》에 실릴 만큼 기신제로서의 대표성을 지니게
되었다.

기신재는 불교에 그 바탕을 둔 만큼 혁파에 관한 논의가 조선전
기 내내 끊이지 않았고, 특히 성종대에는 일시적으로 혁파되기도

하였다. 그 뒤 복설되었다가 중종대에 가서 다시 혁파되었으며, 명종대에도 일시적으로 복설되었으나 선조 이후로는 완전히 혁파되었다.

선조 이후에는 불교식 기신재를 대체하여 왕릉에서 기신제가 행해졌다. 때로는 기신제가 원묘에서 거행되기도 하였으나 왕릉에서 거행되는 것이 일반화되었다. 특히 영조는 왕릉에서 행하는 기신제에 직접 참여하여 친행하는 예를 행하였다. 이에 국왕이 왕릉 기신제에 참여하는 예가 등장하였고, 이를 의절로 만들었으며, 국왕뿐만이 아니라 왕세자가 주체가 되는 기신제의가 등장하였다. 또한 영조 때에 새롭게 정비된 원제(園制)에 따라 원에서 치러지는 기신제의도 정비되었다.

능이나 원에서 치러지는 기신제의는 국왕의 능행을 합리화하는 중요한 이유가 되었으며, 국왕의 관심도 크게 되었다. 이에 따라 신하들은 기신제에 동원되는 제품을 줄일 것과 조천한 왕릉에는 기신제를 행하지 말 것 등을 건의하기도 하였다. 하지만 기신제와 다른 제사가 겹칠 경우에도 기신제를 우선하여 지낸 것을 보면 기신제의 비중이 적지 않았음을 알 수 있다.

부 록

1. 국왕열전

1) 태조(太祖): 조선왕조의 개창 군주

(왜구의 적장 가운데 나이가 불과 15,6세에 불과하면서도 용맹하였던) 아기발도(阿其拔都: 아기는 즉 아이이며, 발도는 용감한 사람이라는 뜻)는 갑옷과 투구로 목과 얼굴을 감싸고 있었으므로 쏠 만한 틈이 없었다. 태조가 "내가 투구의 정자(頂子)를 쏘아 투구를 벗길 것이니 그대가 즉시 쏘아라"라고 말하고는, 드디어 말을 채찍질해 뛰게 하여 투구를 쏘아 정자를 바로 맞혔다. 이에 끈이 끊어져서 기울어졌기에 다시 바르게 쓰는데, 태조가 또 투구를 쏘아 정자를 맞히니, 투구가 마침내 떨어졌다. 아기발도가 마침내 화살에 맞아 죽자 적의 기세가 꺾이어 태조가 앞장서서 힘을 내어 치니 적의 무리가 쓰러져 흔들리며, 날랜 군사는 거의 다 죽었다.[1]

---

1) 《태조실록》 권1, 〈총서〉

이 기록은 태조 이성계가 46세 되던 해에 전라도 운봉(雲峰)에 침략한 왜구를 섬멸하는 과정을 적은 《태조실록》의 기록이다. 이 전과는 역사상 황산대첩(荒山大捷)으로 알려질 만큼 혁혁한 것이었다. 고려 말 북쪽으로는 여진족이, 남쪽으로는 왜구가 침입하여 혼란스럽던 시절 이성계는 전투의 한 가운데서 늘 승리를 몰고 다녔던 영웅이었다. 이 당시 왜구나 여진족은 해안가나 국경 지방을 일시적으로 침략한 것이 아니라 공민왕(恭愍王) 10년(1361) 홍건적이 침입한 때에는 수도인 개경을 함락할 정도였으며, 우왕 6년 왜구가 입힌 피해는 충청, 전라, 경상도를 모두 휩쓸 정도였다. 이성계는 다음해 1월 직접 지휘하는 사병(私兵) 2천 명을 거느리고 개경 탈환 작전에 참가하였는데, 가장 먼저 입성해 큰 전공을 세웠다.

(1) 탁월한 전쟁영웅의 선택

이렇게 이성계가 누구와도 비교할 수 없을 정도로 탁월한 군공(軍功)을 세울 수 있었던 배경에는 그의 가문이 자리하고 있었다. 이성계는 맨몸으로 성공한 인물이 아니라 대대로 무장이었던 집안에서 나고 자란 것이다. 우선 태조의 고조부인 목조(穆祖: 李安社)는 무신란을 주동했던 이의방(李義方)의 동생인 이린(李隣)의 손자였다. 이의방이 정중부에게 암살되자 이안사는 전주로 낙향하였다가 관기(官妓)를 사이에 두고 관찰사와 갈등이 일어나 삼척으로 이주하였다. 다시 이안사는 원나라의 지배를 받던 때에 삼척에서 동해안을 타고 올라가 의주에서 잠시 머물다가 여진족이 살고 있던 간도 지방으로 들어가 원나라의 지방관인 천호장(千戶長) 겸 다루가치의 직위를 받았다. 이는 몽골족이 아니면 쉽게 받을 수 없는 직위였다. 그의 아들인 익조(翼祖: 李行理)와 손자 도조(度祖: 李椿)

는 대대로 두만강 또는 덕원 지방의 천호로서 원나라에 벼슬을 하였다. 태조의 아버지인 환조(桓祖: 李子春) 또한 원나라의 총관부가 있던 쌍성(雙城)의 천호로 있었다.

이렇듯 이성계의 선조는 원(元) 제국 아래에 있었던 몽골국인으로서 최첨단으로 무장한 몽고의 무기와 조직, 전략과 전술을 확보할 수 있었다. 이성계가 이끌었던 사병인 군벌집단은 이렇게 몽골의 유목전력, 고구려와 발해 이래의 산악 전력 및 해전 능력을 겸비하였던 막강한 군사집단이었기에 다른 고려의 장수들보다 탁월한 전투 능력을 발휘할 수 있었다.

그런데 태조의 부친인 이자춘은 공민왕 5년(1356), 고려가 쌍성총관부를 공격할 때에 내응하여 원나라 세력을 축출하는 데에 큰 공을 세웠다. 이때는 공민왕이 반원운동을 펼쳐서 100년 가까이 계속된 원나라의 간섭에서 벗어나는 데 성공했던 시기였다. 그에 부응하였던 듯 이자춘은 공민왕 10년(1361) 2월 장작감판사(將作監判事)로서 삭방도만호겸병마사(朔方道萬戸兼兵馬使)로 임명되어 동북면 방면의 실력자가 되었다. 바로 이 시기에 이성계 부자는 고려에 귀순한 것이다.

이성계 부자가 자신의 군사적, 정치적 존재 기반이었던 원나라와 결별하게 된 데에는 당시 새로 등장하고 있던 주원장의 명나라와 몽골고원으로 패퇴한 북원(北元)의 갈등이라는 정세의 변화가 이유로 작용하였다. 그러나 북원이 점차 쇠망하는 조짐을 간파한 이성계 부자는 재빨리 자신의 세력 기반이 되었던 원나라와 헤어지고 신흥세력인 명나라와 손을 잡았다. 이렇게 볼 때 조선의 건국은 원-명 교체기라는 국제적인 정세 변화에 즈음하여 원이라는 거대 제국을 몰아내고 중국에서는 명나라가, 한반도에서는 조선이 건국되었던 동시성을 지닌 사건이었다. 이 과정에서 국제 정세의 변화를 정확하게 읽어낸 태조 이성계의 혜안은 이후 5백 년 동안 지속된 조선왕조의 주춧돌이 되었다.

(2) 시대의 흐름을 읽은 지도자

이성계는 고려 충숙왕(忠肅王) 복위 4년(1335) 10월 11일에 화령 (和寧, 현재 함경도 영흥)에서 태어났다. 어려서부터 그는 총명하고 용기가 남달랐으며 특히 궁술에 남다른 재주를 지녔다. 하루는 그의 서모(庶母) 김씨가 담장 위에 앉아 있는 다섯 마리의 까마귀를 보고, 이성계에게 쏘아 보라고 하였다. 그는 화살 하나로써 다섯 마리의 머리를 한꺼번에 맞혀 땅에 떨어뜨렸다. 김씨는 그의 비상한 솜씨에 깜짝 놀라 "오늘 일을 누설하지 말고 조심하라"고 당부하기까지 하였다. 또 여름날 냇가에서 멱을 감다가 나타난 날담비를 하나씩 화살로 쏘아 20발까지 맞추었다는 일화나, 멧돼지나 호랑이를 잡은 일화는 그가 얼마나 날래고 완력(腕力)이 있었는지를 알려준다.

아버지인 이자춘이 다시 고려의 품으로 돌아온 것은 그의 나이 22세 때였다. 이때부터 이성계는 홍건적의 침략을 물리치고, 여진족과 왜구의 침략 또한 동분서주하며 물리침으로써 명성을 높였다. 특히 나하추(納哈出)와의 본격적인 전투는 그 뒤 이성계가 무장(武將)으로 이름을 날리는 계기가 되었다. 원 제국에서도 서열이 높은 장수였던 나하추는 원나라가 명 태조 주원장에게 패하여 몽골 고원으로 도주하자 심양(瀋陽)을 거점으로 하여 산해관(山海關) 동편 지역을 지배하고 있었다. 나하추와 맞선 이성계는 탁월한 전술과 궁술로 이를 물리쳐 동북면에서 최고의 실력자임을 안팎에 보였다. 공민왕이 이색(李穡)을 정당문학(政堂文學)에 임명하고, 이성계를 지문하부사(知門下府事)에 임명하고는 "문무 모두 제일류를 써서 재상으로 삼았다"고 만족해할 만큼 유명해졌다.

그러나 이성계가 결정적으로 성장할 수 있었던 데는 중요한 반전의 계기가 있었다. 위화도 회군이 바로 그 계기로써, 명나라가 철령위를 설치할 것을 요구하자 최영이 반대하고 나아가 요동정벌까지 추진한 것을 돌이킨 사건이었다. 이성계가 이때 주장한 '사불가론(四不可論)'은 ① 작은 나라가 큰 나라를 거스르는 것은 불가하다 ② 여름에 군사를 동원하는 것은 불가하다 ③ 온 나라가 원정을 하면 왜구가 그 틈을 타서 침략해 올 것이니 불가하다 ④ 무덥고 비가 많이 올 때라서 활의 아교가 녹아 느슨해지고 대군이 병에 걸릴 것이니 불가하다는 내용이었다. ②~④의 이유는 군사적 측면에서의 우려였고, ①은 정치적 이유를 든 것이다.

이 대목에서 이성계는 고도의 정치적 판단을 하였다. 당시 성리학자들은 일반적으로 큰 나라를 섬기고 작은 나라를 돌보아주는 관계[事大字小]를 외교의 기본으로 여겼으며, 이는 이성계가 주장한 것과 같은 맥락이었다. 이성계는 이 당시 새롭게 등장하였던 성리학자들의 주장을 받아들여 요동정벌의 반대 사유 가운데 큰 나라를 섬겨야 함을 가장 우선하여 주장한 것이었다.

고려말에 이성계가 탁월한 능력을 지닌 무장이었음은 분명한 사실이었다. 그러나 이성계 말고도 최영(崔瑩)이나 변안열(邊安烈)·지용수(池龍壽)·우인열(禹仁烈) 등 많은 무장들이 외적의 침입에 대항하는 과정에서 공을 세웠다. 이성계가 이들과 차별화될 수 있었던 데에는 이유가 있었다. 이성계의 성품이 엄중(嚴重)하고 말이 적었으며, 휘하의 사람들을 예절로써 대하여 신뢰를 얻었다는《태조실록》의 기록만으로는 충분하지가 못하다. 바로 성리학을 기반으로 삼았던 개혁적인 사대부들이 지지를 얻을 수 있었던 사실에 그 열쇠가 있는 것이다.

조선왕조의 설계자로까지 평가받는 정도전(鄭道傳)이 우왕 10년 (1383) 함주(함흥)의 이성계 막사까지 찾아가 그의 군대가 잘 정비된 것을 보고 감탄하였던 사실, 조준 또한 이성계와 연결되었던 사실, 그래서 결국은 이성계가 정도전, 조준, 윤소종(尹紹宗), 조인옥 (趙仁沃) 등 고려말 개혁을 주장하였던 개혁파들의 목소리를 충분히 듣고 그들을 지지하였다는 사실 등이 이성계가 당시의 시대적 문제에 귀를 기울이고 있었음을 보여 준다.

(3) 권력의 절정에서 경험한 고뇌

고려를 이어 새로운 나라 조선의 첫 번째 국왕이 된 이성계는 1392년 7월 17일 개경의 수창궁(壽昌宮)에서 국왕으로 즉위하였고, 자신의 이름을 단(旦)으로 고쳤다. 나라를 세운 다음의 과제는 어떻게 나라를 안정되게 통치할 수 있는 기반을 마련하는가의 문제이다. 이미 이성계는 즉위하기 전부터 정도전과 조준을 등용하여 위화도 회군 이후 개혁적인 법령을 다수 제출하였다. 이 개혁안들은 토지·조세·재정·군사·중앙관제·법제·지방제·신분 등 국가제도 전반에 걸친 것이었다. 그 내용도 어느 하나 획기적이지 않은 것이 없었다. 특히 과전법(科田法)은 대다수 관료들의 반대를 무릅쓰고 기존의 토지문서를 모두 개경 시내에서 불사름으로써 고려에서 대대로 내려온 기득권을 없앴다. 우리 역사에서 보기 드문 토지개혁을 단행하였던 것이다.

이런 개혁안들을 태조 자신이 직접 만들 능력은 없었지만, 그에게는 이러한 개혁안을 만들고 실천할 수 있는 실력 있는 인물을 선택할 수 있었던 능력이 있었다. 그는 고려와 같이 족벌과 학연으로 뭉친 집단이 이끄는 국가가 아니라 능력 있고, 헌신적인 관료로 이루어진 강력한 국가와 왕권을 원했다. 자신의 아들은 한 명도 공신으로 책봉하지 않은 것을 보면 나름의 기준이 분명하였던 것을 알 수 있다.

그가 장군 출신이었던 만큼 그의 통치 스타일은 소박하고 솔직한 면모가 돋보이기도 했다. 그렇다고 하여 문관을 무시하거나 의례를 가벼이 여기는 사람은 아니었다. 언행은 투박했으나 국왕으로서 위상을 자각하여 행동하였고, 이에 대한 평가도 자주 구하였다. 또 자신의 의사와 다르더라도 상식선에서 인정할 수 있는 일에 대해서는 용납할 수 있는 국량을 갖춘 인물이었다. 행동에서도 무장답게 선이 굵고 결단이 빨랐으며, 한번 결단하면 희생도 감수하고 과감하게 행동하였다.

문제는 이러한 태조의 지도력에도 구래의 귀족들을 재편하는 개혁 정치는 만만한 것이 아니었다는 점이었다. 개혁의 칼날 앞에 선 것은 권문세가와 그들과 연결된 관리만이 아니었다. 이미 국왕이 된 그의 곁에 있었던 군사들인 사병들도 토호적 기반을 해체하는 개혁에 대해 불안해하였다. 즉위 이후 구세력을 회유하고 안정시키는 데 2, 3년을 보내고, 또 한양으로의 천도와 수도의 건설로 2년 이상을 허비하면서 개혁은 지지부진하게 되었다. 여기에 태조의 첫 번째 부인과 두 번째 부인의 자식들 사이에 생겨난 갈등은 결국 태조를 권력의 정점에서 내려오게 만들었다.

정치적 실권을 상실한 뒤로 태조는 자식들을 용서하려고 노력하였다. 또 자신에게 닥친 업보, 먼저 세상을 뜬 부인과 자식들을 위해 불교에 귀의하여 울분과 상처를 해결하려고 하였다. 태조 이성계, 그는 분명 한 사람의 위대한 장수였으며, 새로운 왕조의 개창자였다. 그는 고려말의 문제점을 극복하여 위기를 새로운 기회로 만드는 능력은 있었지만, 새로운 왕조의 개혁을 모두 감당할 만한 능력과 원리는 갖추지 못했다. 시간도 허락하지 않았다. 그것은 한 개인으로서는 어쩔 수 없는 일이기도 하였다. 남겨진 후손 국왕들의 몫이기도 했으므로.

2) 태종(太宗): 조선의 기초를 놓은 임금

태종(재위 1400~1418)은 조선의 제3대 국왕이다. 이름은 방원(芳遠)으로 태조 이성계의 다섯째 아들이며, 어머니는 신의왕후 한씨(神懿王后 韓氏)이고, 비(妃)는 민제(閔霽)의 딸 원경왕후(元敬王后)이다.

그는 어려서 성균관에서 수학하고 길재(吉再)와 같은 마을에 살면서 학문을 강론하였다. 한때 원천석(元天錫)에게서 가르침을 받기도 하였다. 1383년(우왕 9) 문과에 급제하였는데, 이 점은 태조의 아들 가운데 유일한 과거 급제자라는 점에서 매우 중요한 사실이다. (아래 동생인 방연도 문관이었으나 젊어서 사망하였다) 그는 학식과 문장력이 보통의 문관 이상이어서 문관 가운데서도 일류만을 채용하는 예문관(藝文館) 제학까지 지냈다.

1388년(창왕 즉위년)부터 이듬해까지 고려왕실을 보호할 의도에서 감국(監國)을 요청하는 사명을 띠고—사실은 명 황제에게 이성계 집권의 부당함을 호소하기 위한 목적이었다—명나라에 파견된 정사 문하시중 이색의 서장관(書狀官)으로 남경(南京)에 다녀왔다. 외교 현장에 파견되어 이색을 견제할 만한 능력을 가지고 있었던 셈이다. 조선이 건국된 뒤 1394년 명나라와 외교 분쟁이 생겼을 때, 왕자를 파견하라는 명의 요청에 응하는 것도 그의 몫이었다.

물론 태종에게는 과단성도 있었다. 1392년(공양왕 4) 3월, 이성계가 해주에서 사냥하다가 말에서 떨어져 중상을 입었다. 이를 기회로 수문하시중(守門下侍中) 정몽주(鄭夢周)는 간관 김진양(金震陽) 등으로 하여금 공양왕에게 상소하게 하여 정도전 등 이성계파의 핵심 인물을 유배하고 이성계까지 제거하려 하였다. 이때 이방원은 판전객시사(判典客寺事) 조영규(趙英珪) 등을 시켜 정몽주를 격살(擊殺)함으로써 대세를 만회하였다. 같은 해 정도전 등과 일을 꾸며 도평의사사로 하여금 이성계 추대를 결의하게 하고 결국 왕대비(공민왕 비 안씨)에게 압력을 넣어 공양왕을 폐위시킨 뒤 이성계를 왕위에 오르게 하였다. 고려의 멸망과 조선의 건국 과정에서 태종 이방원의 역할은 가히 절대적인 것이었다.

조선이 개국되자 이방원은 1392년(태조 1) 8월에 정안군으로 책봉되었다. 그러나 강비(康妃: 태조의 계비)·정도전 등 개혁파의 배척으로 군권과 개국공신 책록에서 제외되고 세자 책봉에서도 탈락하였다. 1398년 정도전 일파가 요동 정벌계획을 적극 추진하면서 자신의 마지막 세력 기반인 사병마저 혁파당할 처지에 이르자 이방원은 쌓아둔 불만을 폭발시켜 제1차 왕자의 난을 일으켰다. 이로써 정도전과 세자 방석(芳碩) 등을 제거한 이방원은 정치적 실권을 장악하였다.

그러나 정변 직후에는 여러 사정을 감안해 세자 추대를 사양하였다. 단지 정안공(靖安公)으로 개봉되면서 의흥삼군부우군절제사

(義興三軍府右軍節制使)와 판상서사사(判尙瑞司事)를 겸하였다. 또한 정사공신(定社功臣)을 논의·결정하여 1등이 되었고 이어 개국공신 1등에도 추가로 올랐다. 1400년, 방간(芳幹)과 지중추부사(知中樞府事) 박포(朴苞) 등이 주동한 제2차 왕자의 난을 진압하였고 그 뒤 세자로 책봉되면서 내외의 군사를 통괄하였다. 그는 병권을 장악하고 중앙집권을 강화하고자 사병을 혁파하고 군사를 삼군부로 집중시켰다. 그리고 도평의사사를 의정부로 고쳐 정무를 담당하게 하였으며 중추원을 삼군부로 고치고 군정을 담당하도록 하였다. 이어 1400년 11월, 정종의 양위를 받아 등극하였다.

왕위에 오른 태종은 곧 왕권을 강화하는 일에 착수하였다. 태종은 왕권을 강화하고 중앙집권을 확립하고자 공신과 외척을 무더기로 제거하였다. 1404년에는 3년 전의 이거이(李居易) 난언사건(이거이가 조영무와 함께 태종을 제거하자고 말한 사건)을 들춰내 이거이와 이저(李佇)를 귀향시켰다. 1407년에는 불충을 들어 국왕의 처남으로서 권세를 부리던 민무구(閔無咎)·민무질(閔無疾) 형제를 사사(賜死)하였다. 1409년에는 민무구와 연계지어 이무(李茂)·윤목(尹穆)·유기(柳沂) 등의 목을 베었다. 1415년에는 불충을 들어 나머지 처남인 민무휼(閔無恤)·민무회(閔無悔) 형제를 서인(庶人)으로 폐하고, 이듬해 사사하였다. 같은 해 이숙번(李叔蕃)도 축출하였다.

1414년에는 잔여 공신도 부원군으로 봉해 정치 일선에서 은퇴시켜 말년에는 왕권을 견제할 신권은 없었다. 이를 토대로 태종은 육조직계제를 단행하였다. 이 제도는 국왕을 중심으로 한 강력한 국정의 수행에는 유리한 것이었다. 태종은 이러한 정치 운영을 통해 왕조 초기에 필요한 제도적 정비와 개혁을 이루어 낼 수 있었다. 사실 세종대에 이루어진 성공적인 통치는 태종 때에 이미 시작된 것이었다고 할 수 있다. 세종도 태종의 육조직계제를 계승하여 줄곧 시행하다가 어느 정도 통치의 안정성을 확보한 뒤 의정부를 중심으로 정치를 운영하는 의정부서사제로 바꾸었던 것이다.

그밖에도 태종은 우선 공신들이 거느린 사병을 없애고, 국가의 정규군 체제를 확립하였다. 중앙 관료제 개혁도 뒤따라 대신들의 합의 기구인 의정부체제를 정비하여 대신들의 정책결정권을 제도화했다. 비판적 언론을 담당하는 사간원을 독립기구로 만들어서 언관제도를 강화한 것도 주목할 만하다. 대신들의 권력을 견제하기 위한 장치였지만, 군주인 자신에 대한 비판도 수용했다. 관료제를 감시하기 위해 신문고를 설치하고 백성의 소리를 듣고자 했다.

경제면에서는 전국적 토지 조사 사업인 양전(量田) 사업을 실시하여 국가가 토지를 파악하는 능력을 극대화했다. 이와 함께 과전법 체제를 강화하여, 관료들이 세금을 거둘 수 있는 권리를 본인당대에만 갖도록 하는 등 관료들의 토지 지배권을 제한하는 조치들을 취함으로써, 국가 재정이 안정적으로 운영될 수 있는 토대를 완성했다.

또한 국가의 대민 파악 능력을 강화하고자 호패법(號牌法)을 실시하고 호적제도를 정비하였다. 특히 보통 농민인 양인(良人) 확대책을 사용하는 동시에, 양인이 노비가 되는 것은 강력하게 막고자 했다. 이와 같은 태종 연간의 중앙정부체제 확립, 민에 대한 파악과 지배력 강화, 전국 토지 상황 파악을 통한 안정적인 재정 확보 등의 개혁 정책은 후계자인 세종의 학문 정치를 가능하게 하였고, 조선 문화의 황금시대를 여는 밑거름이 되었다.

이밖에도 태종대에는 흔히 세종대에 시작된 것으로 알려진 각종 문화와 문물의 정비 작업이 시작되었다. 태조대와 정종대에는 개국 초여서 고제(古制) 연구에 힘을 쏟을 시간이 없었다. 따라서 태종 초에 들어서야 의례나 제도에 대한 고제의 연구가 나타난다. 고제 연구는 예조가 중심이 되어 수행하였지만 의정부나 이조, 병조 등 어느 관서에서도 연구하지 않은 것이 없었다. 유교적 의례나 제도를 마련하기 위해서 의례상정소를 설치하기도 하였다. 세종대에 시행한 본격적인 연구의 시발(始發)이 실제로는 태종대에 이루어진 것이다.

또한 태종은 수도를 개성에서 한양으로 옮기는 중대한 작업을 수행하였다. 수도를 옮기는 것은 기득권층의 반발을 무릅써야만 하는 어려운 작업이었으나 태종은 이를 성공적으로 완수하였다. 또 수도 한양에 창덕궁·덕수궁·경회루·행랑·청계천을 조성하였으며 별와요(別瓦窯)를 설치하고 초가를 개량하였다. 그리고《경제육전원집상절(經濟六典元集詳節)》과 《속집상절(續集詳節)》을 수찬해 통치체제를 정비하였고 《선원록(璿源錄)》을 정비해 비(非)태조계는 왕위 계승에서 제외했으며, 법전에 명시된 조종성헌존중주의(祖宗成憲尊重主義)를 확립함으로써 법치의 기본을 놓았다.

이에 더해 태종의 마지막 업적은 세자를 교체한 것이었다. 1418년 무절제와 방탕한 생활을 한 사실을 들어 장자인 양녕대군을 세자에서 폐하고 충녕대군을 세자로 삼아 2개월 뒤에 왕위를 물려주었다. 이것은 정상적인 상황이라면 용납되기 어려운 사건이었다. 그러나 자식들의 자질을 정확하게 파악하고, 시대가 요구하는 제왕상을 확신한 태종의 과감한 조치 때문에 가능한 일이었다. 태종은 세종에게 왕위를 물려준 뒤에도 군권에 참여해 심정·박습의 죄를 다스렸다. 그리고 병선 227척, 군사 1만 7천여 명으로 대마도를 공략하는 등 세종의 왕권에 도움을 주었다. 이런 점을 놓고

본다면 세종의 위대한 치세(治世)는 부왕이었던 태종이 없었더라면 가능하지 않았다고 할 수 있다.

3) 선조(宣祖): 목릉성세의 중흥 군주

(1) 선조를 보는 눈

선조(宣祖, 재위 1567~1608)는 조선의 제14대 국왕으로 조선의 역대 국왕 가운데 시기적으로 보나 왕의 위차(位次)로 보나 중간에 위치한 왕이다. 선조는 조선으로는 처음이었던 국난인 임진왜란(壬辰倭亂)을 겪으면서 몸소 전란(戰亂)을 극복하는 데 앞장섰으나, 대체로 그에 대한 평가는 부정적인 면이 적지 않다. 더군다나 조선후기의 정치·사회적 병폐로 일컬어지는 '당쟁'이 선조 때 발단되었던 점을 들어, 이 시기를 정쟁(政爭)이 시작된 혼란한 시기로 이해하기도 한다.

하지만 이제까지 조선후기를 부정적으로 인식했던 식민사관의 틀을 조금씩 극복하는 연구를 통해 '당쟁'을 붕당정치의 연속선상에서 하나의 계기로 파악하고, 임진왜란에 대해서도 우리의 주체적인 대응을 정당하게 평가할 수 있게 되었다. 또한 임진왜란과 함께 '양란(兩亂)'으로 불리는 병자호란 이후의 조선후기를 '무너져가는' 시기로 해석하는 식민사관보다는 선조대를 포함한 조선중기에 사림들이 새로운 주체 세력으로 등장해 사회를 이끌어간 사실에 주목하는 흐름이 최근의 연구 경향이다.

이와 같은 연구 경향에서 선조도 새롭게 주목하여 재평가할 이유가 충분하다고 할 수 있다. 동서분당(東西分黨)이 일어났던 시기에 이를 통제하지 못했던 암군(暗君)이며, 임진왜란이라는 국난을 당해 피난만 다녔던 유약(柔弱)하고 나약한 국왕이라는 인식에 대해 다시 한 번 살펴볼 때가 되었다.

조선후기 선조대를 일컫는 용어 가운데 대표적인 것이 '목릉성세(穆陵盛世)'이다. 이 용어는 선조대의 문화가 그만큼 융성했다는 사실을 단적으로 보여 주는 것으로, 조선후기에 조선시대 사람의 눈으로 본 것을 반영한 용어라는 점에서 당대성을 확보했다고 할 수 있다. 이수광(李睟光)이 다음과 같이 지적한 것도 한 예이다.

> 아조(我朝)의 인재는 선조대왕(宣祖大王) 때 이르러서야 융성해졌다고 할 수 있다. 간이(簡易) 최립(崔岦)의 문장과 석봉(石峯) 한호(韓濩)의 글씨, 취면(醉眠) 김시(金禔)의 그림은 모두 일세(一世)의 재주이다. 훌륭한 장수로는 이순신(李舜臣)이나 곽재우(郭再祐)가 있고, 절개를 지켜 죽은 이로는 조헌(趙憲), 김천일(金千鎰), 송상현(宋象賢)이 있는데, 이들 또한 모두 옛사람에 비해 부끄럽지 않았다. 어찌 2백 년 동안 배양한 유택(遺澤)이 아니겠는가.[2]

이런 시각으로 볼 때, 선조대에 많은 인물이 출현했고, 문화가 융성했다는 사실은 우리가 전통적으로 선조대를 국난 때문에 나라가 위태로웠던 시기로 이해해 온 것과는 다르다.

선조는 붕당정치와 연관해서 사림의 지지를 받아 왕위에 올랐고, 사림의 정치적 입장을 어느 정도 알고 있었으며, 이를 조정하려고 했다. 또한 임진왜란을 치르는 과정에서 국왕이 할 수 있는

---

2) 이수광, 《지봉유설》 권15, 〈인물부인재(人物部人才)〉.

최선의 대처 방안을 찾으려고 노력했고, 비록 형식적인 면이 없지
않지만 신하들로부터 국난을 극복한 통치력을 인정받아 '계통광헌
응도융조(系統光憲凝道隆祚)'라는 존호를 받기도 했다. 따라서 선조를
새로운 관점으로 평가해보는 것도 의미 있는 일이라고 판단된다.

(2) 붕당정치와 선조

선조는 중종의 손자이며, 아버지는 덕흥대원군(德興大院君) 이초
(李岹)이고 어머니는 증(贈) 영의정 정세호(鄭世虎)의 딸인 하동부대
부인(河東府大夫人) 하동 정(鄭)씨로, 셋째 아들로 태어났다. 태어난
시기는 1552년(명종 7) 11월 11일이며, 난 곳은 덕흥 대원군의 사
제(私第)가 있던 인달방(仁達坊, 현재의 사직동)이었다. 선조의 초휘
(初諱)는 균(鈞)이었고, 왕이 된 다음의 어휘(御諱)는 연(昖)으로 고
쳤다. 비(妃)는 의인왕후(懿仁王后)와 계비(繼妃) 인목왕후(仁穆王后),
그리고 8명의 후궁을 합쳐 10명이었고, 자녀는 영창대군과 광해군
을 비롯해 14남 11녀를 낳아 모두 25명의 자녀를 두었다. (〈표 1〉
선조의 비빈과 자녀 참조)

선조는 처음에 하성군(河城君)에 봉해졌는데, 어려서부터 남다른
재질이 있었다. 다음의 일화는 그 좋은 예이다. 명종이 선조와 그
의 두 형을 함께 불러 들여 자신이 쓰고 있던 관(冠)을 벗어서 차례
로 쓰게 하여 아들들의 자질을 시험한 적이 있었다. 그런데 선조의
차례가 되자, 자신은 군왕(君王)이 쓰던 관을 신자(臣子)로서 감히
쓸 수 없다고 사양했다. 명종은 이에 감탄하여 관을 주면서 다시
임금과 아버지 중에 누가 더 중하냐고 묻자, 선조는 "임금과 아버
지는 똑같은 것이 아니지만 충(忠)과 효(孝)는 본래 하나입니다[宣
祖行狀]"라고 대답하니 명종이 매우 기특하게 여겼다고 한다.

표 1. 선조의 비빈과 자녀

	비빈	비빈의 부	자녀	자녀배우자	배우자부
비	懿仁王后	朴應順(潘南朴氏)	없음		
	仁穆王后	金悌男(延安金氏)	永昌大君	없음	
			貞明公主	洪柱元	
빈	恭嬪金氏	司圃 金希哲 (沃川金氏)	臨海君	陽川許氏	許銘
			光海君	文城郡夫人	
	仁嬪金氏	司憲府 監察 金漢佑 (水原金氏)	義安君	없음	
			信城君	平山申氏	申砬
			定遠君	綾城具氏	具思孟
			義昌君	陽川許氏	許筬
			貞愼翁主	徐景霌(達城徐氏)	徐渚
			貞惠翁主	尹新之(海平尹氏)	尹昉
			貞淑翁主	申翊聖(平山申氏)	申欽
			貞安翁主	朴瀰(潘南朴氏)	朴東亮
			貞徽翁主	柳廷亮(全州柳氏)	柳永慶(祖)
	順嬪金氏		順和君	長水黃氏	黃赫
	靜嬪閔氏	閔士俊	仁城君	海平尹氏	尹承吉
			仁興君	礪山宋氏	宋熙業
			貞仁翁主	洪友敬(南陽洪氏)	洪湜
			貞善翁主	權大任(安東權氏)	權信中
			貞謹翁主	金克鑌(善山金氏)	金履元
	貞嬪洪氏	承訓郎 洪汝謙	慶昌君	昌寧曺氏	曺明勗
			貞正翁主	柳頔	
	溫嬪韓氏	韓士亨	興安君	淸州韓氏	韓仁及
			慶平君	朔寧崔氏	崔胤祖
			寧城君	昌原黃氏	黃履中
			貞和翁主	權大恒(安東權氏)	權憘
기 타	貴人鄭氏	鄭滉	없음		
	淑儀鄭氏	鄭純禧	없음		

이와 같은 일화는 선조의 자질을 상징적으로 보여 준다. 마침
순회세자(順懷世子)를 잃고 후사(後嗣)가 없던 명종이 이들을 시험한
것은, 곧 후사와 직결된 일이었다. 명종은 순회세자의 상을 치르면
서 재위 20년(1565)이 되는 해 9월에 생명이 위태로울 만큼 심한

병에 시달렸다. 이때 명종의 환후가 심상치 않자 영의정 이준경(李浚慶) 등이 세자를 세울 것을 청하였다. 이에 명종비 인순왕후(仁順王后)는 선조를 들여 시약(侍藥)하도록 했다.

병이 차도를 보이자 명종은 자신이 미령(靡寧)했을 때 인순왕후가 후사를 결정한 것에 대한 부담 때문에 새 왕자의 탄생을 기다려야 한다며 이를 다시 번복하고자 했다. 이에 대해 민기(閔箕)와 이준경 등은 《대학연의(大學衍義)》의 〈정국본(定國本)〉장을 예로 들어 세자가 정해지지 않으면 나라가 어지러워질 염려가 있다고 상언(上言)했다. 이 사건을 계기로 선조는 정식 왕자가 탄생하지 않을 경우 후왕으로 등극할 가능성이 누구보다도 높았음을 알 수 있다.

다음 해인 1566년(명종 21) 8월 왕손들의 교육을 위해 사부가 될 만한 학자를 뽑아 풍산도정(豊山都正) 이종린(李宗麟)과 선조의 형이었던 하원군(河原君) 이정(李鋥)·하릉군(河陵君) 이인(李鏻), 그리고 하성군 이균(李鈞: 宣祖)을 가르치게 한 것은, 곧 선조의 왕자 교육을 염두에 둔 조치였다.

이에 따라 이틀 뒤에 한윤명(韓胤明)을 왕손(王孫) 사부(師傅)로 삼았고, 윤희렴(尹希廉)과 정지연(鄭芝衍)이 서로 이어서 하게 했다. 한윤명은 사림의 두터운 신망을 받았던 사람이고, 선조도 잠저(潛邸)에 있을 때 그에게서 《소학》을 배웠기에 먼저 임명했는데 얼마 되지 않아 죽었으므로 윤희렴과 정광필(鄭光弼)의 증손인 정지연에게 이어서 가르치게 했다. 사림의 신망을 받던 한윤명과 기묘사화(己卯士禍) 때 조광조를 구하려고 했던 정광필의 증손 정지연에게 교육을 받음으로써 선조는 사림들의 지지와 훈도(薰陶) 속에 왕자로서의 성학(聖學)을 닦아나갔다.

조선은 개창(開倉) 이후 성종대 이래로 사림 세력이 차츰 기존의 훈구 세력에 대항하면서 새로운 사회를 만들려는 개혁 세력으로 등장하였다. 하지만 성종대 이후 사림이 정계에 진출하는 데는 역풍(逆風)도 적지 않아 여러 차례 사화를 겪었다. 이때마다 사림들은 계속 공박당하는 처지에서 벗어나지 못해 성종·중종·인종·명종 등 각 시기마다 새로운 사림들이 등장했지만, 그들의 정치적 진출은 가로막히기도 했다.

특히 기묘사화 이후에 훈구와 척신(戚臣) 세력이 주도하던 정국에서 인종은 사림들의 지지를 받으며 왕위에 올라, 기묘사화로 폐지된 현량과(賢良科)를 부활하고 조광조 등의 기묘명현(己卯名賢: 기묘사화로 화를 입은 신하들)을 신원(伸寃)해 주는 등 사림을 지지했으나, 8개월의 짧은 재위 기간으로 말미암아 큰 소용이 없었다. 그러나 인종의 즉위와 함께 유관(柳灌), 이언적 등 사림의 명사들이 인종의 신임을 받아 중용되었고, 또 이조판서 유인숙(柳仁淑)에 의해 그 파의 사류(士類)가 많이 등용되어, 기묘사화 이후 은퇴한 사림들이 다시 정권에 참여했다. 또한 정권에 참여하지 못한 일부 사림들은 소윤(小尹)인 윤원형(尹元衡) 일파에 가담함으로써, 사림이 대윤(大尹)과 소윤의 두 세력으로 갈라졌다.

하지만 인종이 갑작스럽게 죽어 이복동생인 어린 경원대군(慶源大君)이 명종으로 즉위하자 문정왕후가 수렴청정을 했으므로, 정국의 형세는 한순간에 역전되어 조정의 실권이 대윤에서 명종의 외척인 소윤으로 넘어갔다. 이어 윤원형 일파의 소윤 세력은 을사사화(乙巳士禍)를 일으켜 윤임(尹任) 일파의 대윤 세력을 몰아내면서 사림의 명사들도 거의 축출되어 유배되었다.

이러한 상황은 1565년(명종 20) 문정왕후가 죽은 뒤에 정계가 조금씩 변하기 전까지 지속되었다. 따라서 이때는 사림으로서는 이제 막 척신 세력이 좌우하던 정국에서 벗어나려던 차에 새 국왕의 지지를 얻을 수 있는 절체절명의 기회를 맞은 시기였다. 선조의 교육에 참여했던 사림들은 새 군주를 통해 훈신(勳臣)과 척신 정치를 청산하고 사림 정치를 실현할 수 있는 기회로 삼으려 했다.

선조는 비록 왕자 출신이기는 하나 이미 부친인 덕흥군 때부터 서(庶) 계열이라는 한계를 지니고 있었다. 따라서 선조는 자신이 왕위를 계승하는 데 부족한 정통성을 사림들의 지지를 통해 해소하려는 의도를 가졌다고 할 수 있다. 이전에도 성종 때나 중종 때 사림들이 진출하던 경향을 살펴보면, 군주로서의 정통성이나 정치적 기반이 약할 경우 사림들이 이를 뒷받침하기도 했는데, 선조의 경우도 비슷했다. 오히려 사림들의 기반이 전보다 더욱 확대되었다는 유리한 배경이 있었다.

명종이 1567년(재위 22) 34세로 후사 없이 죽음을 맞았을 때, 선조는 16세로 그보다 한 달 전인 5월 18일에 돌아가신 어머니 하동부대부인 정씨의 상을 치르는 중이었다. 그런데 이미 2년 전에 정해둔 대로 왕비가 받든 유명교서(遺命敎書)에 따라 선조를 모셔오게 했다. 상중이던 선조는 눈물을 흘리면서 사양했으나 신하들의 옹대(擁戴)로 왕위를 이어받아, 7월 3일 경복궁 근정전에서 즉위했다. 이때 선조는 이미 성동(成童)의 나이가 지났지만, 이준경의 요청으로 명종비 인순왕후가 다음해 2월까지 수렴청정을 했다.

사림들의 교육과 지지를 받으며 등극한 선조는 왕위를 이어받은 다음 학문에 정진하여 날마다 경연에 나아가 경사(經史)를 토론했다. 명종 때 여러 차례 징소(徵召)를 받았는데도 나오지 않던 당시의 명유(名儒) 이황에게 선조는 정성과 예폐(禮幣)를 극진히 하여 나오도록 권유했다. 이에 이황은 정치에 관련된 여섯 조항[戊辰六

條疏]을 진달(進達)하고, 또 《성학십도》·《서명고증(西銘考證)》을 찬술했으며, 정자(程子)의 《사물잠(四勿箴)》을 손수 써서 올렸다. 선조는 이를 선사(善寫)하여 병풍을 만들어 좌우에 두게 해서 아침 저녁으로 볼 수 있도록 했다.

또한 문묘(文廟)에 배향(配享)될 만큼 존경받을 만한 인물인 김굉필, 정여창, 조광조, 이언적 등에게 학문에 공이 있다고 하여 제사를 지내주거나 무덤을 지키게 했으며, 관직과 시호(諡號)를 추증(追贈)하고 자손들을 녹용(錄用)하도록 했다. 한편, 유신(儒臣)인 유희춘에게 명하여 이들의 행적을 모아《유선록(儒先錄)》을 만들게 했다. 이러한 선조의 관심은 결국 1610년(광해군 2) 문묘에 이들을 포함하여 문묘오현종사(文廟五賢從祀)를 실현할 수 있는 기반이 되었다. 문묘에 이들을 종사해야 한다는 운동은 사실 선조대 전반에 걸쳐 진행되었고, 선조도 이를 추인(追認)한 것은 단지 사상적인 상징성만을 내포한 것은 아니었다. 이들로 대표되는 사림의 지향을 인정하는 것은 결국 사림 정치의 실현을 추인하는 것이었다.

사림 정치는 사림들이 적극적으로 정치의 주체가 되면서 성리학적 정치를 실현하겠다는 주장이었다. 특히 선조에게는 이황이《성학십도》의 형태로 먼저 제시했는데, 그 뒤 이이는 군주의 성학을 자세하게 논한 《성학집요》를 완성했다. 이에 따르면 국왕은 성리학의 논리, 특히《대학》에서 제시한 논리인 '격물치지(格物致知)'에서 '평천하(平天下)'까지를 일관되게 공부하여 이를 따라야 했다. 특히 국왕에게 제시한 성학에서는 국왕이 공부하고 수양해야 하는 이유를 '입지(立志) → 구현(求賢) → 위임(委任)'의 논리로 파악하여 현명한 재상을 구해 그에게 정치를 맡길 것을 제시했다. 결국 국왕이 모든 것을 할 수 없는 바에야 현명한 신하를 잘 살펴볼 수 있는 눈을 키우는 것을 최우선으로 하고, 이를 위해 끊임없이 공부해야 함을 강조했다.

이에 따라 선조는 초년에 경연에서 이러한 성학을 착실하게 배울 수 있었고, 실제 새로운 인재를 계속 등용했다. 징사(徵士)로 성혼·조식·성운 등을 등용함으로써, 이때 재야에서 성리학을 충실히 공부한 학자를 산림학자로 등용하는 전례를 만들어 조선후기 내내 전통으로 이어갔다.

한편, 선조초의 시급한 정치적 과제는 을사사화로 화를 입은 사림들을 석방하고 복관(復官)하는 문제였다. 명종 말년에도 부분적인 조치가 있었지만, 본격적인 석방과 복관 조치는 선조대에 이르러 적극적으로 추진되었다. 유희춘·노수신 등을 풀어 주어 경연관으로 삼았고, 권벌(權橃)이나 이언적 등의 직첩(職牒)을 환급했다. 이러한 조치는 나아가 을사사화로 말미암아 제정된 위훈(僞勳)을 삭탈하려는 움직임으로 발전했다. 이 과정에서 사림들 사이에는 과거의 잘못을 개혁하는 데 의견이 서로 다른 두 흐름이 나타났다. 흔히 전배(前輩)와 후배(後輩)의 대립이라고 설명하는 동서분당(東西分黨)이 나타났던 것이다.

동서분당은 붕당정치의 시작을 알리는 것으로, 조선에서 왕권이 더 이상 절대적이지 않다는 것을 의미한다. 원래 중국에서도 송나라 때 붕당정치가 발생한 이유는 사대부의 정치 참여가 활발해지면서 당나라까지 이어진 절대 권력으로서의 황권(皇權)에 사대부가 참여하는 군신공치(君臣共治)가 실현되는 데서 나타났던 것이다. 따라서 사림 세력이 송나라 사대부 정치의 원형을 실현하면서 붕당정치를 내세운 것은 정치권력에 대한 참여 폭을 넓힌 것이었다고 평가할 수 있다. 그리고 이는 결국 사림 정치를 이해했던 선조에 의해 시작되었다.

하지만 사림들의 지지를 받은 선조에게도 한계가 없었던 것은 아니다. 선조는 왕위 계승에서 명종의 지목을 확고하게 받지 못하고 명종 비(妃)와 명종대의 대신들에 의해 선영(禪迎)의 형식으로 즉위하였다. 또한 선조는 선왕인 명종의 직계가 아니고 조선왕조에서 서자로는 처음으로 왕위에 오르면서 왕권 쪽의 입장에서 제약의 요소가 있었다. 그러한 요소들은 곧 선조에게는 이전 시대의 구신(舊臣)들을 척결하는 데 일정한 한계로 작용하여 구체제를 혁신하는 데 걸림돌이 되었다.

사림들은 각종 상소나 경연 등으로 개혁을 진언했으나 선조에게서 적극적인 개혁성을 확보하기는 쉽지 않았다. 선조가 즉위한 지 얼마 되지 않아서부터 '회천(回天)'하려는 노력이 끊이지 않았던 것은, 미온적인 태도로 일관한 선조 개인의 문제라기보다는 척신 정치의 결과를 신속하게 처리할 수 없는 구조적인 한계가 있었기 때문이다.

(3) 임진왜란과 선조

선조가 사림의 지지를 받으면서도 한편으로는 전위(轉位) 과정의 한계로 말미암아 구시대의 폐정(弊政)을 신속하게 개혁하지 못했던 문제는 곧 임진왜란이 일어나자 결과로 나타났다. 임진왜란은 기존의 이해와는 달리 일방적으로 패배한 전쟁은 아니었다. 7년에 걸친 전쟁 동안 왜군이 승세를 유지했던 기간은 1592년(선조 25) 4월에 난이 일어나서부터 다음해 2월 조선군이 평양을 탈환할 때까지 약 열 달밖에 안 되었다. 왜군은 전쟁 초반 한 달 열흘 만에 서울을 장악하고, 이어 평양까지 진출해서 일부는 함경도까지 진격하는 승세를 잡았지만, 일진일퇴를 거듭하면서 왜군의 의도대로 전쟁이 진행되지는 않았다.

길게 뻗은 왜군의 보급로는 해상에서 이순신의 활약과 지상에서 의병들의 활동에 힘입어 지속적으로 위협을 받았다. 또 곡창 지대로 의병들의 배후 기지 역할을 했던 전라도를 장악하기 위해 벌인 진주(晉州)·거창(巨昌)·금산(錦山) 등의 전투에서 모두 패함으로써 더 이상 진격할 수가 없었다. 결국 평양에서 패퇴한 왜군은 퇴각을 거듭하다가 동남 해안 지역의 한 부분만을 거점으로 확보하여 버티면서 강화(講和)를 탐색하는 처지가 되었다. 1597년(선조 30)에 다시 정유재란(丁酉再亂)을 일으켜 반전을 시도하기는 했지만, 이마저도 실패로 돌아갔다.

임진왜란을 이 같은 관점에서 보면, 가장 큰 문제는 초기에 왜군의 기습에 관군(官軍)이 너무 쉽게 무너져 대응에 실패했다는 점이다. 여기에 선조에게 일차적 책임이 없다고 할 수는 없지만, 근원적인 문제는 이미 이전 시대인 척신 정치 시기부터 잠재되어 온 구조적 병폐가 더욱 심각하다는 데에 있었다. 16세기에 들어서는 조선초 본래의 군사제도인 병농일치(兵農一致)의 개병제(皆兵制) 대신 각 급의 지휘관들이 군사의 입번(入番)을 면제해주고 대가를 받는 풍조가 생겼다. 그 뒤에는 공공연히 군사를 강제로 방면(放免)하는 정도로까지 부패함으로써 군사제도는 완전히 붕괴하기 일보 직전이었다. 척신 정치의 결과인 이런 상황은 선조가 즉위한 뒤에도 구신과 구체제를 완전히 극복하지 못한 선조의 미온적인 태도 때문에 개선되지 않았다.

하지만 선조도 나름대로 왜란에 대처하지 않았던 것은 아니다. 왜군이 파죽지세로 진격해오자 선조는 4월 29일, 비어 있던 동궁

(東宮)에 광해군(光海君)을 세자로 삼아서 인심을 안정시켰다. 왕비인 박씨(朴氏)에게 아들이 없어 세자궁을 오랫동안 비워두었기 때문이다. 이에 임진왜란이 일어나자 신하들은 세자 책봉과 관련된 상소를 계속 올렸으므로, 선조로서도 국가의 위기 상황에 대처하고자 이 같은 조치를 취했다고 할 수 있다.

　사림들이 곳곳에서 의병을 일으켜 왜군에 맞설 때, 선조는 명(明)나라에 구원병을 요청해 근본적으로 국가를 구제할 방도를 마련했다. 서울에서 평양, 의주로 이어지는 파천(播遷) 길에서 선조는 일단 외교로 국가를 유지할 방도를 구했다. 평양까지 함락됨에 따라 선조는 의주로 파천하여 8월에 정곤수(鄭崑壽) 등을 명나라에 보내 원군을 청했다. 명나라 군대는 12월에 들어오면서 반격의 전기를 마련했다. 이런 과정에서 다음해인 1593년(선조 26) 권율(權慄) 장군의 행주대첩이 있었고, 선조는 정주(定州)에서 숙천부(肅川府)를 거쳐 영유현(永柔縣, 현재의 평안남도 평원군)으로 옮겼다. 이때 세자와 중궁(中宮)은 정주에 그대로 두어 종묘사직을 지키게 했다. 세자인 광해군은 부친인 선조의 뜻을 받들어 황해도와 강원도, 그리고 호서(湖西) 등지에서 무군(撫軍) 활동에 전념하여 많은 성과를 거두었다.

　한편, 선조는 신하들을 강원도 쪽으로 보내 의병을 일으키게 하고, 호남과 기전(畿甸, 현재의 경기)에서 일부 왜군을 격파한 분위기를 이어가게 했다. 선조가 추진한 외교적인 노력으로 말미암아 구원병으로 온 명군의 활약과 각지 의병들의 활동 덕분에 조선은 수세에서 벗어나 4월에 서울을 수복했다. 더구나 퇴각하던 왜군은 진주성을 함락하기는 했으나 막대한 피해를 입어 경상남도 일대로 완전히 물러났다.

이에 따라 선조는 영유의 행궁에서 서울로 환궁하기 위해 평양
(平壤)과 강서(江西), 재령(載寧), 해주(海州), 연안(延安) 등을 거쳐
정릉동에 있는 행궁(현재의 덕수궁)으로 돌아왔다. 그 사이 선조는
지나는 곳마다 해당 지방의 부로(父老)나 백성을 모아서 위로하고,
때로는 경성 및 산천에 제사를 지낼 것을 명하기도 하는 등 전쟁을
수습하기 위해 노력했다. 경복궁이 불타서 없어졌으므로 본래 월
산대군(月山大君)의 사저였던 정릉동 행궁을 임시 궁궐로 사용했으
며, 근처에 있던 계림군(桂林君)과 심의겸(沈義謙)의 집도 궁에 포함
시키고, 선조는 여기에서 계속 거처했다.[3]

명군과 왜군 사이의 화의(和議)로 소강 상태였던 전쟁은, 화의가
결렬되고 임진왜란이 일어난 지 5년 만에 다시 정유재란이 일어남
으로써 새로운 국면에 접어들었다. 선조는 이전의 경험을 참조해
더 체계적으로 왕실의 가족과 종사(宗社)를 피난하도록 지시했고,
명군과 의논하여 전쟁에 대처했다.

임진왜란 때 명군과의 관계가 평화적인 선린으로 협조적이기만
했던 것은 아니다. 명군이 참전한 데에 조선을 돕겠다는 뜻이 없었
던 것은 아니지만, 더 근본적으로는 자국을 지키기 위해 전쟁 지역
을 조선에 한정하려는 의도도 있었다. 조선의 처지에서는 구원군
으로 온 명군이 외교적으로 상국(上國)이었으므로 더욱 불리한 관
계에 놓이기가 쉬웠다. 일부 장군이나 사신은 이를 악용해 선조에
게 무례한 요구를 하거나 선조의 무능을 지적하여 왕위 교체를 거
론하는가 하면, 나중에는 명의 관료들이 직할통치론을 거론하기도

---

3) 선조는 정릉동 행궁에 거처하며 경복궁에 초가를 짓고 옮기려고도 했으나 실행
  하지는 못했던 것으로 보인다. 새 궁궐을 지으라는 중국 장수의 권유에도 불구
  하고 정릉동 행궁을 그대로 유지했다.

했다. 따라서 선조는 이러한 명나라 측의 부정적인 평가를 이겨내고 조선을 이끌어가야 하는 힘겨운 처지에서 나름대로 지도력을 발휘했다.

임진왜란에 대한 그동안의 평가에서 명군의 참전이 갖는 그림자를 지적하는 의견도 있다. 실제로 명군이 와서 조선 사람을 괴롭힌 것을 빗대어 '명군은 참빗, 왜군은 얼레빗'이라는 속요가 유행할 정도로 피해를 입었으며, 선조도 왜군보다 명군이 서울에 가득하여 시내에 소요가 있고 침욕당하는 폐단이 있기 때문에 옹주(翁主) 등을 강화로 피난 보내기까지 했다. 하지만 이런 문제는 국가의 운명이 좌우되던 시기에 불가피하게 감수할 수밖에 없던 문제였다. 따라서 이러한 이유 때문에 명군이 참전한 의미를 폄하할 수만은 없다.

한편 선조도 명군의 참전을 강조했는데, 이를 선조와 재조(在朝) 관료들이 전쟁의 공로를 의병장들에게 빼앗기지 않고 자신들의 권위를 만회할 기회로 삼으려는 의도 때문이라고 해석하는 연구도 있다. 이것의 연장선에서 참여한 명군의 은혜로 말미암아 조선이 다시 세워졌다는 사실을 강조하는 '재조지은(再造之恩)'이라는 관념이 형성되었다고 보기도 한다.

선조는 임진왜란이 끝난 뒤 전쟁을 마무리하는 과정에서, 먼저 공신(功臣)을 호성(扈聖: 선조를 의주까지 호종하는 데 공을 세운 사람들에게 내린 훈호), 선무(宣武: 전쟁에서 큰 공을 세운 무신들에게 내린 훈호), 청난(淸難: 1596년 이몽학의 난을 평정하는 데 공을 세운 사람들에게 내린 훈호)으로 나누어 녹훈(錄勳)했다. 또 전쟁 때문에 흩어진 민심을 재정비하는 과정에서 《소학》, 《근사록》, 《심경》 등의 서적을 간행하여 이를 익히게 했고, 《삼강행실도》나 《이륜행실도(二

倫行實圖)》 등도 적극 활용하게 했다.

선조는 임진왜란을 겪은 뒤 격무와 피로가 쌓여 병이 생겼기에 임란 다음해인 1593년부터 세자에게 자리를 물려주려는 전위(傳位) 의사를 여러 번 밝혔다. 그러나 선조의 전위 표명은 세자와 여러 신하들에게 받아들여지지 않았다. 여기에는 명나라가 세자인 광해군을 공식적으로 인정하지 않았던 것도 이유가 되었다. 조선에서는 광해군을 세자로 결정한 1592년부터 1604년까지 13년 동안 모두 다섯 차례나 세자의 책봉 주청사(奏請使)를 보냈으나 모두 거절당했다.

이런 과정에는 선조와 세자 광해군 사이에 미묘한 긴장 관계가 있었다. 선조는 임란을 겪는 과정에서 광해군을 세자로 삼았는데, 계비인 인목대비에게서 영창대군이 태어나자 방계(傍系)이며 더구나 둘째 아들이었던 광해군이 부담을 안았던 것이다. 여기에 광해군의 분조(分朝: 임진왜란 때 임시로 두었던 조정) 활동이 임란에서 나름의 역할을 하여 명의 인정을 받았지만, 동시에 세자 책봉은 미루는 복잡한 상황이었다.

이런 상황에서 선조는 즉위한 지 40년이 되는 1607년부터 병세가 위독해 자리에 누웠고, 다음해 2월에 세상을 뜨고 말았다. 선조의 묘호(廟號)에 대해서는 처음부터 묘호에 조(祖)와 종(宗) 가운데 어느 용어를 사용할지에 관한 논의가 있었다. 대신들의 건의로 나라를 빛내고 난을 이겨내 중흥시킨 공로를 인정하여 '조'로 하자는 의견도 있었으나, 결국 '선종(宣宗)'으로 결정했다. 이후 1616년(광해군 8) 8월에 종계(宗系)를 올바르게 밝히고, 임진왜란에서 나라를 중흥한 공로로 존호를 추가해 올렸으며, 묘호도 선조(宣祖)로 바꾸었다. 이러한 평가는 곧 선조에 대한 당시 사람들의 평가를 보여 준다는 점에서 의미가 있다.

선조의 다른 업적으로 평가받은 종계변무(宗系辨誣)는 약 2백 년 동안 명나라에 잘못 기록되어 있던 태조 이성계(李成桂)의 세계(世系)를 시정한 사건이다. 명 《태조실록》과 《대명회전(大明會典)》에 이성계가 고려의 권신(權臣)이었던 이인임(李仁任)의 후손이라고 기록된 것을 시정하려고 조선에서 여러 차례 주청사를 보냈지만 고쳐지지 않다가, 대사간 이이의 주장에 따라 선조는 김계휘(金繼輝)와 황정욱(黃廷彧)을 두 차례 보내 결국 《대명회전》의 기록을 수정했다. 이는 조선의 왕통과 관련된 일로 외교적인 문제뿐 아니라 국가의 근본에 관한 중대한 문제였으므로, 선조는 수정된 《대명회전》을 종묘, 사직, 문묘에 친히 고했다.

(4) '목릉성세'의 문화

후대에 '목릉성세(穆陵盛世)'로 칭송된 선조대에 선조 자신의 학문적 수준이나 성격, 문예 취향은 당대의 문화적인 분위기에 많은 영향을 미쳤을 것이다. 먼저, 선조의 학문 성향은 일단 그의 성장 과정이나 수련 과정을 볼 때 사림들의 지도를 받았던 만큼 성리학 중심이었다고 할 수 있다. 그러므로 당시 성리학을 새롭게 해석하고 이에 맞추어 국가를 운영하려던 사림의 일반적인 틀에서 크게 벗어나지는 않았다고 볼 수 있다.

전쟁을 겪으면서 명나라 장수들이 양명학(陽明學)을 소개하자 선조도 관심을 보이지만 곧 이를 정도에서 벗어난 것으로 인식했다. 그리고 명군의 지휘관이었던 경략(經略) 송응창(宋應昌)이 선조에게 신료들을 보내 경학을 배우라고 하자 이단(異端)의 학문은 배울 수 없다고 지적할 정도였다. 한때 임진왜란 동안에 경연에서 평소에 읽지 않던 《주역》에 관심을 보이기도 했지만, 이러한 관심은 변란에 대처하기 위한 것으로 성리학을 중심으로 한 큰 틀에서 벗어난 것은 아니었다.

선조의 예술 취향을 보면 그의 글씨 솜씨는 보통이 아니었다. 조선초기에는 원나라에서 들어온 성리학의 영향으로 조맹부(趙孟頫)의 송설체(松雪體)가 유행했는데, 조선중기에 사림이 등장하면서는 이들의 취향을 반영하여 서체에서도 왕희지체(王羲之體)의 영향을 받았다. 특히 선조 연간에 사림들이 중앙 정계에 확고한 기반을 마련하면서 사자관(寫字官)이던 한호(韓濩)는 왕희지체를 자기 식으로 소화하면서 석봉체(石峯體)를 새롭게 창조하여 조선의 미감을 반영하는 서체를 완성했다.

그러나 역대 왕들의 글씨는 대체로 조선초부터 전래되어온 송설체의 영향을 깊이 받아 송설의 기운이 완연한 서체를 구사했다. 선조도 예외는 아니어서, 남아 있는 그의 진적(眞蹟)을 보면 송설체를 기본으로 하면서 석봉체의 영향을 받은 서체가 많다. 특히 초서에 일가견을 지녔던 선조는 법주사에 소장된 어필(御筆) 초서 병풍에서 보이듯이 당대 최고 수준의 초서를 구사하는 필력을 소유했다. 그는 글씨뿐만 아니라 그림도 잘 그려 김정희(金正喜)가 '우리나라에서 난초를 제대로 그릴 수 있는 이'로 꼽을 정도였다. 실제로 선조는 산수화나 말 그림 등 여러 종류의 그림을 남겼다고 한다.

이런 선조의 탁월한 예술 취향은 널리 알려져 왜란 때 구원병으로 왔던 이여송(李如松)도 선조의 필법(筆法)이 정묘하다는 소문을 듣고 이를 간절히 요구하기도 했다. 그러나 선조는 끝까지 사양하여 결국 써주지 않았는데, 이는 사림들이 글씨 쓰는 것을 경계한 일과 연관이 있다. 곧 사림들은 글씨 쓰는 것이 선비들의 일상사인

데도 여기에 치우쳐 마음을 빼앗기므로 이를 경계했는데, 특히 제
왕은 더욱 철저히 조심할 것을 경연을 통해 종종 진언했기에 선조
로서도 글씨를 잘 쓰는 것을 내세울 수가 없었다.

　하지만 선조가 글씨 쓰기를 좋아하고 난초를 잘 그렸던 그의 성
향을 반영하는 기록이 곳곳에서 발견된다. 선조는 묵죽화(墨竹畵)
를 직접 그려 서산대사(西山大師)에게 하사하기도 했고, 병환 중에
도 대나무 그림을 그려 신하들에게 자신의 솜씨에 대해 묻기도 했
다. 중년(中年)에는 난초를 주로 그리다가 만년(晩年)에는 대나무를
즐겨 그렸다는 기록은, 이미 선조 자신이 묵란(墨蘭)과 묵죽(墨竹)
에 심취해 있었음을 전해 준다. 심지어 선조는 연경(燕京, 현재의 북
경)에서 비싼 값을 치르고 구해 온 난죽보(蘭竹譜)를 모방하기까지
했다.

　이와 같은 사실로 미루어볼 때, 선조의 예술적 취향은 어느 국
왕보다도 탁월했음을 짐작할 수 있다. 선조 연간의 문인화(文人畵)
삼절(三絶)로 일컬어지는 황집중(黃執中), 이정(李霆), 어몽룡(魚夢龍)
등은 각각 묵포도와 묵죽, 묵매(墨梅)에서 우리 고유의 미감을 드러
내는 독자적인 양식을 만들어 중국의 묵죽화와 구분되는 독특한
조선 묵죽화의 전형을 만들었다. 조선왕조의 문화 현상에서 두드
러지는 사실주의 기풍의 '진경양식(眞景樣式)'이 조선후기인 영·정
조 시대에 가서야 본격화되었던 것을 생각해 보면, 이러한 기풍의
조짐은 이미 선조 때부터 나타나기 시작했다고 볼 수 있다.

　흔히 '목릉(穆陵)'이라고 일컬어지는 선조대의 문단에서는 이전까
지 송풍(宋風)을 띠었던 시풍(詩風)이 점차 당풍(唐風)으로 변모하는
움직임이 나타났다. 이미 당대인들조차 소동파(蘇東坡)나 황정견(黃
庭堅)을 숭상하던 조선전기의 경향과는 달리 당시(唐詩)에 대한 관

심이 높아졌던 것을 주목하는 기록이 적지 않았다. 이는 의례적으로 사변적이고 도학적인 송시(宋詩)보다는 사림들이 변화하는 시대에 맞추어 새로운 문학적 요구를 표현하면서 당시(唐詩)에 주목하는 경향으로 나타났다.

이른바 '삼당시인(三唐詩人)'으로 불렸던 이달(李達), 백광훈(白光勳), 최경창(崔慶昌) 등이 당시의 유행을 대변했는데, 이들은 모두 박순(朴淳)에게서 배웠다. 이들 외에도 '관각삼걸(館閣三傑)'이나 '한문사대가(漢文四大家)' 또는 '팔문장(八文章)' 등의 이름이 유행한 것은 선조대에 새로운 경향의 문사(文士)가 적지 않았다는 사실을 보여 주는 사례이다. 또 고문(古文)에 대한 관심도 왜란 이후 명나라의 경향이 전해져 송(宋)의 문장보다는 양한(兩漢) 이전 시기의 문장을 높이 평가하는 유행도 일었다. '문필진한(文必秦漢), 시필성당(詩必盛唐)'이라는 표현은 시문(詩文)의 지향을 당과 진한에 둔 경향을 보여 준다.

시문에서 송풍(宋風)보다는 당풍(唐風)의 시나 양한 이전의 문장이 유행한 데는 몇 가지 배경이 있다. 먼저 명나라에서 유행했던 시풍인 전후칠자(前後七子)의 영향을 받은 사실이다. 하지만 외부의 영향보다 더욱 중요했던 것은 사림파들이 새로운 시 세계를 추구하였다는 점이다. 조선전기의 훈구 관료들은 사장(詞章)에 치우쳐 기교나 수식을 중시하는 경향을 띠었던 것과 달리 사림파는 새로이 인간의 내면을 중시하였고, 이러한 분위기에서 정서에 더욱 치중하는 당시풍이 유행했던 것이다.

흔히 사림파들은 지나치게 내면적인 도덕률에만 얽매였다고 이해하는 것이 일반적인 경향이나, 명종·선조 연간에 점차 중앙 정계를 장악했던 사림들은 이미 중국 성리학이었던 심학(心學) 또는 양명학의 영향을 받으면서 이를 자기 식으로 소화해 새로운 성리학을 추구했기에 시문에서도 송풍을 반복한 것이 아니라 새로운 경향을 추구했던 것이다.

선조가 국왕으로서 이러한 새로운 경향에 민감하게 반응했던 것은 아니다. 하지만 경연에서 시문의 변화에 대해 자신의 의견을 피력하며 고문(古文)의 중요성을 지적하기도 했고, 시속의 문체를 바로잡기 위해 과거 시험에서 고관(考官)의 역할을 강조하기도 했다. 그러나 이 당시의 전반적인 흐름은 새로운 경향이 시문에서 일어났고, 심지어 동시(東詩: 우리나라의 시를 가리킴)를 전업으로 삼을 정도로 조선풍을 강조하는 경향이 나타나기도 했다. 선조는 이러한 경향을 추인하지 않을 수 없었다.

(5) 선조와 조선후기

이상에서 선조에 대해 기존의 연구 성과를 중심으로 살펴보았다. 선조는 흔히 임진왜란 때문에 유약한 군주 또는 심약한 군주로 인식되어왔으나, 실제로는 명종의 후사가 없었기에 여러 왕자들 가운데 가장 탁월한 자질을 지녀서 선택되었던 왕이다. 더구나 이때는 조선전기의 질서가 해체되어 혼란이 극에 이른 상황이었으므로 이를 극복하고자 새로 진출한 사림들이 개혁의 주체 세력이 되어 정치의 최일선에 있던 시기로, 선조는 이들에게 교육을 받음으로써 새로운 시대의 서막을 여는 역할을 했다.

비록 임진왜란이 일어나 국가가 위기에 빠지기도 했지만, 선조는 나름대로 대처하여 비어 있던 동궁(東宮)에 광해군을 세자로 들여 인심을 안정시켰고, 명나라에 구원병을 요청해 위기를 근본적으로 벗어날 방법을 찾았다. 곳곳에서 사림이 주도하는 가운데 의

병이 일어났고, 이순신을 중심으로 수군이 활약함과 동시에 명의 구원병은 전세를 역전시키는 결정적인 역할을 했고, 선조도 그 중심에 있었다.

선조 시기는 후대에 알려진 바와 같이 전란에도 뛰어난 인재가 구름이 일고 비가 쏟아지듯 많이 배출된 시기였다. 이는 당시 명나라의 문화가 유입되어 이에 대응하는 과정에서 나타난 현상이지만, 근본적으로는 사림들이 이전 시대의 구폐를 극복하면서 새로운 문화, 새로운 질서를 세워가는 과정에서 만들어진 것으로, 전과는 달리 조선 고유의 특색을 지녔다.

비록 성리학적 수양론으로 말미암아 제한을 받기도 했지만, 선조는 그의 뛰어난 문예 취향의 재주로 이를 이끌어 '목릉성세'라는 조선 문화의 중흥을 이루어냈다. 한호의 석봉체, 이달·백광훈·최경창 등 이른바 '삼당시인'의 출현, 황집중·이정·어몽룡 등 문인화 삼절(三絶)의 출현, 최립의 문장, 김시의 그림 등은 모두 후대에 높이 평가받은 조선중기의 대표적인 문화이다. 따라서 선조 시기는 혼돈만이 가득한 암흑기가 아니라 조선후기 문화의 진원지로서 조선 문화의 기원으로 자리매김될 수 있으며, 이를 이끌었던 국왕이 선조였음은 부정할 수 없는 역사적 사실이다.

2. 국왕의 학문: 정조와 《사부수권》

　《사부수권(四部手圈)》은 정조(正祖)가 경(經)·사(史)·자(子)·집(集)의 사부(四部) 가운데 글을 읽고 중요한 부분을 직접 뽑아서 편집한 책이다. 《사부수권》은 1798년(정조 22)에 필사본으로 완성되었으며, 순조(純祖) 때에 목판본으로 간행되면서 '어정(御定)'이라는 이름이 추가되었다. 이 글에서는 원래의 이름인 《사부수권》으로 부르기로 한다.

　정조는 세손시절부터 시작하여 재위기간 내내 학문 연구에 진력하여 역대 어느 국왕보다도 학문 연구에 심혈을 기울였다. 정조의 학문적 관심은 다양한 형태로 표현되었는데, 역대 학술성과를 정리하는 작업에서부터 최신의 학문이었던 북학(北學)에 대한 관심에까지 두루 걸친 광범위한 것이었다. 특히 이 시기는 중국에서 《고금도서집성(古今圖書集成)》이나 《사고전서(四庫全書)》가 편찬되어 정조도 이 책들에 깊은 관심을 나타내고 구입을 시도하기도 하였다. 결국 《사고전서》는 구입하지 못하였지만, 《고금도서집성》 5,022권은 1777년(정조 1)에 이미 구입을 하였다.

경·사·자·집의 사부를 전체적으로 정리하려던 정조의 시도는 단지 학문의 분야에서만이 아니라 이전 시대의 성과를 정리하여 새로운 시대를 맞이하고자 하는 시대적 소명을 자각하면서 나온 노력이었다. 따라서《사부수권》의 편찬은 이전에 있었던 학문적 정리 사업을 마무리한다는 의미를 지니고 있었다. 정조 22년에 와서야 편찬 작업이 완료되었다는 것은《사부수권》이 정조의 학문적 결산을 의미한다고 할 수 있다.

이하에서는《사부수권》의 편찬경위, 판본, 체제 및 내용과 특징을 살펴보기로 한다.

1) 편찬 경위와 판본

《정조실록(正祖實錄)》에 따르면 1798년(정조 22)에 완성된 필사본《사부수권》은 모두 30권이다.[1] 이후《사부수권》은 1801년(순조 원년)에 목판본 25권 12책으로 간인하여 모두 10건(件)을 규장각의 주합루(宙合樓), 화성(華城)의 화녕전(華寧殿), 다섯 곳의 사고(史庫), 내각(內閣), 홍문관(弘文館), 화성행궁(華城行宮)에 나누어 보관하게 하였다.[2] 또 순조 2년에 권강(勸講)에 입참(入參)한 대신 이하 126인에게《사부수권》을 하사할 것을 하교하기도 하였다.[3]

---

1)《정조실록》권50, 정조 22년 11월 기축. 이 기사에 의하면 정조가 여러 책에서 圈點을 치고 이것을 규장각의 관원들에게 명해 나누어 베끼게 하여 30권으로 편찬하였다고 한다. "四部手圈成. …… 課日輪讀, 遇契意手加圈批. 命內閣諸臣分謄彙, 成三十卷, 命四部手圈"
2)《순조실록》권3, 순조 1년 7월 계사.
3)《순조실록》권4, 순조 2년 5월 정유.

　사부라고 하였지만 모든 책이 대상이 된 것은 아니었고 초록의 대상이 된 책은 경부(經部)의 삼례[三禮: 의례(儀禮), 주례(周禮), 예기(禮記)]와 사부(史部)의 《사기(史記)》·《한서(漢書)》·《후한서(後漢書)》, 자부(子部)의 오자[五子: 주자(周子), 백정자(伯程子), 숙정자(叔程子), 장자(張子), 주자(朱子)]와 집부(集部)의 육지(陸贄) 및 팔가[八家: 한유(韓愈), 유종원(柳宗元), 왕안석(王安石), 구양수(歐陽脩), 소순(蘇洵), 소식(蘇軾), 소철(蘇轍), 증공(曾鞏)]의 문집이다. 정조는 일찍부터 사서삼경(四書三經) 외에도 여러 책을 두루 보았는데, 《사부수권》에 수록된 책들은 그 가운데서도 반복하여 음미할 정도로 정독한 책들로써, 지은이의 요지(要旨)를 파악한 다음 핵심을 드러내는 구절을 뽑은 것이다.

　《사부수권》의 편찬 경위와 관련하여서는 규장각 제학을 지낸 채제공(蔡濟恭)이 쓴 《양경수권(兩京手圈)》의 발문(跋文)에 자세히 드러나 있다.

　　우리 성상(聖上)께서 학문을 좋아하는 정성은 진실로 하늘로부터 타고난 바이다. 천승(千乘)의 나라도 즐거워하는 바가 아니요 즐기는 것은 오직 성경(聖經)과 현전(賢傳)뿐이다. 세손으로 있을 때부터 힘쓰기를 매일 부지런히 하였는데, 왕위에 올라서도 낮에는 온갖 정무(政務)를 처리함에 총명이 미치지 않는 곳이 없고, 밤에는 문득 여러 책을 낭독하여 경고(更鼓)가 너덧 차례 울리지 않으면 잠들지 아니하였다.

　　삼경(三經)과 사서(四書)를 모두 자기의 것으로 삼고 그 외의 책들도 두루 보았으니 삼례, 《사기》와 《한서》, 육지의 문집, 송나라 현인 5인의 문장에서 당·송 팔가문(八家文)의 초본(鈔本)에 이르기까지 반복해서 깊이 음미하였다. 저자의 요지를 모두 얻은 다음 좋은 구절은 청색 먹으로 비점(批點)을 치고, 그 중에서도 더욱 뛰어난 구절에는 붉은 먹으로 권점(圈點)을 치고 모두 모아 〈수권(手圈)〉이라고 이름하였다. 대체로 정영(精英)의 뛰어난 구절들이 혹 머리나 꼬리에 붙어있거나 등이나 배에 붙어있더라도 촛불을 밝힌 듯 환하여 그 형상을 감출 수가 없게 되었다.[4]

채제공의 지적과 같이《사부수권》의 구체적인 작업 과정은 일단 뛰어난 구절에 청색 점으로 비점을 치고, 그 가운데서도 핵심적인 구절에는 붉은 먹으로 권점을 쳐서 이것을 모두 모은 것이었다. 대체로 비슷한 종류별로 분류하여《삼례수권(三禮手圈)》·《양경수권》·《오자수권(五子手圈)》·《육고수권(陸稿手圈)》·《팔가수권(八家手圈)》으로 각각 완성하였고 이를 합쳐《사부수권》이라고 하였다. 규장각에는 정조가 초록한 대상 서적에 비점·권점을 찍어서 이를 규장각의 관리들이 선사(善寫)하고, 교열을 거쳐 한 책씩 완성해 간 과정을 일자별로 자세하게 기록한 필사본《사부수권과정일표(四部手圈課程日表)》1책(奎9856)이 있다. 이 기록은《사부수권》이 목판본으로 간인되면서 5종의 수권에 각각 나누어져 각 권의 권두에 수록되었다.

《과정일표(課程日表)》에 따르면 집부의 팔대가(八大家)는 1797년(정조 21) 10월·11월·12월 사이에 70일 동안, 자부《육선공집(陸宣公集)》의 비권교열(批圈校閱)은 1798년(정조 22) 4월 12일부터 21일까지, 사부《사기》·《한서》·《후한서》의 비권교열은 같은

---

4)《사부수권》5책,《양경수권》〈양경수권발〉.

해 9월 25일부터 29일까지와 10월 2일부터 26일까지, 자부의 오자서(五子書)는 4월에서 10월 사이 57일간, 경부의 삼례는 같은 해 6월·10월 중에서 20일을 뽑아서 각각 교열을 하였다. 이와 같이 정조는 처음에 《팔가수권》을 편찬하고, 다음 《육고수권》을 끝내자마자 곧 《오자수권》을 시작했고, 《오자수권》이 진행되는 가운데 《삼례수권》과 《양경수권》을 시작하였다. 이후 《양경수권》과 《오자수권》이 동시에 완성되었고, 《삼례수권》은 3일 뒤에 완성되었다. 정조의 작업이 경·사·자·집의 여러 책을 동시에 오가면서 이루어질 수 있었던 것은 그의 학문적 안목 때문에 가능한 일이었다.

현재 《사부수권》이란 제목으로 규장각에 남아 있는 도서는 필사본 1종과 목판본 7종이 있다. 또한 《사부수권》에 포함되었던 것으로 추정되지만 현재 독립적으로 남아있는 책은 《양경수권》·《육고수권》이다.

이 책 가운데 필사본 《사부수권》(奎51)은 규장각의 영인 대상이 된 책이다. 이 필사본은 필사 시기가 명확하지 않지만 정성을 들여 필사하였고, 지질도 매우 양호하다. 또 목판본에는 없는 발문이 각 수권의 마지막 부분에 수록되어 있고, 각 수권(手圈)의 권두에는 해당 수권의 《과정일표》가 실려 있다.[5] 그리고 필사본에는 해석이 어렵거나 음이 특이한 한자의 우측에 청색 먹으로 음을 표시하였고, 어려운 구절 중에 구두를 끊어야 할 곳에는 역시 청색 먹으로 구결토를 달았다. 그렇지만 이런 표시는 이후 목판본에서 모두 생략되었다.

---

5) 跋文은 필사본 3책(金鍾秀), 5책(蔡濟恭), 9책(金憙), 10책(李秉模), 13책(洪良浩)에 각각 실려 있다.

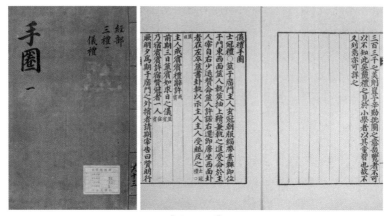

《사부수권》

　　필사본은 모두 13책으로, 권이 나누어져 있지 않다. 목판본이 12책인 것과 달리 경부의 《의례(儀禮)》와 《주례(周禮)》가 2책으로 분리되어 1책이 늘었다. 필사본과 목판본은 발문과 《과정일표》의 유무(有無)를 제외하고는 거의 동일한데, 1798년(정조 22)에 만들어진 최초의 《사부수권》을 목판본으로 간인하려고 다시 필사한 책으로 추정된다. 왜냐하면 1798년에 완성된 《사부수권》은 실록의 기록에 따르면 30권인데, 이는 규장각 소장의 필사본과 목판본의 25권과는 차이가 있기 때문이다.[6] 필사본은 권수가 분명하지는 않으나 목판본과 분책(分册)한 것이 1책을 제외하고는 동일하므로 거의 같은 책으로 판단된다. 이에 견주어 1798년에 완성된 필사본 30권은 《군서표기(群書標記)》에 실린 각 수권의 간본(刊本)을 합한 권수와 동일하다.[7] 따라서 규장각이 소장하고 있는 필사본은

<hr />

6) 250쪽의 주1) 참조.

7) 《군서표기》에는 모두 간본으로 《삼례수권》 6권, 《양경수권》 4권, 《오자수권》 10권, 《육고수권》 2권, 《팔가수권》 8권으로 소개되어 있다. 각 수권을 합하면

순조 1년에 간인한 목판본과 관련이 있는 필사본으로 추정된다.

목판본은 1801년에 간인되었는데, 감인(監印)은 규장각 제학 김조순(金祖淳)이, 교정(校正)은 검서관 성해응(成海應)이, 주자감관(鑄字監官)은 유명표(柳明杓)가 담당하였다.8) 목판본의 속표지에는 〈신유개인 어정사부수권 내각장판(辛酉開印 御定四部手圈 內閣藏板)〉이라고 씌어 있고, 권수(卷首)에는 〈어정사부수권총목(御定四部手圈總目)〉과 〈어정사부수권정종대왕어제시(御定四部手圈正宗大王御製詩)〉가 새로 추가되었으며, 본문에서는 권의 구별이 명확해졌다. 규장각에 소장된 목판본 7종은 모두 동일한 목판본으로, 그 가운데 奎1787본·奎2812본·奎3622본은 최고급 장지(壯紙)로 간인되었으며, 표지 이면(裏面)의 기록으로 보아 각각 정족산성(鼎足山城), 오대산성(五臺山城), 태백산성(太白山城)에 수장됐던 사고본(史庫本)이다. 奎15226본도 지질은 조금 떨어지지만 화성의 화녕전에 수장되었던 책으로 모두 1801년에 간행되어 반포되었다. 奎4212본·奎5851본·古160본도 모두 같은 목판본으로 앞의 사고본보다 지질이 떨어지기는 하지만 동일한 판본이며 언제 간인되었는지는 알 수 없다.

《양경수권》(奎226)은 2책의 필사본이다. 이 책은 奎65본《육고수권》과 동일한 목판의 광곽(匡郭) 안에 필사한 형식으로 정조의 〈양경수권의례(兩京手圈義例)〉와 발문은 없다. 나머지 내용은 奎51

모두 30권으로 1798년에 완성된 30권과 동일하다. 다만 간본으로 소개된 것으로 보아 1798년에 필사본으로 완성된 《사부수권》을 곧 바로 간인하였던 것으로 추정할 수 있다.

8) 《일성록》 권35, 순조원년신유 7월 19일(계사). 이 기사에는 《사부수권》의 인역에 따른 시상을 하였는데, 김조순에게는 大鹿皮 1令을 하사하고, 성해응은 相當職으로 調用하며, 유명표는 邊將으로 作窠하여 口傳擬入하게 하였다.

본 《사부수권》의 글자배열과 같으므로 奎51본 필사본과 관련이 있는 책으로 추측하고 있다. 《육고수권》(奎65)은 1책의 필사본이다. 奎51의 필사본과 비교해보면 奎65본의 출전(出典)을 밝히는 주석의 일부가 奎51본에서는 줄어 있는 것으로 보아 奎51본보다 먼저 작성된 필사본으로 추정된다.9) 따라서 奎226본 《양경수권》과 奎65본 《육고수권》은 奎51본 《사부수권》보다 먼저 필사된 것으로 추정된다.

2) 체제와 내용

필사본인 奎51본 《사부수권》을 중심으로 살피면 다음과 같다. 모두 13책에 해당하는 내용을 각 책별로 보면 제1책~3책에는 삼례 1·2·3으로 《의례》·《주례》·《예기》를 다루었고, 제4책~5책은 양경(兩京) 1·2로 제4책에서는 《사기》, 제5책에서는 《한서》·《후한서》를 다루었으며, 제6책~9책은 오자 1·2·3·4로 6책에서 주자·백정자·숙정자·장자를 다루었고, 제7책~9책에 주자를 다루었으며, 제10책은 육고로 육지를, 제11책~13책은 팔가 1·2·3으로 11책에는 한유·유종원을, 12책에는 왕안석·구양수·소순을, 13책에는 소식·소철·증공을 다루었다. 즉 경·사·자·집부를 차례로 다룬 것이다.

정조가 《사부수권》의 교정에 참여한 제학사(諸學士)들에게 준 글과 원임규장각(原任奎章閣) 제학(提學)이었던 김종수의 발문을 바

---

9) 예를 들어 奎65본 《육고수권》에는 '평주 후거가환경대사제'로 기록된 것이 奎51본 《사부수권》에는 '환경대사제'로 줄여 기록되어 있다.

탕으로 하여 《사부수권》의 내용을 살피면 다음과 같다.

먼저 정조는 삼례가 중요한 책인데도 오래되어 탈오(脫誤)가 많이 생겼는데, 이제 주자가 《의례》를 본경(本經)으로 삼고 《대례(戴禮: 禮記)》를 전(傳)으로 삼아 후세의 범본(範本)으로 삼았다고 하였다.10) 또 《주례》는 명물도수(名物度數)에 관한 언급이 많아 권점을 한 것이 많다고 하였다. 실제로 《주례》에는 제도에 관한 내용이 많기 때문에 축약하거나 몇 구절을 고르는 것이 쉽지 않다. 이와 달리 《의례》는 구체적인 행위에 관한 설명이 많이 나오므로 생략하여 요약하는 것이 쉽다.11) 따라서 《의례》와 《주례》의 실제 분량은 비슷하며, 오히려 《의례》가 《주례》보다 많지만 《삼례수권》에 비권된 것은 《주례》가 훨씬 많다.

《의례》와 《대례》에 관해서, 정조는 《의례》에 사혼례(士昏禮)가 있으면 《대례》에는 혼의(昏義)가 있다고 하면서 나머지 내용도 이와 같으므로, 《대례》는 예의 뜻을 익주(翼注)한 것으로 이해하였다. 이러한 이해는 두 예서(禮書)의 관계를 매우 정확하게 인식한 사례로서 원래 한대(漢代)까지만 해도 《대례》가 주로 《의례》를 설명하거나 접근하는 보조자료로써 인식되고 활용되었던 점에서 타당하다고 할 수 있다.12) 송대(宋代)에 확립된 십삼경(十三經)에서

10) 《사부수권》 1책 〈시삼례수권등본교성제학사〉 이하에서 정조의 글에서 인용한 내용은 주를 생략하였다.

11) 구체적인 예를 들어 《의례수권》에서 비권한 다음의 구절은 원래의 《의례》〈사관례〉에 제시된 것보다 요약된 형태이다. "賓如主人服, 贊者玄端從之, 主人出門左, 再拜賓答拜, 每曲揖, 至于廟門, 揖入, 三揖至于階, 三讓, 升"(《삼례수권》영빈). "賓如主人服, 贊者玄端從之, 立于外門之外, 者告, 主人迎出門左, 西面再拜, 賓答拜, 主人揖贊者, 與賓揖先入, 每曲揖, 至于廟門, 揖入, 三揖至于階, 三讓, 主人升立于序端, 西面, 賓西序, 東面, 贊者 于洗西, 升立于房中, 西面, 南上(《의례》〈사관례〉)"

12) 鄭玄·賈公彦 注疏, 吳江原 譯註 〈儀禮解題〉, 《儀禮》, 청계출판사, 2000 참조.

《예기》·《주례》와 함께 《의례》가 포함되었던 것은 《의례》가 지니는 예서로써의 위상을 확인시켜 주는 것이다.

그러나 한대 이후 《의례》는 《예기》나 《주례》보다 상대적으로 비중이 약화되면서 당대(唐代) 이후 《예기》에 중심 자리를 내주었고, 이런 분위기는 송(宋)·원(元)을 거쳐 명대(明代)까지도 유지되었다. 명대의 《오경대전(五經大全)》에 《예기》가 포함되고 《의례》가 빠진 것은 《의례》가 이미 경(經)으로서 학문적 위상을 상실하였다는 것을 뜻하였다. 그 뒤 《의례》에 대한 관심은 청대(淸代)에 다시 일어났다. 청의 학자들은 명대까지의 학문을 반성하면서 한당 경학(漢唐經學)의 발전적 계승을 주장하였고, 고문(古文)과 금문(今文)의 경학에 관심을 갖게 되었다. 이러한 분위기에서 《의례》도 주목을 받아 전문 연구서들이 상당수 저술되었다.

조선시대에 《의례》에 대한 관심은 초기보다 중기에 들어가면서 커졌다. 이러한 관심은 주자학의 원조라고 할 수 있는 주희의 학문에 관심이 집중되면서 주희의 《의례경전통해(儀禮經傳通解)》를 예서로 활용하는 데까지 이르렀다. 한편 청나라에서 일어난 《의례》에 대한 관심도 18세기 중반 이후 유행한 북학(北學)과 관련하여 영향을 받았다.

결국 《의례》에 대한 정조의 이해는 조선시대의 예학(禮學)의 발달과 청나라에서 《의례》에 대한 인식의 변화에 따른 것이라고 할수 있다. 정조는 《의례》에서 의심이 나면 주자의 《의례경전통해》를 참조하고, 여기에서 다시 의심이 나면 황간(黃幹)의 《속(의례경전)통해》를 참조하며 양복(楊復)의 도(圖)까지 찾아서 참조해야 할것을 강조하였다. 이러한 예는 《의례》를 예서의 중심으로 이해하여 강조한 것으로 《의례》의 위상을 완전히 회복시킨 것이었다. 그래서 정조는 《의례》가 근래 제대로 학관(學官)에서 전수되지 않기에 손수 권점을 쳐서 예를 실천하는 데 《의례》가 도움이 되게 하려고 하였다고 지적하였다. 《의례》에서 비권(批圈)을 가한 부분은 사관례·사혼례(士婚禮)·사상견례(士相見禮)·향음주례(鄕飮酒禮)·향사례(鄕射禮)·연례(燕禮)·대사례(大射禮)·빙례(聘禮)·공식대부례(公食大夫禮)·근례(覲禮)·특생궤식례(特牲饋食禮)·소뢰궤식례(小牢饋食禮)·유사철(有司徹) 등으로서 《의례》의 모든 부분을 포함하였다.

다음 《주례》에서 비권을 가한 부분은 천관총재(天官冢宰)·지관사도(地官司徒)·춘관종백(春官宗伯)·하관사마(夏官司馬)·추관사구(秋官司寇)·동관고공기(冬官考工記) 등 《주례》의 모든 영역을 포함하는데, 그 가운데 백관(百官)들 중에서 중직(重職)을 맡아 보는 천하춘하추동관(天下春夏秋冬官)들의 직책이나 행동을 명백히 하는 데 중점을 두었다.

그 다음으로 《예기》에서 비권을 가한 부분은 전례(典禮)·단궁(檀弓)·왕제(王制)·월령(月令)·증자문(曾子問)·문왕세자(文王世子)·예운(禮運)·예기(禮器)·교특생(郊特牲)·내칙(內則)·왕조(王藻)·명당위(明堂位)·상복소기(喪服小記)·대전(大傳)·소의(少儀)·학기(學記)·악기(樂記)·잡기(雜記)·제법(祭法)·제의(祭義)·제통(祭統)·경해(經解)·애공문(哀公問)·중니연거(仲尼燕居)·공자한거(孔子閒居)·방기(坊記)·표기(表記)·치의(緇衣)·문상(問喪)·삼년문(三年問)·심의(深衣)·투호(投壺)·유행(儒行)·관의(冠義)·혼의(昏義)·향음주례(鄕飮酒禮)·사의(射義)·연의(燕義)·빙의(聘義) 등이다. 정조는 《예기》의 49편 가운데 상대기(喪大記)·분상(奔喪)·복문(服問)·간전(間傳)·대학(大學)·상복(喪服)을 6편을 제외하고는 모두 초록하였다.

규장각 제학 김종수의 발문에 따르면 삼례는 3백 3천의 목(目)

이 있어서 정연한 것 같으나 그 용어가 미오(微奧)하고 문체(文體)
도 밝히기가 어려웠기 때문에 한당 이래로 예를 논하는 사람은 많
았지만 통일되지 못하다가 주자에 이르러 1차로 정리하였다고 한
다. 그러나 여전히 통일되지 못하고 편질(篇帙)도 잘못된 것이 많았
는데, 정조가 주자를 계승하여 세손 시절부터 수십 년 동안 삼례를
연구한 것을 정리하였다고 하였다. 즉 제례(祭禮)·조근(朝覲)·연
향(燕饗)·군려(軍旅) 등의 일에서부터 관혼(冠婚)·궤식(饋食)·사음
(射飮)·등강(登降)의 절(節)과 단묘(壇廟)·궁실(宮室)·여위(輿衛)·
기복(器服)의 품(品), 설관분직(設官分職) 존비융살(尊卑隆殺)의 방법
에 이르기까지 비권을 하여, 품절(品節)을 상세히 하면서도 요약을
잘하여 본말(本末)을 잘 밝혔다고 하였다.

사부의 비권으로는 《사기》·《한서》·《후한서》를 대상으로 하
였다. 수많은 사서 가운데 이 세 책을 택한 이유를 정조는 《사기》
가 기전체(紀傳體)의 대표이고 그 분류는 역리(易理)에 잘 맞기 때문
이며, 《한서》·《후한서》는 줄거리를 이을 수 있는 통사(通史)이기
때문이라고 밝혔다. 다만 두 책은 취사 선택을 하여 서경(西京: 장
안)은 오봉(五鳳) 이후를 생략하고, 동경(東京: 낙양)은 건안(建安) 이
후를 생략했다.

그래서 《사기》에서는 본기(本記)의 권1에서 권12까지, 즉 황제
(黃帝)·제곡(帝嚳)·하(夏)·은(殷)·주(周)·진(秦)·진시황·항우(項
羽)·한고조(漢高祖)·효문제(孝文帝)·효무제(孝武帝)까지는 빠짐없
이 선별하고, 권13에서 권22까지의 연표는 생략하였으며, 권23에
서 권30까지의 예(禮)·악(樂)·율(律)·력(曆)·천관(天官)·봉선(封
禪)·하거(河渠)·평준(平準) 팔서(八書)를 비권의 대상으로 하였다.

세가(世家)에서는 권34에서 권38의 연소공(燕召公)·관채(管蔡)·

진기(陳杞) · 위강숙(衛康叔) · 송미자(宋微子)와 권42의 정세가(鄭世家), 권45의 한세가(韓世家), 권50의 초원왕세가(楚元王世家)만 생략하고 나머지 세가를 모두 비권의 대상으로 하였다. 권61부터 권130까지의 열전(列傳)은 부분 비권의 대상이 되었는데, 원래 《사기》에서는 열전의 분량이 3분의 1에 지나지 않지만 비권한 부분은 《사기수권》의 3분의 2를 차지하여 열전을 중요하게 보았음을 알 수 있다.

《한서》에서는, 제기(帝紀)에서 권8의 선제기(宣帝紀)를, 지(志)에서는 권21에서 권30까지 율력(律曆) · 예악(禮樂) · 형법(刑法) · 식화(食貨) · 지리(地理) · 구혁(溝洫) · 예문지(藝文志)에서 택하였고, 열전은 권51에서 권54까지 가산(賈山) · 추양(鄒陽) · 이릉(李陵) · 소무(蘇武)에서 택하였으며, 권59에서 권100까지 장안세(張安世)에서 서전(敍傳)까지 택하였다. 《후한서》에서는 제후기(帝后紀)는 권1에서 권10까지 광무제(光武帝)에서 양황후(梁皇后)까지 택하였고, 지(志)는 제1에서 제30까지 오행지(五行志)를 제외하고 율력 · 예의 · 제사 · 천문 · 군국(郡國) · 백관(百官) · 여복지(輿服志)에서 고루 택하였다. 열전은 권13의 이효(頤囂) · 공손술전(公孫述傳)에서 권89의 남흉노전(南匈奴傳)까지 택하여 열전과 지의 순서를 바꾸어 배열하였다.

권말에 수록된 원임규장각제학 채제공의 발문에 따르면, 채제공은 정조가 편찬하도록 명령한 《사기영선(史記英選)》을 만드는 작업을 주선(周旋)한 적이 있었다.[13] 채제공이 1796년(정조20)에 간행된 《사기영선》의 편찬에 참여한 경험은 《양경수권》의 모태가 되었는데, 그는 사마천의 《사기》는 소루하고, 반고의 《한서》는 조

---

13) 正祖編, 《사기영선》(全95) 8권 5책 活字本(丁酉字). 이 책은 사마천(司馬遷)의 《사기》와 반고(班固)의 《한서》에서 중요한 부분을 채록하여 엮은 사서다.

밀하며, 범엽(范曄)의 《후한서》는 《한서》에 미치지 못한다고 평가
하였다. 다만 정조는 격치(格致)의 수준이 사학(史學)과 문장(文章)
에 이르기까지 미치지 않은 곳이 없으므로 이 일을 마칠 수 있다고
하였다.

　다음 오자서는 주돈이(周惇頤)·정호(程顥)·정이(程頤)·장재(張
載)·주희(朱熹)를 다루었는데, 주돈이에서 장재까지는 한 책으로
엮고, 주자는 세 책으로 엮어 가장 자세하게 다루었다. 정조는
《오자수권》의 교정을 맡은 규장각의 학사들에게 내린 〈의례(義
例)〉에서 맹자의 공부는 직설적인 것과 달리 주자의 공부는 곡진하
고 자세한데, 2천여 년 간 성인이 나타나지 않아 이단의 설이 심해
진 것을 주자가 바로잡았다고 하였다.[14] 즉 정조는 맹자에서 끊긴
유학의 도통(道統)이 주자에서부터 다시 밝혀진 것으로 파악하였는
데, 이것은 맹자가 양주·묵적으로부터 유학을 지켰듯이 주자도
송대의 학자들이 선(禪)으로 유학을 해석하는 것을 바로잡았다고
이해한 것이었다.

　《오자수권》의 발문을 쓴 원임 규장각 직제학 김희(金憙)도 정조
와 같이 도통의 관점에서 송나라의 오자를 해석하였다.[15] 김희는
공자와 맹자 이후로 끊긴 도통이 송대에 규운(奎運)이 다시 열리는
때를 맞아 여러 현자들이 배출되면서 다시 옛 성인에게 연결되었다
고 보았다. 그리고 주자는 유학과 성인들의 정수를 모아 집대성한
것으로 파악하였다. 곧 유학의 도통을 요·순·우-공자-맹자-주
돈이·정호·정이·장재-주자로 이어지는 것으로 이해하고, 정조
가 오자서를 정리한 것은 주자 이후의 도통을 다시 잇는 것으로 보

---

14) 《사부수권》 6책, 권수 〈시오자수권등본교정제학사〉.
15) 《사부수권》 9책, 〈원임규장각직제학김희발〉.

았다.16)

그런데 오자서 가운데 주(周)·정(程)·장자서(張子書)의 규모가 굉박(宏博)하고 주자의 책은 매우 호한(浩汗)하여 접근하기가 쉽지 않았다. 이에 정조는 교정학사들에게 내린 〈의례〉에서 자신이 오래전부터 주자를 배우고 익혔으며 자료를 모아 편찬하였다고 하였다. 그 결과 핵심과 요점을 뽑아 《자양회영(紫陽會英)》을 만들고, 문목(門目)을 나누어 《자양선통(紫陽選統)》을 만들었고, 편지글을 정선하여 《주자백선(朱子百選)》을 만들었으며, 《주자대전(朱子大全)》과 《주자어류(朱子語類)》를 합쳐 대강을 간추려서 《주자회선(朱子會選)》을 만들었다고 하였다. 이 책들은 모두 오자서에 수권을 하기 전에 완성된 것이었다. 그 뒤 정조의 목표는 다음과 같은 예문에서 짐작해 볼 수 있다.

> 장차 《주자대전》·《주자어류》·《주자류서(朱子類書)》 및 《시집전(詩集傳)》·《역본의(易本義)》와 사서(四書)의 장구(章句)·집주(集註)·혹문(或問), 《역학계몽(易學啓蒙)》·《가례(家禮)》·〈시괘고이(蓍卦考異)〉·《한문고이(韓文考異)》·《참동계고이(參同契考異)》·《초사주(楚辭註)》·《통서해(通書解)》·《태극도설(太極圖說)》·《서명해의(西銘解義)》 등 여러 책들을 함께 모아서 대일통문자(大一統文字)를 만들 것이다. 이것이 곧 박(博)에서 약(約)에 이르고, 약(約)에서 성(成)에 이른다는 뜻이다. 그러므로 먼저 《주자대전》으로 《주문수권(朱文手圈)》을 만들었다.17)

---

16) 金文植, 〈《주자대전》의 요약본, 《주문수권》〉, 《정조의 경학과 주자학》, 문헌과해석사, 2000 참조.
17) 《사부수권》 6책, 권수 〈시오자수권등본교정제학사〉.

정조는 이미 작성된 주자와 관련된 저술들뿐만 아니라 유학의
모든 저술들을 통합하여 박에서 약으로, 약에서 다시 집대성하여
결론을 짓는 것을 목표로 삼았음을 알 수 있다. 김희는 이러한 정
조의 구상에 대해 요순(堯舜)과 같은 성인이라도 박과 약을 거쳐 집
대성에는 이르지 못했을 것이라고 하여 높이 평가하였다.

《오자수권》 가운데 《염계집(濂溪集)》에서는 제1권의 《태극도
설》과 《통서(通書)》에서 26장을 비권하고 9장을 비(批)하였다. 구
체적으로는 설(說) 2수(首)·부(賦) 1수·축문(祝文) 1수·고문(告文)
1수·서(序) 1수·서(書) 1수·수첩(手帖) 2수 등이다.《이정전서(二
程全書)》에서 정명도(程明道: 程顥)의 문은 제1권에서 3권까지 비권
하였는데, 차자(箚子) 5수·소(疏) 2수·표(表) 1수·서 1수·기(記)
1수·부 1수·논(論) 1수·시책(試策) 5수·묘지(墓誌) 3수·제문(祭
文) 2수를 비권하였고, 명(銘) 1수·시서(詩序) 1수는 전서(全書)를
따라 권입(圈入)하였고, 장(狀) 2수·행장(行狀) 1수·묘지 3수를 비
하였다.

《이정전서》에서 정이천(程伊川: 程頤)의 문은 제4권에서 12권까
지 비권하였는데, 상서(上書) 6수·소 2수·차자 4수·표 2수·장
3수·학제(學制) 2수·논 1수·기 1수·책문(策文) 2수·서 2수·논
사(論事) 2수·록(錄) 1수·설 3수·잠(箴) 4수·서계(書啓) 14수·
결의(決疑) 1수·행장 1수·가전(家傳) 1수·묘지 1수·묘표(墓表) 1
수·제문 4수·서 1수·명 1수·수첩 1수를 비권하였고, 가세구사
(家世舊事) 1조(條)·서 1수는 전서를 따라 권입하였으며, 표 1수·
차자 1수·장 4수·학제 1수·책문 1수·서 1수·설 2수·서계
10수·기사(記事) 2수·가전 1수·서후(書後) 1수·제문 2수·송
(頌) 1수를 비하였다.

장횡거(張橫渠)의 《횡거집(橫渠集)》에서는 제1권에서 7권까지 서명(西銘)·동명(東銘)·정몽(正蒙) 14편(16비)·경학이굴(經學理窟) 7편(10비)를 비권하였고, 서 1수·여계(女戒) 1수·책문 1수·의(議) 1수를 비하였다. 이 가운데서 정이의 《정문수권(程文手圈)》이 주돈이·정호·장재보다 두 배정도 분량이 많다.

주희는 《주자대전》[속집(續集)·별집(別集)·유집(遺集) 포함]을 가지고 비권을 가했는데 시(詩)를 제외한 전 분야에 걸쳐 총 2,223수의 비점과 권점을 찍었다. 비권의 내용을 보면(비점/권점) 봉사(封事) 0/5·주차(奏箚) 18/1·경연강의(經筵講義) 0/1·의장(議狀) 0/2·주장(奏狀) 21/9·신청(申請) 12/5·사면(辭免) 14/0·서 1028/460·차(箚) 8/2·잡저(雜著) 81/46·서 52/31·기 33/24·발(跋) 103/37·명 16/5·잠 0/2·찬(贊) 0/8·표 41/4·소 3/2·계(啓) 7/3·혼서(婚書) 2/0·상량문(上樑文) 1/0·축문(祝文) 19/5·제문 23/14·비(碑) 10/4·묘표 9/1·묘지명(墓地銘) 36/4·행장 9/5·사실기(事實記) 0/1·연보(年譜) 1/0·유사(遺事) 1/0·전 1/0·공이(公移) 15/8로 비권을 가하였다.

다음 집부(集部)로서는 먼저 당나라 육지[선공(宣公)]의 문집(文集)을 독립시켜서 비권의 대상으로 삼았다.

정조는 육지의 주의문(奏議文)이 명백하고 절실하여 치교(治敎)에 보탬이 된다고 생각하여, 운각(芸閣)에 명하여 전집을 인간(印刊)하여 반포하게 하였다. 그러나 편장(篇章)이 너무 많아 보는 사람들이 싫증을 내자 1794년(정조 18), 이황의 《주자서절요(朱子書節要)》의 예에 따라 정수가 되는 29편을 가려 뽑아 1797년(정조 21)에 인간하고 반포하게 하였다고 한다.[18] 《육고수권》은 그 다음해에 완성된 것이 원임 규장각 직제학 이병모의 발문에서 확인된다.[19]

　육지는 널리 알려진 바와 같이 가의(賈誼), 소식(蘇軾)과 더불어 주의문의 대가로 꼽힌다. 그의 문집인 《한원집(翰苑集)》(《육선공문집(陸宣公文集)》이라고도 함)은 세종 때 처음 조선에서 인간되고, 이어 중종·선조·숙종조에도 인간되었다. 그의 주의문은 조선후기의 주의문이 지니는 형식성을 제거하고 의리(義理)를 담은 실질적인 내용이 주를 이루어 군주나 신하 모두에게 유익한 것으로 정평이 나 있었다. 따라서 정조는 형식적인 주의문 대신에 이를 책문(策問)이나 소장(疏章)에 활용할 것을 주문하기도 하였다.20)

　《육고수권》에서 비권이 된 내용은 제고(制誥) 85수·주초(奏草) 32수·중서주의(中書奏議) 29수 등이다. 이보다 앞서 편찬된《육주약선(陸奏約選)》이 일부 불필요한 부분을 제외하고는 전문 그대로 전재되었던 것과 달리《육고수권》에서는 육지의 주의문과 더불어 제고를 첨부하였고, 《육주약선》에서 선발된 글들이 다시 구절마다 초록되어 각 편에서 대개 한두 문장 또는 서너 문장만을 기재하였다.21) 이렇게 초록된 내용은 대부분 국왕의 입장에서 경계로 삼아야 할 만한 경구들이었다.

　마지막으로 집부의 《팔가수권》은 한유·유종원·왕안석·구양수·소순·소식·소철·증공의 문집에서 비점과 권점을 찍은 것이다. 정조는 교정 학사들에게 준 글에서 당송의 팔자(八子)가 문장의 연부(淵府)라고 밝히고, 한유는 관자(管子)에, 유종원·왕안석은 장탕(張湯)에, 구양수는 양숙자(羊叔子)에, 소순·소식·소철은 장생

18) 《홍재전서》 권181 《군서표기》 〈육주약선이권 간본〉.
19) 《사부수권》 10책, 《육고수권》 〈원임규장각직제학이병모봉교근발〉.
20) 《홍재전서》 권164 《일득록》 〈육선공주의〉.
21) 강혜선, 〈陸贄 奏議文 선집 《陸奏約選》과 《陸稿手圈》〉, 《정조의 시문집 편찬》, 문헌과해석사, 2000 참조.

(莊生)에, 증공은 탁무행(卓茂行)에 비유하여 문장의 특징을 지적하였다.22) 이보다 앞서 정조는 이들 팔자의 문장을 모아 《팔자백선(八子百選)》을 편찬하였는데, 그는 팔자를 예원(藝苑)의 모범으로 평가하였다.23) 《팔자백선》도 사실은 명유(明儒)인 모곤(茅坤)의 《당송팔대가문초(唐宋八大家文抄)》가 분량이 많아 이를 백편으로 정리한 책이었다. 《팔자백선》의 발문을 쓴 홍양호는 팔자의 문장을 육경(六經)과 제자(諸子)의 뒤를 잇는 문장으로 파악하고, 맹자 이후 무너진 문풍(文風)을 진작하는 것이라 이해하였다.24)

한유의 문장에서 비권을 가한 것은 표 4수 · 장 5수 · 서 43수 · 계장(啓狀) 3수 · 서 30수 · 기 9수 · 전 3수 · 원 5수 · 논 2수 · 의 3수 · 변(辨) 1수 · 해 3수 · 설 5수 · 송 2수 · 잡저 11수 · 비 17수 · 묘지명 32수 · 묘갈(墓碣) 3수 · 애사(哀辭) 2수 · 제문 5수 · 행장 1수 등이다.

유종원의 문장에서는 서 28수 · 계 5수 · 서 13수 · 전 4수 · 기 28수 · 논 4수 · 의 2수 · 변 9수 · 설 5수 · 찬 1수 · 잡서 12수 · 비명(碑銘) 11수 · 묘판(墓版) 1수 · 갈(碣) 3수 · 뢰(誄) 1수 · 묘표 1수 · 장 1수 · 제문 2수 등을 비권하였다.

왕안석의 문장에서는 상서 1수 · 차 4수 · 소 2수 · 장 1수 · 표 34수 · 계 2수 · 서 35수 · 서 12수 · 기 22수 · 논 12수 · 원 2수 · 설 2수 · 잡저 9수 · 비 5수 · 행장 3수 · 묘지명 49수 · 묘표 6수 · 제문 10수 등을 비권하였다.

구양수의 문장에서는 상서 4수 · 소 2수 · 차자 35수 · 장 18수 ·

22) 《사부수권》 11책, 권수 〈시팔자수권등본교정제학사〉.
23) 《홍재전서》 권181 《군서표기》 〈팔자백선육권 간본〉.
24) 《사부수권》 13책, 〈홍문관대제학예문관대제학지성균관사홍양호봉교근발〉.

표 18수·계 4수·서 25수·논 15수·사론(史論) 20수·서 31수·
전 2수·기 25수·비명 10수·묘지명 37수·묘표 12수·제문 9
수·행장 2수·송 2수·부 2수·변 1수·잡저 7수·오대사기(五代
史紀) 3수·오대사전(五代史傳) 86수·논 2수·세가(世家) 5수·오대
사부록(五代史附錄) 1수·신당서지론(新唐書志論) 9수 등에 수권했다.

소순의 문장으로는 상서 1수·장 1수·서 12수·논 17수·권서
(權書) 10수·형론(衡論) 10수·기 4수·설 2수·인(引) 2수·서 1
수이고, 소식의 문장은 제책(制策) 2수·상서 7수·차자 14수·장
12수·표 13수·계 14수·서 22수·논 50수·시론(試論) 10수·
논해(論解) 10수·책(策) 25수·서 8수·전 2수·기 12수 등이다.

소철의 문장은 상서 3수·차자 10수·장 6수·서 6수·계 3수·
논 46수·고사(古史) 25수·논 11수·책 25수·서 5수·인 1수·전
1수·기 12수·설 3수·찬 1수·사(辭) 1수·부 1수·제문 3수·잡
저 3수 등이다.

그 다음에는 증공의 문장으로 소 2수·차 3수·장 1수·서 15
수·서 31수·기 27수·전 1수·논 1수·의 4수·잡저 1수·애사
1수 등에 비권을 가했다.

3) 《사부수권》의 특징

《사부수권》이 지니는 첫 번째 특징은 정조의 학문적 입장이 잘
드러난다는 점이다. 이 책은 정조가 직접 경·사·자·집의 사부
에서 구절을 택하여 편집한 책이므로 사부에 대한 정조의 관점을
보여 준다는 점에서 중요한 의미를 지닌다. 앞서 말했듯이 사부는

전통시대에는 학문을 총칭하는 것이었으므로 사실상 정조가 자신의 학문을 총정리한다는 의미를 지녔다. 정조의 학문적 입장은 먼저 비권의 대상이 된 책에서 잘 드러난다.

정조는 경부(經部)에 해당하는 책으로 삼례(의례·주례·예기)의 예서만 택하였다. 경부에는 예서 말고도 《대학》·《논어》·《맹자》·《중용》의 사서(四書)나 《시경》·《서경》·《주역》의 삼경(三經) 또는 《춘추》와 같은 많은 경전이 있다. 그 가운데 삼례를 택한 것은 일단 경부에서도 예의 중요성을 강조한 것이라고 할 수 있다. 정조는 삼례 가운데서도 《의례》의 중요성을 높게 평가하여, 주자가 《의례》를 경(經)으로 삼고 《예기》를 전(傳)으로 삼은 것을 모범으로 삼아야 한다고 하였다. 《의례》에 대한 관심은 주자의 예서를 이해하는 것과 맥을 같이하는 것이며, 이와 함께 당시 청나라에서 《의례》에 대한 관심이 제고되어 《예기》와 위상이 뒤바뀌게 된 분위기와도 관련이 있다. 정조는 주자학에 대한 관심뿐만 아니라 청조의 북학에 대한 관심에서 예서를 재인식한 것이다.

다음 사부(史部)에 해당하는 책으로는 《사기》·《한서》·《후한서》를 선택하였는데, 이들 사서는 역사서 가운데서도 가장 기본이 되는 책이다. 정조는 《사기》를 기전체의 대표이면서 역리를 가장 잘 반영한 책이라고 하였다. 사실 기전체는 '사가(史家)의 극칙(極則)'이라고 평가받을 정도로 종합적인 서술이 가능하기에 뒷날 역사서술에서 중요한 기준이 되었다. 또 역리를 안다고 한 지적도 사마담(司馬談)·사마천(司馬遷) 부자가 모두 역(易)에 관심을 가졌고 이것을 역사철학으로까지 발전시킨 사실을 고려할 때 충분히 가능한 지적이다. 따라서 이러한 고전을 역사서의 대표로써 제시한 것이다.

또한《한서》와《후한서》는 줄거리를 이을 수 있는 통사(通史)라
는 점이 고려되었다. 사실《한서》와《후한서》보다는《사기》가 통
사에 가까우며, 두 책은 단대사(斷代史)라고 할 수 있다. 다만 단대
사라고 할지라도 두 책은 정치(精緻)하고 통일적으로 한 시대를 요
령있게 설명하였다. 그래서 채제공도《사기》는 소루하며《한서》
는 조밀하다고 평하였던 것이다. 이와 같이 정조는 세 사서가 모두
같은 기전체이면서 저마다 통사와 단대사로서 장점이 있으며 이후
역사서술의 기준이 되었다는 점을 평가하였다고 할 수 있다.

자부(子部)에서는 송대 오자를 선정하였는데 북송의 오자 가운데
소옹(邵雍)을 제외하고 남송의 주희를 포함하였다. 특히 주자·백
정자·숙정자·장자·주자 가운데 주자의 비중을 절대적으로 높게
책정하여 정조의 관심이 주자에 집중되어 있음을 알 수 있다. 주자
에 대한 정조의 관심은 일찍부터 지속되었는데,《주자대전》과
《주자유서(朱子遺書)》·《주자어류(朱子語類)》 등을 반복하여 읽고
수초(手鈔)를 만들 정도였다. 그래서 주자의 저술을 최대한 수집하
여 일통지서(一統之書)를 만드는 것을 희망하기도 하였다.25) 주자
에 대한 정조의 관심이 지대하였으므로 오자에서도 주자가 차지하
는 비중이 다른 사람보다 현저하게 컸던 것이다.

집부(集部)에서는 육지와 한유·유종원·왕안석·구양수·소순·
소식·소철·증공의 팔가가 대상이었는데, 특히 육지의 주의문은
팔가의 문집과 독립시켜서 의미를 부여하였다. 육지의 주의문은 당
시의 시정(施政)의 병폐를 논하고 고금의 치란(治亂)을 평론한 것으
로서 단지 문장으로서만이 아니라 시무책(時務策)의 성격을 지닌 것

---

25) 金文植,〈정조가 구상한 주자전집〉,《정조의 경학과 주자학》, 문헌과해석사,
2000 참조.

이었다. 이와 달리 팔가의 문장은 맹자 이후로 무너진 문풍을 바로 잡기 위해 표준을 삼을 만한 문장이었기 때문에 선택하였다.

　이와 같이 사부에서 비권의 대상이 되었던 책을 살핌으로써 정조가 기준으로 삼았던 학풍을 살필 수 있다. 즉 정조는 이전의 학술을 총정리하는 입장에서 공맹의 도통이 송대로 이어지고, 송대에 주자가 정리한 유학을 자신의 입장에서 재정리하려고 시도하였던 것이다. 경부에서 《의례》에 대한 관심은 주자의 《의례》에 대한 관심을 연장한 것이었고, 자부의 《오자수권》에서 《주자수권》의 비중이 압도적이었던 사실이나, 집부에서 육지의 주의문에 관심을 보인 것이나 당송팔대가(唐宋八大家)의 문장에 대한 관심 모두 주자를 학문적 지향점으로 삼으면서 주자를 넘어서고자 하는 정조의 태도를 보여 준다고 할 수 있다.

　《사부수권》에서 보이는 두 번째 특징은 비권의 대상이 된 책들이 이미 한두 차례 요약이나 선고(選考)의 단계를 거쳤다는 점이다. 1796년(정조 20)에 간행된 《사기영선》에는 《사기》와 《한서》에 실린 중요부분을 채록하여 엮었다. 다만 수록된 내용은 가삭(加削)이나 개술(改述)의 흔적이 보이지 않고 두 사서의 내용을 그대로 전재하고 있다. 정조는 이미 주희의 편지 가운데서 71편을 직접 뽑아 1794년(정조 18) 내각에서 갑인자로 《주서백선(朱書百選)》을 간행하였고, 《주자대전》과 《주자어류》를 합쳐 간추려서 《주자회선》을 만들기도 하였다. 이러한 사례는 1797년(정조 21)에 인간한 《육주약선》이나 정유자(丁酉字)로 간행한 《팔자백선》도 마찬가지였다.

　정조는 주자의 저술에서 정수(精髓)만을 가려 뽑은 일련의 선집을 편찬하면서 박에서 약으로 경험을 하였다. 선집은 대체로 좋은 글을 가려 뽑기는 하였지만, 특별한 문제가 없는 이상 해당 문장의 전체를 선정하여 내용을 그대로 전재하는 방식을 택하였다. 이러한 과정을 거친 뒤, 정조는 다시 약의 과정을 시도하여 집대성의 발판을 마련하는 작업을 하였다. 《사부수권》에서 핵심 구절만 뽑았던 것은 바로 이러한 발판을 마련하려는 정조의 의도가 반영된 것이었다. 다른 선집에 해당하는 서책들이 모두 편찬된 뒤인 1798년(정조 22)에 《사부수권》을 편찬한 것이나, 채 일 년도 못되는 짧은 시간에 편찬 작업을 마칠 수 있었던 것은 모두 약의 과정에서 나왔기 때문이었다.

세 번째로 《사부수권》은 결국 정조의 학문적 결실을 보여 주는 책이다.26) 정조는 주자에 관련된 저술뿐만 아니라 유학의 모든 저술들을 통합하고자 하였는데, 즉 여러 책들을 모아 대일통문자를 만들려는 것이었다. 대일통문자를 만드는 방식은 박에서 약으로, 약에서 성으로 가는 방식을 취하였고, 《사부수권》은 약의 마지막 단계로서 곧 집대성의 기반이 되는 것이다. 이는 결국 다음 단계의 변화를 위한 밑바탕이 될 수 있음을 의미하였다.

---

26) 정조의 관을 묻은 壙中에 들어간 서책이 御製 六函, 手圈 一匣, 새로 인간한 사서 삼경 三函이었던 것에서 정조에게 《사부수권》이 지니는 각별한 의미를 짐작할 수 있다. 《순조실록》 권1, 즉위년 11월 갑신.

3. 규장각 소장 왕실자료의 정리 현황

1) 왕실자료의 개념

조선시대 관련 자료의 집합처인 규장각에는 많은 자료가 소장되어 있는데, 그 가운데서도 가장 주목되는 자료는 왕실관련 자료이다. 본래 규장각의 설립도 왕실관련 자료의 보관 및 정리와 밀접하게 관련된 점에서 왕실관련 자료는 규장각 자료의 출발점이자 기축에 해당한다고 할 수 있다. 규장각은 설립 이후 왕실관련 자료이외에도 정책을 수행하고자 수집된 도서, 각종의 문서 및 사고에서 편입된 실록·《승정원일기》 등의 자료가 추가되었지만, 규장각 자료의 근간이 왕실관련 자료임은 부정할 수 없다.

그럼에도 그동안 규장각에 소장된 왕실관련 자료를 정리하는 작업은 생각보다 부진하였다.[1] 심지어 '왕실자료'라는 개념도 최근

---

1) 李鍾黙, 〈朝鮮時代 王室圖書의 收藏에 대해여〉, 《書誌學報》 26, 한국서지학회, 2002 ; 김문식, 〈조선시대 왕실자료의 현황과 활용 방안〉, 《국학연구》 2, 한국국학진흥원, 2003 참조.

에서야 정리되어 사용하기 시작하였다. 이런 점은 일단 규장각이 왕실관련 자료를 보존 및 정리하려는 목적으로 설립되었다는 사실을 의도적으로 폄하하려던 일제시대의 행태와 관련이 있을 것으로 추정된다. 한 가지 예로 왕실자료는 다양한 존재 형태나 일반 자료와 차별 등의 이유 때문에 전통적으로 사부분류(四部分類)와는 다르게 구분되어 왔으나 일제시대에는 왕실관련 자료에도 사부분류 체계가 일률적으로 적용되어 자의적으로 분류한 것이 적지 않다.

이러한 문제점을 고려한다면 왕실관련 자료의 정리와 연구가 본격적으로 시도된다 하더라도 지금으로서는 늦은 감이 적지 않다. '왕실자료'는 우선 그 개념에서부터 재검토될 필요가 있다. 일반적으로 쓰이고 있는 개념이기는 하지만 규장각과 그 밖의 소장기관의 왕실관련 자료를 설정하고 개념화하기 위해서는 더욱 엄밀하게 정의를 내릴 필요가 있다. 이에 대해서는 이미 왕실자료의 개념을 '국왕 및 왕실 가족이 직접 작성 또는 사용하였거나 이를 대상으로 한 자료'라고 규정한 연구를 참조할 수 있다.[2] 이 정의를 활용한다면 왕실자료는 자료의 생산 주체가 왕실이거나 사용 목적이 왕실에 의한 것이거나, 또는 왕실을 객체로 한 자료로 범위를 한정할 수 있다.

하지만 국왕관련 자료로만 국한하여 살펴보더라도 실제 왕실자료의 범위를 정하는 작업에는 애매한 성격의 자료가 많다. 예를 들어 조선시대의 국왕은 개인적인 위상뿐만이 아니라 국가를 대표하는 위치에 있었기에 관찬의 자료 가운데 상당수는 국왕의 명으로 작성되었다. 국왕명편(國王命編)의 각종 도서나 어제서문(御製序文)

---

2) 김문식, 앞의 글, 23~25쪽.

이 수록된 도서, 내수사의 궁장토(宮庄土) 문서 또는 고종대의 내장원(內藏院) 관련 자료 등이 이에 해당한다. 국왕과 간접적인 관련을 갖는 이런 자료는 사실 왕실자료뿐만이 아니라 관찬자료로서의 성격도 지니고 있어 분류하기에 따라서는 양쪽 모두에 포함될 수 있다. 따라서 왕실자료의 분류에는 관찬자료에서 왕실자료의 성격이 두드러지는 것을 포함시킬 수도 있다.

왕실자료의 개념은 위와 같이 여러 문제점을 지니고 있기에 우선 왕실자료가 조선초기부터 어떻게 형성되고 보존되었는가의 문제와 현재 주요 소장처를 중심으로 한 보존 현황을 살펴보면서 다시 검토해 보기로 한다.

2) 조선시대 왕실자료 보존의 역사

조선왕조에서는 처음부터 왕실자료를 한정하여 일괄적으로 수집하고 보존하려고 시도하지는 않은 것으로 보인다. 다만 존모(尊慕)의 대상으로서 국왕과 관련된 가장 1차적인 자료를 모으고 이를 수장(收藏)하다가, 차츰 그 범위를 넓혀서 국왕과 관련된 간접적인 자료까지 확대되는 과정을 반복하면서 왕실자료는 정리되었다.

왕실자료로서 주목되어 가장 먼저 수집의 대상이 된 자료는 어진(御眞)이었다. 그런데 어진보다 먼저 주목된 것은 공신(功臣)의 화상(畵像)이었다. 1395년(태조 4)에 공신들의 화상을 봉안할 장생전(長生殿)을 건립하였는데, 여기에는 공신들도 돈과 곡식 등의 비용을 부담하였다.[3] 태조 사후 태종은 평양에 있던 태조의 진영(眞影)을 다시 그리게 하고 장생전에 봉안하고자 하였다. 이에 역대 중국의 제도를 상고하여 어용(御容)을 봉안하는 것은 송나라의 제도를 따르고, 공신들을 그리는 것은 당나라의 제도를 따르도록 명하였고, 실제로 태조의 어용은 공신들과 함께 장생전에 봉안되었다.[4]

하지만 태종은 개국공신보다는 선왕인 태조를 높이려는 뜻에서 장생전에 공신의 초상과 함께 봉안된 태조의 어진을 다른 곳으로 분리하고자 하였다. 이에 장생전의 격을 낮추어 사훈각(思勳閣)으로 개칭하고 공신들의 초상만 걸게 하였다.[5] 대신 태조의 영정은 원래 가져왔던 평양에 다시 봉안할 것인지[6] 아니면 다시 사훈각에 안치할 것인지[7]를 두고 논란을 벌이기도 하나 선원전(璿源殿)을 세워 봉안하였던 것으로 추정된다.[8] 선원전은 태종대에는 궐 밖의 종부시 옆에 세웠으나 땅이 협소하여 결국 세종대에는 문소전 옆으로 옮겨서 여기에 선왕과 선후의 어용과 《선원록》을 봉안하게 하였다.[9]

그 뒤로 선원전에는 어용이 지속적으로 봉안되었으며, 여기에 더해 어보(御寶)·죽책(竹冊)·고명(誥命)·시호(諡號) 등의 자료와 도서 등 선왕과 직접 관련되는 필수적인 자료가 추가되었다. 경우에 따라서는 종묘와 영녕전에서 관리되던 고명이 선원전으로 옮겨지기도 하였다.[10] 선왕의 어진이 주로 선원전에 봉안되어 보존된

3) 《태조실록》 권8, 태조 4년 7월 갑진.
4) 《태종실록》 권21, 태종 11년 5월 갑자 ; 권21, 태종 11년 6월 병신.
5) 《태종실록》 권21, 태종 11년 6월 갑인.
6) 《태종실록》 권21, 태종 11년 6월 병진.
7) 《태종실록》 권35, 태종 18년 3월 신미.
8) 《세종실록》에 따르면 송나라의 제도를 모방하여 종부시의 서쪽 등성이에 선원전(璿源殿)을 세워 《선원록》과 어용을 봉안하였다고 하였다. 《세종실록》 권76, 세종 19년 2월 임술.
9) 《세종실록》 권80, 세종 20년 3월 계축 ; 권81, 세종 20년 5월 임인.

것에 견주어 종묘의 영녕전에는 옥책(玉冊)이나 고명이 주로 봉안
되었다.11) 예를 들어 성종의 지문(誌文)과 애책(哀冊)은 광중(壙中)
에 묻고, 시책(諡冊)과 시보(諡寶)는 종묘에 간직하였다. 일부 고명
은 선원전으로 옮기기도 하였으나 종묘에는 옥책이나 금보(金寶)
외에 도서도 일부 봉안되기도 하였다.

옥책과 금보 등은 임진왜란을 겪으면서 대부분 파손되었다. 선
조는 임진왜란의 와중에 종묘의 터에서 완전한 옥책 36개와 파손
된 것 364개를 찾아 다시 종묘에 봉안하였다. 이때 파손된 옥책이
나 금보의 복원은 쉽지 않았던 듯하여 숙종 때까지도 없어진 것이
많았다고 한다. 장서각(藏書閣)에 소장된《봉모당봉안책보인신목록
(奉謨堂奉安冊寶印信目錄)》은 영조 이후에 옥책이나 죽책, 금보가 갖
추어진 상황을 반영한다.

어제(御製)의 편찬은 현재 남아 있는 기록으로 보아 세조 때부터
시작된 것으로 추정된다.12) 세조는 1464년(세조 10) 서거정(徐居
正)에게 태조부터 문종까지의 어제시문(御製詩文)을 수집할 것을 명
하였고, 이에 양성지가 어제시문을 편차하여 진상하자 인지당(麟趾
堂)의 동쪽 별실에 보관하도록 하였다. 양성지 등이 편차한 정사본
(淨寫本)의 어제시문은 누락된 시문을 보완하여 간행하려고 시도되
었으나, 세조의 승하로 말미암아 미루어졌다. 다만 양성지가《조
종조성제집(祖宗朝聖製集)》한 권과《어제시문집(御製詩文集)》세 권

---

10)《세조실록》권39, 세조 12년 5월 임오.
11) 종묘 영녕전의 옥책과 금보가 조선시대에 어떻게 보존되었는지에 대해서는 李
   鍾黙, 앞의 글, 9~10쪽 참조.
12) 어제에 대한 기존의 연구는 李鍾黙,〈藏書閣 소장《列聖御製》와 國王文集의 편
   찬과정〉,《藏書閣》창간호, 한국정신문화연구원, 1999 ; 金南基,〈《列聖御製》해
   제〉,《列聖御製》(규장각영인본), 2002 참조.

을 완성하여 후대의 열성어제를 편찬하는 데에 참고가 되었던 것
으로 보인다. 그 뒤로 조선전기에 열성어제의 편찬을 여러 차례 시
도했을 것으로 추정되나 현재 실물이 남아 있지 않기에 자세하게
알 수는 없다. 현존하는 최고(最古)의 어제는 인종의 어제를 모은
《인묘어제(仁廟御製)》이며, 인조대 이후 편찬된 《열성어제》는 현
재 규장각 등에서 확인할 수 있다.

조선전기에 궁중에 소장되었던 도서는 대체로 교서관(校書館)의
관리 아래 보존되었다. 이 도서들은 경복궁 근정전의 동각루(東閣
樓)인 융문루(隆文樓)와 융무루(隆武樓)에 소장되었다.13) 그밖에도
조선전기에 집현전에도 많은 서적을 두었고, 서적을 수장하는 시
설로 다섯 동의 건물을 지어 '장서각'으로 명명하였다.14) 당시 집
현전의 장서각은 벽을 따라 서가를 만들고 부문별로 서적을 꽂아
사부(四部)의 구분을 확연하게 하였으며, 또한 책에는 아첨(牙籤)을
붙여서 이용에 편리하게 하였다.15) 이후 궁중의 도서관에 해당하
는 시설에는 모두 장서각이라는 명칭이 사용되었는데, 세조 때에
신설되어 집현전의 기능을 대체하였던 홍문관이나 승문원(承文院)
도 마찬가지였다.

조선전기에 궁중에 수장되었던 왕실자료는 이와 같이 국왕의 존
모에 필요한 최소한의 자료에서부터 시작하여 차츰 그 수량이 늘
고 정리되었으나 임진왜란을 겪으면서 흩어져서 제대로 복원이 되
는 데에 상당한 시간이 소요되었다. 서적의 경우 임진왜란 이전부

---

13) 규장각에 소장된 《융문루서목》(奎11709)은 《일득록》 등이 수록되어 있으므
　　로 조선후기나 그 이후에 작성된 것으로 추정된다.
14) 《세종실록》 권41, 세종 10년 8월 병술.
15) 李季甸, 〈집현전장서각송병서〉, 《동문선》 권50 ; 千惠鳳, 〈藏書閣의 歷史〉, 《藏
　　書閣의 歷史와 자료적 특성》, 한국정신문화연구원, 1996, 주)17에서 재인용.

터 화재로 소실된 것이 적지 않은데다가 임진왜란 때에 상당수가
피해를 입어 약 4만 권 정도가 있었는데, 이마저도 영조 때에 화재
를 겪어 이미 정조 당시에 구질(舊帙)의 책으로 완전한 것이 거의
없을 지경이었다.[16]

왕실관련 자료를 본격적으로 수합하고 정리하려는 시도는 숙종
때부터 있었다고 할 수 있다. 숙종은 1680년(숙종 6), 왕실의 족보
를 봉안하는 선원각(璿源閣)을 세워 어첩(御帖)과 태조에서 선조까
지의 어제류(御製類)들을 보관하게 하였다.[17] 이후 숙종은 1694년
에 왕실자료를 정리하고 보존하고자 규장각을 짓고 그 안에 천한
각(天翰閣)을 만들어 여기에 진장각(珍藏閣)에 있던 어제와 어필을
봉안하였다.[18] 이밖에도 숙종 때에는 문헌각(文獻閣)과 흠문각(欽文
閣), 진장각과 청방각(淸防閣), 영수각(靈壽閣) 등에 국왕 관련 자료
를 수장하였다.[19]

숙종에 이어 영조는 현재 남아있는 국왕관련 자료를 가장 많이
생산한 왕 가운데 한 명으로서, 왕실자료를 봉안하고 정리하는 데
에도 많이 관여하였다. 영조는 그의 잠저였던 일한재(日閑齋)에 각
종 어필 등을 소장하여 《일한재소재책치부(日閑齋所在冊置簿)》라는
목록을 작성하기도 하였다.[20] 또 창덕궁의 집상전(集祥殿)·보문각

---

16)《정조실록》권11, 정조 5년 5월 무자.
17) 李鍾黙, 앞의 글, 12~13쪽.
18)《정조실록》권20, 정조 9년 10월 을미. 정조 때에 진장각에서 봉모당 등으로
    옮겨진 자료는 다음과 같다. 列聖御筆 50本, 成廟의 御筆御押敎旨 1본, 宣廟 어
    필 6본, 仁穆聖后의 어필 1본, 肅廟의 어필 8본, 列朝의 御筆碑銘 20본, 石刻 41
    본, 木刻 2백 11본, 木板 925片, 文宗·成宗·元宗·宣祖의 御筆木板 725편, 仁
    祖의 會盟玉軸 1본, 明太祖高皇帝의 大字 皇華 1본(족자), 毅宗皇帝의 皇筆 四大
    字 印本 및 목판 각 1본, 宣宗皇帝의 皇詩皇筆 1본과 皇畵 1본, 孝宗의 東宮 冊封
    誥命 1軸과 登極誥命 1축, 惠陵의 誥命 1축,《羹墻錄》등.
19) 李鍾黙, 앞의 글, 15~17쪽.
20)《日閑齋所在冊置簿》(K2-4971) 한국학중앙연구원의 장서각에 소장되어 있다.

(寶文閣)·경봉각(敬奉閣), 경희궁의 장보각(藏寶閣), 어의궁(於義宮)의 봉안각(奉安閣)에도 저마다 국왕 관련 자료를 두어 보존하게 하였다.

이후 왕실자료의 체계적인 관리는 정조 때에 봉모당(奉謨堂)을 설치함으로써 본격화되었다. 정조가 즉위한 뒤 영조의 어제·어묵(御墨)의 간본과 탁본, 등사본을 비롯한 열성조의 어제·어필 등 전모(典謨)자료를 봉안하기 위해 규장각을 완성하고 곧 다시 교서를 내려 열성의 신장(宸章)과 보한(寶翰)을 위해 따로 봉모당을 마련하고자 하였다. 3개월 뒤에 규장각의 주합루(宙合樓)에는 정조의 어진·어제·어필·보책(寶冊)·보인(寶印) 등으로 대치 봉안하고, 영조를 비롯한 열성의 어제·어필·어화(御畵)·고명·유고(遺誥)·밀교(密敎)·선보(璿譜)·세보(世譜)·지장(誌狀) 등은 별도로 마련된 봉모당으로 이안(移安)되었다.21) 이 봉모당은 공간이 협소하여 정조 때 이미 영조의 어제류로 가득 차게 되었다. 따라서 철종 8년(1857) 정월에 규장각의 본원인 이문원(摛文院)의 북쪽에 있는 대유재(大酉齋) 지역으로 이건(移建)하였는데, 이곳은 공간이 넓어서 전적·족자류 이외에도 석각류(石刻類)나 보인류도 봉안하였다.

이후 봉모당의 자료는 고종 때 규장각이 종친부(宗親府)로 개정되면서 종친부의 봉모당이 되었고, 다시 고종 31년에 궁내부(宮內府)가 신설되면서 그 아래에 편제되었다. 일제의 강점 후에는 그들이 지은 시설로 이안되었다가 한국전쟁 이후 장서각으로 이관·통합되었다. 장서각의 소장본은 무주의 적상산사고본(赤裳山史庫本)을 비롯하여 군영이 비장(秘藏)해 온 군영관계 자료, 궁내 곳곳에서 수

---

21) 《정조실록》권2, 정조 즉위년 9월 계사 ; 《일성록》정조 즉위년 병신 9월 25일.

집한 자료, 칠궁(七宮)에서 수집한 자료, 낙선재(樂善齋)에서 수습한 한글소설류, 종묘 및 각릉재실(各陵齋室)에서 수집한 자료, 창덕궁의 관리 유물 가운데 수집한 묘지 자료 등이 추가되어 주로 조선왕조의 왕실자료가 주축을 이루었다.[22] 봉모당 외에도 정조 때에는 규장각의 서고(西庫)·이문원의 장서고(藏書庫)인 동이루(東二樓), 외규장각, 주합루, 서향각(書香閣) 등 규장각 관련시설과 보각(譜閣) 등에도 어제와 어필 및 왕실 관련 자료가 수장되어 있었다.

왕실자료는 규장각 외에도 궁중의 곳곳에 나뉘어져 보관되었다.[23] 어제의 봉안소였던 경희궁의 사현합(思賢閤)이 있으며, 창덕궁 중희당(重熙堂)의 대축관(大畜觀)에 있다가 후에 연경당(延慶堂)으로 이안된 한글자료를 포함한 도서도 있다.[24] 연경당에는 도서 말고도 어필과 예필(睿筆) 등이 상당수 있었으리라고 추정된다.[25] 헌종이 지은 승화루(承華樓)에도 왕실자료가 소장되어 있었는데, 시문류뿐만 아니라 서화 자료도 매우 풍부하게 소장되었다는 사실이 《승화루서목(承華樓書目)》에 나타난다.[26] 순조가 세운 정조의 사당이었던 화성(華城)의 화령전(華寧殿)에도 《홍재전서(弘齋全書)》와 《경모궁예제(景慕宮睿製)》가 봉안되는 등 왕실자료가 수장되었다.

이와 같이 조선왕조의 왕실자료는 주로 국왕과 관련하여 생산된 자료가 대부분으로 이를 각 시기마다 보존하려고 하였으나 그 체계가 일관되지 못한 면이 있었다. 그나마 조선전기의 자료는 임진왜란으로 말미암아 거의 인멸되었고, 남은 자료도 18세기 정도까

---

22) 千惠鳳, 앞의 글 참조.
23) 李鍾默, 앞의 글, 32~38쪽.
24) 《大畜觀書目》(奎11702). 규장각도서에 있다.
25) 장서각에 소장된 《연경당한문목록》, 《연경당도서인계목록》의 목록이 있다.
26) 규장각도서와 장서각도서에 있다.

지 보존된 것은 극소수였을 것으로 추정된다. 조선후기에는 숙종 대부터 왕실자료를 정리하려는 시도가 있었고, 특히 정조 때에는 규장각을 지어 이전의 자료를 새롭게 정리하는 기회를 갖게 되었다. 따라서 규장각의 설치는 왕실자료의 면에서 볼 때 조선왕실의 면모를 새롭게 하는 계기가 되었다고 할 수 있다.

3) 왕실자료의 보존 현황

현재 왕실자료로 분류되는 자료가 집중적으로 모여 있는 곳으로는 서울대학교의 규장각한국학연구원과 한국학중앙연구원의 장서각, 덕수궁의 궁중유물전시관(현재의 국립고궁박물관) 정도를 꼽을 수 있다. 이 가운데 현재 규장각과 장서각에 소장된 왕실자료는 조선시대와 일제시대를 거쳐　모두 규장각에 포함되어 있던 자료이다. 우선 규장각에 있던 왕실자료는 대부분이 봉모당의 자료가 기본이 되었다. 이 봉모당과 보각(譜閣)의 자료는 이후 정신문화연구원의 장서각으로 이관된 자료의 주류를 이루었다. 따라서 장서각으로 이관된 왕실자료를 살펴보고 규장각에 남은 왕실자료를 검토하겠다.

장서각의 자료는 1911년 이왕직(李王職)이 궁내의 여러 곳에 소장된 자료와 일제로부터 돌려받은 왕실자료를 봉모당과 보각에 수장한 것에서 시작되었다. 일제는 1910년에 합병조약을 작성하기 전에 이미 자신들의 통치를 위해 여러 방면에서 조사 작업을 진행하였는데, 규장각도 그 기능을 확대·강화하는 방안을 추진하였다. 이에 따라 궁내부에 소속되어 있던 규장각[1895년에 잠시 규장원(奎章院)으로 개칭되기도 하였으나 1897년에 환원됨] 기구를 1908년 분과제도로 개편하여 ① 전모과(典謨科) ② 도서과(圖書科) ③ 기록과(記錄科) ④ 문사과(文事科)의 4과로 확장하고 기능을 강화하였다.

그 가운데 왕실자료와 직접적으로 관련되었던 전모과의 업무는 다음과 같이 규정되었다.

1. 선원보첩(璿源譜牒)과 돈녕보첩(敦寧譜牒)의 편찬 수정 및 보관에 관한 사항

2. 열성의 어제·어필·어진의 도사(圖寫) 및 상장(尙藏)에 관한 사항

3. 봉심(奉審) 및 제전(祭典) 참례(參例)에 관한 사항[27]

이렇게 전모과의 기능이 형식적으로 강화되었으며, 고종은 여기에 대제실도서관(大帝室圖書館)을 설립하고자 규장각·홍문관·집옥재(集玉齋)·춘방(春坊)·북한산행궁(北漢山行宮) 등에 소장된 전적을 모아 정리 보존할 것을 궁내부대신 민병석(閔丙奭)에게 명하였다. 이때 수집된 전적은 10만 여 책인데, 약식목록인《제실도서목록(帝室圖書目錄)》이 작성되기도 하였으나 본격적인 정리가 이루어지기 전에 합병이 됨으로써 정리가 중단되었다. 다만 규장각의 각 과가 관장한 자료는 어느 정도 조사되었으며, 특히 전모과도 봉모당의 봉장(奉藏)자료를 조사·정리하여 목록으로 제시하였다. 이때 작성된 목록은《봉모당급봉모당후고봉장서목(奉謨堂及奉謨堂後庫奉藏書目)》3책,《봉모당책보인신목록(奉謨堂冊寶印信目錄)》 1책,《보

---

27)《한말근대법령자료집》권7, 351~352쪽 규장각분과규정 ; 千惠鳳, 앞의 글, 17쪽 재인용.

각봉장품목록(譜閣奉藏品目錄)》1책으로 전적 12,893책[帖], 족자류 561축(軸), 서화 및 고문서류 170지[幅], 어필석각류 106편, 책보 인신류 68점, 집기류(什器類) 24점, 선자(扇子) 2병(柄) 등이다. 이 자료들은 일제가 강점하기 전 왕실관련 자료의 주축이 된 자료라고 할 수 있다.

일제 강점 이후 규장각이 폐지되고, 봉모당의 자료를 중심으로 한 왕실관련 자료를 포함한 규장각도서는 잠시 이왕직서무계도서실(李王職庶務係圖書室)에서 관리하다가 1911년 6월 조선총독부 취조국으로 인계되었다. 이때 인계된 자료는 도서과 보관 책수 5,353부 100,187책, 기록과 보관의 기록류 11,730책, 주자(鑄字) 653,921자, 판목(板木) 9,507판, 부속품 12종, 어제·어필판각 417판, 수첩본각판(手帖本刻板) 53판, 액자 24판 등이다.

한편 일제는 창덕궁에 있던 봉모당과 책고(冊庫)들을 철거하고 그 자리에 일본식 봉모당과 보각을 지어 이왕직에 증여하였다. 그리고 이 봉모당과 보각에 구(舊) 궁내부 전모과가 관장했던 전모자료를 돌려받아 봉안하였다. 여기에는 1911년 2월에서 6월까지 새로 구입한 서적 3,528책과 구 궁내부 전모과가 관장했던 공문서와 서적 12,615책을 돌려주고, 다시 이왕직의 요구에 따라 무주의 적상산사고에서 옮겨 온 서적 4,066책을 기증 형식으로 돌려주었다.

이왕직은 일제가 돌려준 자료를 전모자료와 일반자료로 구분하여 관리하였는데 전모자료는 봉모당과 보각에, 일반자료는 서무계에 도서실을 마련하였고 나중에는 옛 선원전 건물에 수장하였다. 이 자료가 일제시대 장서각 자료의 기본이 되었고, 여기에 일제시대에 전모자료를 지속적으로 수집·구입·보수·정리하면서 장서가 늘어나게 되었다.[28]

이왕직 도서실의 자료는 장서가 계속 늘어나면서 구 선원전 건물에 더 이상 수용할 수 없게 되자, 1915년 창경궁 낙선재 동남쪽에 4층 벽돌건물을 세워 자료를 이전하였고, 1918년에 '장서각'이라는 현판을 걸었다. 그 뒤 장서각의 자료는 '장서각 도서'로 불렸는데, 1935년 현재 7,059종 60,172책이다.

따라서 왕실자료로 분류되는 장서각 자료는 전모자료가 기본이 되어 확충되었으며, 1911년 6월에 이왕직 도서실로 옮겨지지 않은 전모과 이외의 과에 소속되었던 자료는 규장각 자료로 남게 되었다. 그런데 문제는 장서각 자료로 이관된 자료 외에 규장각에 남은 자료 가운데도 왕실관련 자료가 상당수 있었다는 점이다. 현재 남아있는 규장각 자료를 살펴볼 때 장서각의 왕실자료와 서로 중복되는 자료가 적지 않은데, 각 자료마다 그 소장 경위가 밝혀지지 않은 상황에서 앞으로 비교와 조사를 통해 밝혀져야 할 부분이다.

장서각과 규장각 외에 덕수궁 궁중유물 전시관에도 궁중유물로 분류되는 왕실자료가 소장되어 있다. 궁중유물 전시관은 1961년 문화재관리국의 덕수궁 사무소가 개설된 것에서 시작되지만 그 연원은 1909년 창경궁에 개설된 이왕가 박물관(李王家博物館)까지 거슬러 올라간다. 설립 초기에는 왕실 소장의 서화 및 공예가 소장품을 포함하여 시중에서 구입한 서화와 도자기가 다수를 이루었다. 현재는 경복궁·창덕궁·종묘 및 각 능원에 수장되어 있던 왕실자료 21개 분야의 2만 1천여 점을 소장하고 있다. 그 가운데는 보인 900여 종, 궁중 현판 800여 점, 1991년 동경국립박물관에서 반환된 영왕(英王)·영왕비(英王妃)의 복식과 장신구류 227점이 포함되

---

28) 일제시대 典謨資料의 확충에 대해서는 千惠鳳, 앞의 글 참조.

어 있다.29)

4) 왕실자료의 정리와 규장각 소장 현황

현재 규장각에서는 따로 항목을 구분하여 왕실자료를 정리·보존하고 있지는 않다. 기존의 규장각 자료는 모두 경·사·자·집(經史子集)의 사부분류(四部分類)에 따라 정리되어 있을 따름이다. 다만 2002년부터 한국학술진흥재단의 지원 아래에 기초학문 육성지원 국학고전 연구사업의 하나로서 왕실자료를 정리하는 작업이 진행되었다. 이 정리 작업은 3년의 일정으로 왕실자료의 목록과 해제·해설집의 간행을 목표로 하여 사업이 완료되었다.30) 첫 해에 왕실자료의 목록이 작성되어 왕실자료의 대체적인 윤곽이 나타났다.

이 목록은 일단 경·사·자·집의 분류로 나누어진 규장각 자료 가운데 왕실자료에 해당하는 자료 2,227종을 선택하여 왕실관련 자료로 정하고 이를 1차 작업 대상으로 정한 것이었다. 각 부별로 선정된 종수는 〈표 2〉와 같다.

〈표 2〉를 살펴보면 왕실자료는 사부 가운데 사부(史部)가 압도적으로 많은 것을 알 수 있다. 사부 분류체계에 따르면 국왕의 시문인 어제와 국왕명편의 시문 및 서간과 왕실선양시가 등을 포괄하는 집부(集部)를 제외하고는 선원보(璿源譜)의 왕실족보와 군왕의 명령에 해당하는 조령류(詔令類), 연대기자료에 해당하는 편년류(編

---

29) 김문식, 앞의 글 참조.
30) 《규장각 소장 왕실자료 해제-해설집》, 서울대 규장각, 2005.

年類)나 잡사류(雜史類)가 포함되는 사부가 77퍼센트라는 절대적으로 많은 비중을 차지한다. 사부에서 정사류(正史類) 가운데《고려사》나《삼국사기》를 포함시킨 것은 정사가 지니는 비중을 고려할때 왕실과 관련된 내용을 다수 포괄하였기 때문이며, 편년류 가운

표 2. 사부 분류별 왕실자료 종 수

사부 분류	세부 분류	종 수	각 부 합계
經部	總經類	7	59
	易　類	5	
	書　類	5	
	詩　類	11	
	禮　類	2	
	四書類	17	
	小學類	12	
史部	正史類	21	1,741
	編年類	150	
	別史類	4	
	雜史類	159	
	史表類	6	
	鈔史類	6	
	詔令・奏議類	250	
	傳記類	63	
	譜系類	516	
	政法類	528	
	地理類	8	
	書誌類	30	
	儒家類	35	
子部	釋迦類	13	110
	兵家類	7	
	農家類	8	
	藝術類	34	
	正音類	13	
集部	總集類	188	317
	別集類	101	
	書簡類	4	
	詞曲類	24	
합 계			2,227

데《국조보감》이나 실록 등을 다수 포함시킨 것도 마찬가지 이유 때문이다. 잡사류에서 《궁내부일기(宮內府日記)》·《승정원일기》 등의 각종 일기를 포함시킨 것도 이 자료들을 직접 국왕이 생산한 것은 아니지만 왕실을 대상으로 한 1차적인 자료의 성격이 두드러 졌다고 판단하였기 때문이다. 따라서 사부에서 선정된 자료를 보 면 어진이나 어필, 시책이나 시보 등 국왕과 관련된 직접적인 자료 대신에 왕실을 설명할 수 있는 간접적인 자료가 다수 포함되었음 을 알 수 있다.

이들 자료에 대해서는 한 종씩 규장각 자료를 직접 인출하여 기 존 목록과 서로 비교하여 새로운 왕실자료 목록을 작성하였다. 이 작업으로 기존목록에 보이는 오류를 수정하였고, 왕실자료의 특성 이 드러나는 내용 서지를 대폭 보강하여 왕실목록을 만들었다.

다만 위의 자료 가운데 의궤(儀軌)의 경우 이미 자세한 서지목록 이 간행되었으며, 해제사업 또한 동사업의 다른 분야에서 정리를 하는 관계로 생략하였다. 또 왕실의 경제관계를 보여 주는 사부 정 법류(政法類)의 자료 가운데 전제(田制)와 부세(賦稅) 등에 관련된 자 료 또한 제한된 인력 때문에 이번 목록조사에서는 제외하였다. 재 정관계를 보여 주는 궁방전(宮房田) 등의 양안자료, 각 궁방의 수조 (收租) 자료는 향후 반드시 정리될 필요가 있다.

이번 목록 조사사업을 통해 기존 목록에서 수정된 사항과 왕실 자료의 내용을 보여 주는 목록에 관한 몇 가지 사례를 들면 〈표 3〉과 같다.

이 목록 작업과정에서는 기존의 목록에서 잘못된 사항을 수정하 였을 뿐만 아니라 특히 내용을 드러내는 내용목차에 해당하는 부 분을 대폭 강화하여, 새로운 목록만을 살펴보더라도 내용의 대강

표 3. 규장각 소장 왕실자료 목록의 비교

	변경 전 목록	변경 후 목록
서명이 바뀐 경우	**奎章閣上樑文** 吳載純 撰, 徐有防 書. [1785年 　(正祖 9)] 1帖(11折 21面). [寫] 　45.2×30.9cm 表題: 本閣上樑文 卷末: 乙巳(1785)八月二十七日 　提學吳載純製 原任直提學徐有 　防書 內容: 吳載純의 東二樓上樑文 〈奎 10299〉	**東二樓上樑文** 奎 10299 吳載純 撰, 徐有防 書. [1785年(正祖 9)] 1帖(11折 21面). [寫] 45.2×30.9cm 表題: 本閣上樑文 卷末: 乙巳(1785)八月二十七日 提學吳載純製 原任直 　提學徐有防書 內容: 吳載純의 東二樓上樑文 * 吳載純이 1785年에 규장각의 부속 건물인 東二 　樓의 건립 연대 및 목적 등에 대하여 적은 記 　文. 吳載純의 《醇庵集》권2에 全文 440여 자가 　실려 있으나 本帖에는 중반 이후 240자만 수 　록되어 있음. * 蟲蝕
시기를 바로 잡은 경우	國朝譜牒(太祖~憲宗) 宗簿寺 編. **1850年~1863年** 　**(哲宗年間)** 1册(79張). 圖. [寫] 38.5×23.8cm 四周單邊. 半葉匡郭: 　28.7×18.7cm 版心: 上下內向三葉花紋魚尾 內容: 始祖 李翰부터 憲宗 繼妃 　까지의 譜牒으로〈列聖八高祖 　圖〉에는 太祖에서 主上(憲 　宗)까지 27王의 內外八高祖 　圖가 실려 있음.	國朝譜牒(太祖~憲宗) 奎 8784의 2 宗簿寺 編. **1835年~1849年(憲宗年間)** 1册(79張). 圖. [寫] 38.5×23.8cm 四周單邊. 半葉匡郭: 28.7×18.7cm 版心: 上下內向三葉花紋魚尾 內容: 始祖 李翰부터 憲宗 繼妃까지의 譜牒으로〈列 　聖八高祖圖〉에는 太祖에서 主上(憲宗)까지 27王 　의 內外八高祖圖가 실려 있음. * 朝鮮 憲宗年間(1834~1849)에 만들어진,《國朝 　譜牒》과〈列聖八高祖圖〉를 合編한 책.
1종의 자료가 분리된 경우	《史部 政法類》 勅使謄錄 禮曹(朝鮮) 編. [仁祖 15年~正 　祖 24年(1637~1800)] 12册. [寫] 42.2×30.1cm 藏書記: 禧曹上, 典客上 印: [禮曹之印] 〈奎 12904의 1〉	2. 王室의 政治 **勅使謄錄 ②-1** 奎 12904의 1 禮曹 編. 1637(仁祖 15)~1754(英祖 30) 11册. [寫] 41.5×27.2cm 四周單邊. 半葉匡郭: 32×20.9cm, 有界, 10行 　22字 내외. 注雙行 版心: 上下內向二葉花紋魚尾

	변 경 전 목 록	변 경 후 목 록
1종의 자료가 분리된 경우		表題: 제5책: 勅使時謄錄 藏書記: 제1책: 禮曹上 典客司 　　　　제2~11책: 禮曹上 稽制司 印: [禮曹之印] * 1637년(仁祖 15)~1754년(英祖 30)의 淸나라 勅使의 接伴 및 淸에 가는 使臣의 파견에 관한 제반 절차와 淸에서 온 詔勅이 수록된 謄錄 * 〈奎 12904의 1〉이 12책으로 되어 있으나, 제12책은 책의 版式事項으로 보아 별도로 작성된 듯하기 때문에 별도의 목록으로 작성함. 제1, 3, 6~11책은 연대상으로 연결되나, 제2·4·5책은 연대가 전후의 책과 연결되지 않음. 국사편찬위원회의 《各司謄錄》(v.90(1~10), v.91(11~12): 禮曹編, 1997~1998)에 수록된 복제 영인본이 있음. **勅使謄錄 ②-2** 奎 12904의 1 (2) 禮曹 編. 1799年(正祖 23)~1800年(正祖 24) 1冊. [寫] 41.2×27.4cm 四周單邊. 半葉匡郭: 31.5×21.1cm, 有界, 12行 24字. 注雙行 版心: 上下內向二葉花紋魚尾 藏書記: 禮曹上 印: [禮曹之印] * 1799년(正祖 23)~1800년(正祖 24)의 淸나라 勅使의 接伴 및 淸에 가는 使臣의 파견에 관한 제반절차와 淸에서 온 詔勅이 수록된 謄錄. * 表紙에 太上皇上訃勅, 頒諡順付, 祔廟頒詔順付, 配天頒詔勅 등의 제목이 씌어 있음.
	≪集部 別集類≫ 仁廟御製 仁祖(朝鮮) 著. 金山郡開刊, [刊年未詳] 1冊(20張) [木] 33×20.3cm 四周雙邊. 半葉匡郭:	4. 王室의 文藝: 1) 국왕의 詩文 仁廟御製 奎 5700, 11588, 一簑 古 808.1-In5i 仁宗 著. 錦山郡. [1605年(宣祖 38)] 1冊(20張) [木] 33×20.3cm 四周單邊. 半葉匡郭: 20.2×14.7cm, 有界, 8行

	변경 전 목록	변경 후 목록
여러 종의 자료를 1종으로 통합한 경우	20×14.8cm 有界 8行 20字. 版心: 上下花紋魚尾 印: [弘文館, 帝室圖書之章] 附: 批答 〈奎 5700, 11588〉 仁廟御製 仁宗(朝鮮) 撰. 錦山郡開刊, [刊年未詳] 1冊(20張) [木] 26×18cm 四周單邊. 半葉匡郭: 　20×14.7cm 有界 8行 19字. 版心: 上下細花紋魚尾 卷末: 全羅道觀察使…權悏[等諸臣銜名] 印: [眞城李氏] 等 附: 批答. 〈一簑 古 808.1-In5i〉	20字. 注雙行 版心: 上下內向三葉花紋魚尾. 有張次 版心題: 仁廟御製批答附 卷末: 批答附 　全羅道觀察使…權悏[等諸臣銜名] 印: 奎 5700: [弘文館] [帝室圖書之章] 　奎 11588: [帝室圖書之章] 　一簑 古 808.1-In5i: [眞城李氏] [長享嘉會] 內容: 詩: 〈進中廟誕日詩〉 1수, 〈進大殿春帖字〉 8수, 〈進中殿春帖字〉 6수 등 3題 15수 　文: 〈以福城君嵋事上疏〉, 〈中廟大漸時祝天祭文〉, 〈中廟昇遐親製祭文〉, 〈人鬼賦〉 등 4편 　附: 嘉靖 乙巳年인 1545년(仁宗 1) 太學生 康惟善(1520~1549) 등이 己卯士禍에 화를 당한 趙光祖(1482~1519) 등의 伸寃과 復爵을 청하는 上疏를 세 번 올렸으나 이에 대하여 允許하지 않은 批答 * 권말에 '錦山郡開刊'이 있고, 이 작업에 참여하였던 全羅道觀察使 權悏(1553~1618), 都事 金文輔, 錦山郡守 李翼賓, 校正校生 梁元吉, 幹吏戶長 任得元, 刻手 僧 覺梅·淡允 등의 명단이 실려 있음. 欄上에 글자의 異同에 대한 일부 校勘이 있음. * 〈一簑 古 808.1-In5i〉는 전체 책의 중앙 부근에 불에 탄 흔적이 있고, 批答 末尾에 '金寒暄諱宏弼…李退溪'가 墨書로 加筆되어 있음.

을 파악할 수 있도록 하였다.

한편 조선시대에 규장각에 소장되었던 자료 목록 가운데 대표적인 5종의 목록을 선정하여 목록에 있는 자료가 현재 규장각에 소장되어 있는지 여부를 조사하여 보았다. 여기에 선정된 목록은 《봉모당봉안어서총목(奉謨堂奉安御書總目)》(96종), 《규장총목(奎章總目)》(700종), 《서고장서록(西庫藏書錄)》(1,800종), 《서향각봉안총목(書香閣奉安總目)》(179종), 《규장각서목(奎章閣書目)》(3,700종) 등으로 모두 합하여 6,475종의 자료가 수록되었다. 규장각이 세워진 초창기의 서고는 모두 6곳으로 나뉘어 있었다. ① 봉모당 ② 열고관(閱古觀) ③ 개유와(皆有窩) ④ 이안각(移安閣) ⑤ 서고(西庫: 西序) ⑥ 외규장각이 그곳으로, 위 5종의 목록은 모두 규장각의 서고와 관련이 있는 목록이다. 이 가운데는 거의 왕실자료만을 수록한 것에서부터 일반자료까지 포괄하는 목록도 포함되어 있다.

《봉모당봉안어서총목》은 정조가 영조의 어제 · 어필을 봉안하고자 건립하였던 봉모당에 봉안된 어서(御書)를 기록한 목록이다. 봉모당이 철종 8년(1857) 이문원의 북쪽으로 이건되었던 사실은 앞에서도 지적하였는데, 영조 이외에 열조(列祖)의 어제 · 어필 · 어서 등도 그 수는 적으나 함께 봉안되었다.[31] 1908년(융희 2) 궁내부 규장각 분과 규정에 따라 봉모당에 봉안되었던 여러 기록은 도서과와 전모과에 따라 분장 · 관리되었으며, 1910년에 규장각이 폐지됨에 따라 곳곳에 분산되었으나 도서의 대부분은 현 규장각도서에 편입되었던 것으로 추정되었는데 조사결과 상당수의 도서가 규장각에 소장되어 있으며, 한국학중앙연구원의 장서각에도 일부가 소장되어 있는 것으로 확인되었다.

《규장총목》은 정조 5년(1781)에 왕명을 받아 각신 서호수(徐浩修)의 책임 아래 개유와에 소장된 중국본[華本]에 간략한 해제를 붙인 서목(書目)이다. 원래는 열고관서목과 서서서목을 포함한 총목록으로 구성되었으나 나머지의 행방은 알 수 없다.[32]

---

31) 책의 구성은 책머리에 목록이 있고, 분류를 보면 권1 譜牒 · 誌狀 · 實鑑 · 遺敎 · 大寶 · 御製, 권2 御製, 권3 御製 · 廣進帖 · 御筆 · 御筆刻版 · 御畵 · 御押으로 되어 있다. 著錄된 것은 영조의 것이 대부분이다. 권2 · 3의 御製에서 〈英宗大王御製帖本〉 중 〈泰寧殿〉의 위에 〈癸酉閏六月內入〉(1873년 6월)이라 尾注되어 있는 데에서 본 총목은 1873년에 완성되었음을 알 수 있다.

《서고장서록》은《규장총목》(奎4461)에 부록으로 실렸던《서고서목(西庫書目)》을 기본으로 하여 그 후에 수집 또는 이관된 한국본(韓國本)을 분류·저록한 책이다. 서고에 대한 목록으로는 정조 때에 편찬된《서서목록(西序目錄)》2권이 있었는데, 이는 현재 전하지 않으며《서고장서록》은 고종 때 편차(編次)되었던 것으로 추정된다.[33]

《서향각봉안총목》은 서향각에서 보관하고 있던 도서의 목록이다. 서향각은 창덕궁 비원(祕苑)의 주합루 서편에 있는 건물로서 주로 어진·어필·어제 등을 이안 포쇄(曝曬)하던 곳으로 이안각이라고도 하였다. 1866년(고종 3)에 규장각이 경복궁 건춘문(建春門) 밖의 구 종친부 안으로 이건됨에 따라 서향각에 봉안되었던 어진·어제·어필 등은 신축된 규장각으로 이봉(移奉)되었다. 본서에 수록된 왕실자료의 분류는 南一欌上, 南一欌 第一·二·三層, 南二欌

---

32) 수록된 내용은 다음과 같다. 제1책 : 凡例 目次, 권1 皆有窩甲庫(經): 總經類·易類·書類·詩類·春秋類·禮類·樂類·四書類·小學類, 권2 皆有窩乙庫(史): 正史類·編年類·別史類·掌故類·地理類·鈔史類·譜系類·總目類, 제2책 권3 皆有窩丙庫(子): 儒家類·天文類·曆壽類·卜筮類·農家類·醫家類·兵家類·刑法類·道家類·釋家類·雜家類·說家類·藝玩類·類事類·叢書類, 제3책 권4 皆有窩丁庫(集): 總集類·別集類.

33)《書庫藏書錄》의 分類法은 대체로《奎章總目》과 유사하다. 후에 移管된 江都移來件, 內下舊件, 奉謨堂移來件, 御製類 등은 뒤에 별도로 分目하고 있다. 이를 구체적으로 보면, 經書類(周易 등 69종)·史記類(國語 등 54종)·儒家類(孔子家語 등 75종)·禮書類(家禮 등 10종)·典章類(大明集禮 등 40종)·諸子類(南華經 등 6종)·文章類(兩漢詞命 등 18종)·詩家類(唐詩鼓吹 등 17종)·字書類(韻會 등 11종)·天文類(天原發微 등 62종)·地誌類(輿地勝覽 등 18종)·類聚類(經書類抄 등 6종)·醫書類(素問 등 22종)·兵家類(六韜 등 28종)·堪輿類(捷解新語 등 11종)·道釋類(傳燈錄 등 5종)·方技類(徐子平 등 4종)·中國文集(武侯全書 등 19종)·勝國文類(桂苑筆耕 등 11종)·國朝文集(柳菴集 등 334종)·雜類(馬經 등 15종)·族譜類(豊山洪氏族譜 등 2종)·謄書類(瀋陽日記 등 158종)·書畵帖本類(聖蹟圖 등 24종)·江都移來件(周易 등 39종)·內下舊件(詩傳 등 138종)·奉謨堂移來件(庸學彙函 등 39종)·御製類(西庫別奉: 列聖御製 등 34종)·冊文敎命類(列聖玉冊文謄錄 등 13종)·當宁御製類(永陵碑文御製御筆帖 등 15종)·綸音(丙申討逆洞諭 등 23종)의 순으로 되어 있다.

第一・二・三層, 西一欌 上, 西二欌上, 西一欌 第一・二・三層, 西二
欌 第一・二・三層, 東卓, 西壁의 순으로, 소장 위치에 따라 구분되
어 있다.

《규장각서목》은 같은 제목의 서목이 〈奎11670〉・〈奎11706〉본
으로 두 종 있다. 이 두 종은 제목은 같지만 서로 다른 서목이다.
〈奎11706〉본이 누상고(樓上庫)・누하고(樓下庫)의 서목인 것과 달
리 〈奎11670〉본은 이문원・열고관(附 新內下・隆文樓・隆武樓)・서
고의 서목으로 서가마다 책을 조사하여 수록하였다. 본 조사에서
는 〈奎11706〉본이 영본(零本)인 관계로 〈奎11670〉본 3책을 조사
대상으로 하였다.[34]

위 5종의 목록을 조사한 결과 현재 규장각에는 5종의 목록
6,475종의 가운데 약 3,706종의 자료가 보존되어 있어 약 42퍼센
트의 자료가 망실된 것으로 확인되었다. 물론 이 자료들은 장서각
이나 기타 다른 곳에 소장되어 있을 가능성이 크지만 경우에 따라
서는 완전히 없어진 것도 있으리라 추정된다.

5) 왕실자료의 분류

왕실자료는 사부의 분류체계로서는 그 자료의 성격을 분명하게
드러내는데 한계가 있다. 조선왕조에서 왕실자료에 해당하는 자료

---

[34] 《규장각서목》의 수록내용은 다음과 같다. 제1책: 摛文院書目(都合 6,050卷), 御
製御筆, 璿牒璿譜, 御定諸書, 唐板經部, 唐板史部, 唐板子部, 唐板集部, 別峙, 常經部,
史部, 子部, 集部 제2책: 閱古觀書目(都合 25,301卷), 經一・二欌, 史一・二・三・四
欌, 圖書集成(共502函, 5,022卷, 1~17架), 附新內下書目 (1~7架), 隆文隆武移來冊
子(1~5架). 제3책: 西庫書目(都合 8,912卷), 西北 一架(健陵誌狀등), 二架(列聖御
製등), 西西一架(御製鎭安大君碑銘帖등), 西西二架(御製孝悌篇등) 1~40架.

는 따로 구분하여 전각에 보존하였는데, 《봉모당봉안어서총목》이
나 《서향각봉안총목》과 같이 주로 서가별로 소장 위치에 따라 구
분하였다. 이러한 구분은 조선시대에는 나름의 합리성을 지닌 방
법일 수 있으나 지금은 자료의 성격이나 주제에 따른 객관적인 구
분이 필요하다. 따라서 왕실자료의 보편적 특성을 드러내는 새로
운 분류방식을 모색하여 다음과 같은 분류체계를 우선 제시하여
보았다.

※ 왕실목록의 새로운 분류체계

1. 왕실의 연원
　1) 왕실족보[譜系類]
　　(1) 璿源譜의 편찬　　　(2) 璿源譜의 보관(撰修・改修)
　2) 왕실전기[傳記類]
　　(1) 叢傳　　(2) 別傳
　　(3) 追崇과 冊禮
　　　　가. 廟號・諡號　　　나. 尊崇・追尊　　　다. 御眞・影幀
　　　　라. 儲宮冊禮　　　마. 后妃冊禮
　3) 왕실유적[地理類]
　　(1) 태실[藏胎]　　(2) 宮・殿・廟・閣　　(3) 陵・園・墓

2. 왕실의 정치
　1) 군왕의 명령[詔令類]
　2) 신민의 진언[奏議類]
　3) 군왕의 교육[筵講]

　6) 기타

5. 왕실의 역사서술

　1) 正史의 편찬[正史類]

　2) 연대기의 편찬[編年類]

　　(1) 實錄　　(2) 日記　　(3) 기타

　3) 別史의 편찬[別史類]

　4) 雜史의 편찬[雜史類]

　　(1) 紀事　　(2) 日記　　(3) 기타

　5) 역사연표[史表類]

　6) 사서의 초록[鈔史類]

　7) 사서의 보관

　　(1) 實錄　　(2) 儀軌　　(3) 御製·冊寶

　　(4) 外奎章閣　(5) 기타

　기존의 왕실자료가 포함되어 있던 사부 분류체계는 그 하부단위로 부류를 설정하면서 내용과 형식을 임의로 구분하여 활용하였다. 어떤 경우에는 자료의 내용을 위주로 구분하다가도 다른 부분에서는 자료의 형식을 중심으로 분류하기도 하였다. 이와 견주어 새로운 분류체계에서는 일단 왕실자료의 내용을 1차적인 분류의 기준으로 삼았다. 내용은 주제별로 왕실의 연원·정치·학문·문예·역사서술의 5개 분야로 나누어 내용의 주제에 따른 자료의 구분을 제시하였다. 그리고 그 하부단위를 다시 세분하였는데, 하부단위의 부류는 사부체계의 부류를 활용하되 일부 적절하지 않다고 판단되는 것은 다른 곳으로 재배치하였다.

대체로 왕실의 연원은 사부(史部)에 대부분 포함되었고, 왕실의
정치도 사부에 대부분 포함되었으나 국방·농업정책과 문자·교화
정책은 자부(子部)에, 인재선발[科體]은 집부에 포함되었다. 왕실의
학문 가운데서 왕실도서 목록은 사부에, 경서는 경부(經部)에, 유교

표 4. 새로운 분류별 왕실자료 종 수

분류	세부 분류	종 수	각 합계
왕실의 연원	왕실족보	555	
	왕실전기	96	778
	왕실유적	127	
왕실의 정치	군왕의 명령	179	
	신민의 진언	37	
	군왕의 교육	34	
	궁중의식	217	
	국방·농업	15	525
	문자·교화	25	
	인재선발	12	
	기타	6	
왕실의 학문	왕실도서목록	30	
	경서	47	
	유교사상	35	125
	불교사상	13	
왕실의 문예	국왕의 시문	182	
	국왕명편시문	95	
	왕실서간	4	
	왕실선양시가	24	345
	왕실서화	34	
	기타	6	
왕실의 역사서술	正史의 편찬	21	
	연대기의 편찬	150	
	別史의 편찬	4	
	雜史의 편찬	159	489
	역사연표	6	
	사서의 초록	6	
	사서의 보관	143	
합 계			2,262

와 불교사상은 자부에 포함되었다. 왕실의 문예는 대부분 집부의 어제류에 포함되었으나 왕실서화는 자부의 포함된 것을 재배치하였다. 역사서술의 경우는 대부분 사부에 포함되었다.

이와 같이 재분류하였을 때 과거 사부 분류체계가 갖는 장점을 살리면서도 어느 정도 현대적인 분류가 가능해지며, 사부에 치우쳤던 자료 편중의 문제도 해소되리라고 판단된다(〈표 4〉 새로운 분류별 왕실자료 종 수 참조). 물론 이러한 분류는 최종적인 형태는 아니며, 해제를 통해 자료의 성격을 보다 분명하게 하면서 수정될 점이 적지 않다.

6) 왕실자료 정리의 의미

규장각 소장의 왕실자료를 정리하는 일은 규장각 자료의 존재 근거가 되었던 왕실자료를 본격적으로 정리한다는 데서 1차적인 의미를 찾을 수 있다. 그 사이 규장각 자료의 소장 목록이 간행되었고, 각 부별 해제가 진행되어 이제 자료의 낱낱에 대해서는 파악이 거의 완료되었다. 하지만 기존 해제는 개별 해제에만 치중하면서 각 자료 사이의 연관관계나 자료의 위상을 고려한 해제라는 면에서는 상세한 고찰이 크게 부족한 실정이다. 최근 규장각 소장의 어문학 자료에 대해 목록과 해제집이 간행된 것은 어문학 자료의 특징을 종합적으로 정리하였다는 점에서 의미가 있다. 이러한 어문학 자료의 정리와 같이 부문별, 주제별 정리가 필요한 시점에 도달해 있다고 할 수 있다.

더욱이 왕실자료를 피상적으로 관찰한 결과 규장각 자료 가운데 왕실관련 자료는 대부분 장서각으로 이전되었다고 이해해 왔다. 봉모당에 수장되었던 왕실자료는 실제로 장서각으로 이전된 것이 사실이나 여전히 현재의 규장각 자료에도 왕실자료가 적지 않은 것이 실상이다. 검색을 통해 살펴보면 상당수의 자료는 규장각과 장서각에 중복되어 소장된 경우가 적지 않다. 이런 점을 고려해 본다면 규장각의 설립 취지였던 국왕관련 자료를 종합·정리하는 것은 규장각 연구의 기초를 다지는 일이 될 수 있다. 이러한 작업의 결과 이후 장서각의 왕실자료와 비교하여 정리할 수 있는 기반이 마련될 것이며, 이를 통해 왕실자료의 종합적인 정리가 가능해질 것이다.

다음으로 의미를 둘 수 있는 것은 왕실자료를 서로 비교·검토하면서 이전에는 잘 밝혀지지 않은 사실이 드러난다는 점이다. 한 예로 그간 정조의 인장(印章)으로는 잘 알려지지 않았던 '정구팔황호기일가(庭衢八荒胡起一家)'의 인장이 정조의 인장으로 확인된 점이다. 이 인장은 《태학은배시집(太學恩杯詩集)》에서 확인되었는데, 기존에 알려진 '만천명월주인옹(萬川明月主人翁)'의 인장이 위에 날인된 것으로 미루어 볼 때 정조의 인장이 확실하다. 또 다른 예로 헌종이 즐겨보았던 서화를 알 수 있는 서목도 확인되었다. 《승화루서목(承華樓書目)》이 그것으로, 이 서목에는 약간의 경·사·자·집과 시문류 이외에 필가류(筆家類: 古今法書苑·漢隷字源 등 13종), 화가류(畵家類: 圖繪寶鑑 4책·皇淸職貢圖 9책 등 12종), 인보류(印譜類: 集古印譜 등 9종), 서첩(書帖: 列聖御筆·宣廟宸翰·翼宗春宮帖 등 204종), 화첩(畵帖: 唐寅山水帖·謙玄畵史·檀園戲墨 등 99종), 서족(書簇: 陸放翁筆詩境二字·乾隆御筆 등 40종), 서횡피(書橫披: 翁覃谿書·阮堂隷 등 31종), 서련(書聯: 朱子書蹟(二對)·阮芸臺隷 등 56종), 서횡축(書橫

軸: 御筆斥邪敎文·東坡眞蹟 등 13종), 화족(畵簇: 宣和御畵·沈石田風雨歸舟圖·宋尤庵先生像·灘隱淇園嫩葉 등 172종), 화횡피(畵橫披: 倪雲林山水 등 9종), 화련(畵聯: 李萃祺墨書·日本黃山老人畵 등 10종), 화횡축(畵橫軸: 米南宮墨寶·淸明上下圖 등 19종) 등이 수록되어 있어 조선후기 궁중에서 어떤 서화의 작품이 사랑받았는지 알 수 있게 한다.

마지막으로 왕실자료의 현대적 분류는 자료의 성격을 분명하게 정의함으로써 왕실자료로서의 특성을 확인하는데도 일정하게 기여할뿐만 아니라 자료를 이용하는 데에 편의성을 증대시켜 앞으로 전통문화의 핵심을 밝히는 데에 크게 기여할 것으로 생각된다.

찾아보기

304

본문 사진 출처

- 서울대학교규장각한국학연구원 소장
  18쪽: 《서연비람》
  22쪽: 《정조대왕 국장도감의궤》
  26쪽: 《세종실록》
  38쪽: 《갱장록》
  71쪽: 《속경연고사》
  81쪽: 《진강책자차제》
  129쪽: 《선묘보감》
  155쪽: 《국조오례의》
  254쪽: 《사부수권》

- 《손 안의 박물관》(효형출판) 저자 이광표 제공
  28쪽: 종묘 정전